中国の
後期中等教育の拡大と
経済発展パターン

江蘇省と広東省の比較分析

呉琦来［著］

東信堂

はしがき

　周知のように、1980年代以来、中国は経済発展の道を歩んできた。それも沿海各省がその先駆けとして、国全体の経済成長を牽引する形で進められてきたのである。しかし、それら経済発展の「先進」省においては、その教育の拡大は必ずしも経済発展の先を走っていたわけではなかった。むしろ、全国の平均教育水準を下回る省もあった。とくに90年代半ばまでは、それらの地域における教育の荒廃の話もよく耳にした。それはいったいどうしてなのであろうか。一見単純そうな疑問が、本書に盛られた研究結果をもたらす問題意識の原点となった。

　本書は、比較教育社会学や教育経済学の視点から、1980年代以降の中国の後期中等教育の発展を、その経済発展パターンとの関わりの中で描いている。また、経済発展と教育拡大との相互関係の研究においては、明確に経済発展パターンに着目し、経済成長のみならず、経済発展パターンが教育発展に与える影響の可能性に関する仮説を初めて提起し、それに関する実証分析を行った。その結果、経済発展パターンが教育発展にもたらす影響を後期中等教育段階において実証し得ることを示した。具体的には、中国の二つの地域（江蘇省と広東省）における広範な調査にもとづいて、それぞれの経済発展パターンの特質が後期中等教育発展のあり方にどのような影響を与えたかを、「企業」「政府」を中心に、「家族」（個人）も視野に入れ、この3つの主体の行動や意識および相互作用を対比し、分析している。その結果、①集団所有セクターを中心とする内発的経済発展パターンを示す江蘇省では、後期中等教育の発展が、郷鎮企業の発展がもたらす労働需要を動因とする形で進められ、企業と地方政府の密接な連携の下で、学校や学科の設置が多様かつ柔軟であ

り、後期中等教育の拡大が早くから見られたこと、これに対して、②外資セクターを主動因とする外発的経済発展パターンをもつ広東省では、高学歴労働力の需要は省外からの調達によって満たされる傾向が強く、江蘇省のようなメカニズムは形成されなかった。その一方で、外資企業の活動によって、地域住民は教育投資以外の投資や収入機会を得たものの、後期中等教育の発展は遅れたことを明らかにした。さらに、経済発展パターンの相違が、企業の労働力調達・育成の方法の差異、地域の労働市場や収入機会のあり方、地方政府による教育施策、学校・学科設置やその運営の差異、家族による教育選択、教育意識の差異を通じて、学校システムの構造と量的拡大発展の相違をもたらしたことを示した。

　このように、本書は、これまでの教育と経済発展との関係を論じる一般的・抽象的な議論に新しい実証的な基礎を与えることを試みたものであり、そこから見出す政策含意も少なからずあると思われる。本書が現代中国の著しい発展の地域的な多様性や複雑性、また、その発展構造の一端を理解するための一助となればと願っている。また、本書は教育経済学の領域における経済発展パターンへの着目の重要性をさらに提示するとともに、教育問題を教育の領域だけではなく、経済問題も経済だけの視点ではなく、両研究領域のより深く踏み込んだ相互関係の研究が必要かつ可能である、ということを明らかにした。本書が、とくに今後の発展途上国における教育発展や経済発展の領域の研究に一つの材料を与えるものとなれば、幸いである。

2005年3月

著　者

目次／中国の後期中等教育の拡大と経済発展パターン──江蘇省と広東省の比較分析──

はしがき ……………………………………………………………… i

序　章　課題と方法 …………………………………………… 3

第1節　課題と背景 ……………………………………………… 3
1　課　題(3)
2　背　景(4)

第2節　分析枠組みと仮説 ……………………………………… 7
1　先行研究の検討(7)
2　分析枠組みと仮説(11)
1)「内発的」および「外発的」発展パターンの概念規定(12)
2) 経済発展パターンと教育発展をめぐる3主体──分析枠組みと仮説──(14)

第3節　データ ………………………………………………… 17
1　データ(17)
2　事例調査と調査地の概況(18)
1)江蘇省(19)　2)広東省(20)

第4節　各章の構成 …………………………………………… 21
注(23)

第Ⅰ部　中国における後期中等教育の拡大と経済発展 …………………………………………… 27

第1章　中国における後期中等教育の発展と社会経済的背景 ……………………………………… 29

第1節　社会経済的背景 ……………………………………… 29
1　成長と経済部門における所有制の多様化(29)
2　経済成長と労働力の移動(30)

第2節　後期中等教育発展の概要 …………………………… 32

1　普通高校・職業関係学校別分析(32)
　　　　1)在学者数と就学率(32)　2)学校数と学校規模(37)　3)専任教師数と教師学歴(37)
　　　2　後期職業教育の学校種類別の分析(38)
　　第3節　教育政策と後期中等教育の発展……………………40
　　　1　1980年代の職業教育拡大政策と1990年代後半以降の普通高校抑制緩和(40)
　　　　1)職業教育の復興と発展(41)　2)職業高校の拡大の問題(42)　3)普通高校の抑制緩和政策と発展(45)
　　　2　分権化政策──後期中等教育の体制改革政策──(46)
　　第4節　教育財政と後期中等教育行政の概要……………47
　　　1　教育財政の概要(47)
　　　　1)体制改革後の教育財政の概要(47)　2)経済水準から見た総教育支出水準(50)
　　　2　後期中等教育諸学校の管轄──江蘇省の事例──(51)
　　　　1)普通高校と職業高校の設置・管理主体(52)　2)専門学校と技工学校の設置・管理主体(53)
　注(55)

　第2章　中国における後期中等教育の発展と経済発展……59
　　　　　──省レベル・マクロデータ相関分析──
　　第1節　経済水準との関連　………………………………59
　　第2節　生産構造・所有制との関連　……………………62
　　第3節　経済変数の変化と就学率の変化の相関分析　……66
　注(70)

第Ⅱ部　江蘇省と広東省における後期中等教育の拡大と経済発展パターン………………………………71

　第3章　江蘇省と広東省の経済発展パターンと両省における教育発展の比較可能性……………73

第1節　経済的先進省の経済発展パターンによる分類 … 73
　　第2節　江蘇省および広東省における経済発展 ………… 75
　　　　1　江蘇省における経済発展——内発的経済発展パターン
　　　　　　——(75)
　　　　2　広東省における経済発展——外発的経済発展パターン
　　　　　　——(81)
　　第3節　江蘇省と広東省における後期中等教育発展の
　　　　　　比較可能性 ……………………………………… 85
注(87)

第4章　江蘇省と広東省の教育発展 ……………………… 91
　　　　——後期中等教育を中心とした量的な分析——
　　第1節　各教育段階の教育発展の概観 …………………… 91
　　　　　　——就学率を中心に——
　　　　1　初等教育(92)
　　　　2　中等教育(93)
　　　　　1)前期中等教育(93)　2)後期中等教育(93)
　　　　3　高等教育(94)
　　　　4　江蘇省武進(県)市における就学率(95)
　　第2節　両省における後期中等教育の発展 ……………… 96
　　　　　　——普通高校・職業関係学校別分析および職業
　　　　　　学校内の学校種類別・専攻別分析——
　　　　1　普通高校・職業関係学校別分析(96)
　　　　　1)就学者数(96)　2)学校数および学校規模(97)
　　　　2　後期中等職業教育の学校種類別および専攻別分析(98)
　　　　　1)学校種類別就学者数(98)　2)専門別就学者数割合(99)
注(102)

第5章　江蘇省と広東省における企業の労働力の
　　　　　需要と調達 ………………………………………… 109
　　第1節　両省における労働力の需要と供給 …………… 109
　　　　1　労働力需要の動向——労働力構造の変化——(109)

2　省外からの労働力調達(112)
　　　　──流入人口と流入労働力の利用──
　　3　中級技術者・中級管理者の需要(116)
　　　　──江蘇省の職業関係学校卒業生の就職状況を中心に──
　第2節　江蘇省の郷鎮企業の労働力の調達と養成 ……… 119
　　　　──Ｓ公司の事例を中心として──
　　1　Ｓ公司発展の概略(120)
　　2　Ｓ公司の人事の現状(122)
　　3　Ｓ公司における技術労働力の調達と形成(124)
　　　　──「永久ブランド人材」の養成──
　　4　「外地人」出稼ぎ労働力と地元出身労働力(128)
　　　　──2つの労働力市場の形成──
　第3節　SH鎮の労働需給──3つの労働市場の形成── ……… 133
　　1　外資系企業の労働需要と調達(133)
　　2　地元者の就業状況と後期中等教育(135)
注(140)

第6章　江蘇省と広東省における教育財政と後期中等教育政策 …………………………………… 149

　第1節　地方政府の教育投資と地域格差 ………………… 149
　　1　全地方政府の教育財政(149)
　　2　市レベルおよび郷鎮レベル政府の教育投資と地域格差(153)
　　3　江蘇省武進市Ｌ郷と広東省深圳市SH鎮の政府財源による教育支出(157)
　第2節　両省における職業教育政策 ……………………… 158
　　1　職業高校拡大の問題(158)
　　2　専門学校の成長(162)
　　3　江蘇省における政府と企業の協力にもとづく職業教育の推進(163)
　　　1)(県レベル)市・県教育委員会所管の諸学校および附設

コース(164) 2) 郷鎮成人教育センター附設の各種コース(167) 3)企業による職業教育の学校と職業教育コース(169)

  4 広東省における政府と企業の協力関係の弱さ(169)

 第3節 両省における普通高校政策 ……………………… 170

  1 江蘇省(170)

   1) 普通高校教育改革 (171) 2) 1990年代半ば以降の普通高校の拡大(173)

  2 広東省(175)

   1)経済発展地域——デルタ地帯——(175) 2) 低発展地域——山岳地帯——(177)

注(180)

終　章　後期中等教育の拡大と経済発展パターンとの関連——総括と今後の課題—— ……………… 189

 第1節 分析結果の要約と総括 …………………………… 190

 第2節 経済発展戦略と教育政策——今後の研究課題—— …… 196

  1 江蘇省の内発的経済発展パターンと教育発展研究の課題(196)

  2 広東省の外発的経済発展パターンと教育発展研究の課題(199)

注(200)

付論　中国の学制 ……………………………………………… 201

注(204)

付表 …………………………………………………………………… 207

  付表1 主なマクロ統計データ・政策資料①(公刊)(208)

  付表2 主なマクロ統計データ・政策資料②(非公刊)(209)

  付表3 筆者による調査データ(209)

  付表4 中国の地方行政仕組み(210)

  付表5 中国の行政区分(210)

  付表6 本研究の調査地の各省における位置(211)

付表7　中国各省における後期中等教育の就学率(212)
付表8　「文革」後中国における教育発展・改革に関する政策動向(213)

参考文献 ………………………………………………………… 219
あとがき ………………………………………………………… 225
事項索引 ………………………………………………………… 228

図表一覧

序章
- 図0-1　1人当たりGDPの比較(5)
- 図0-2　教育発展に関わる3主体の相互関係(9)
- 図0-3　調査地の地方行政上の位置(19)

第1章
- 図1-1　中国教育中等教育在学者数の推移(各種学校)(33)
- 図1-2　後期中等教育就学率(34)
- 図1-3　中国後期中等教育における各種学校数(35)
- 図1-4　後期中等教育における各種学校の1校ごとの生徒数(36)
- 表1-2　中国後期中等教育各種学校の専任教師1人当たり担当生徒数(38)
- 表1-3　後期中等教育における各種学校の専任教師の大卒割合(39)
- 表1-4　後期中等教育における構造改革および職業教育拡大に関する政策・措置(43)
- 図1-5　中国の教育財政枠組み(48)
- 表1-5　中国の総教育費支出の構造(49)
- 表1-6　教育財政における中央と地方(49)
- 表1-7　中国の教育財政に関する水準(50)
- 表1-8　国際における国民総生産に占める政府財政教育投資の割合(50)
- 表1-9　江蘇省後期中等教育の学校設置・管理主体別実態(51)
- 表1-1　中国後期中等教育における女子生徒の割合(56)

第2章
- 表2-1　後期中等教育就学率と一人当たりGDPとの相関係数(60)
- 図2-1　後期中等教育就学率と経済発展水準(1996年)(61)
- 表2-2　生産のあり方の諸指標の定義(62)
- 表2-3　後期中等教育就学率と生産のあり方の諸指標との相関係数(64)
- 表2-4　生産のあり方の諸指標と後期中等教育就学率の重回帰分析(66)
- 表2-5　就学率の変化と経済水準の変化との相関係数(67)
- 表2-6　後期中等教育就学率の変化と生産のあり方の諸指標の変化との相関係数(68)

第3章
- 表3-1　経済的先進省の各所有セクター1人当たり総産値(1996年)(74)
- 図3-1　後期中等教育就学率と経済水準の回帰分散図(74)
- 図3-2　江蘇省と武進市の1人当たりGDPの推移(76)
- 図3-3　江蘇省のGDPの産業別構成の推移(76)

図3-4　江蘇省の工業の所有セクター別総産値の推移(77)
図3-5　武進(県)市の GDP の産業別構成の推移(78)
表3-2　江蘇省と広東省の工業の大・中企業における技術開発・投資状況 (1992年)(80)
表3-3　江蘇省と広東省の技術マーケット取り引き総額(80)
表3-4　常州市と深圳市のハイテク企業数(80)
表3-5　武進市工業部門における各下位部門の割合の変化(80)
表3-6　武進市の輸出総額と海外進出企業数(80)
図3-6　広東省1人当たり GDP の推移(81)
図3-7　広東省の GDP の産業別構成の推移(82)
図3-8　広東省の工業の所有セクター別総産値の推移(82)
表3-7　江蘇省と広東省の輸出依存度(1990年)(83)
表3-8　江蘇省と広東省の工業部門の軽工業と重工業別構成(84)
表3-9　広東省輸出総額とその製品別構成の推移(85)
表3-10　江蘇省と広東省の地理・人口・経済の基本特徴(86)
図3-9　江蘇省と広東省の後期中等教育就学率(86)

第4章

表4-1　江蘇省と広東省の各教育段階の就学率(92)
図4-1　江蘇省と広東省の後期中等教育在学者数(94)
表4-4　武進市各教育段階就学率(95)
表4-5　江蘇省と広東省の後期中等教育の各種学校在学者数(96)
表4-8　江蘇省と広東省の後期中等教育段階の学校数(98)
表4-10　江蘇省と広東省の専門学校における専門科別就学者数と割合(100)
表4-12　江蘇省の職業高校募集人数における農業学校とその他の学校の割合(101)
表4-13　常州市の職業高校専門別生徒数(101)
表4-2　江蘇省の初等・中等教育における専任教師1人当たり学生数(104)
表4-3　広東省初等教育における専任教師1人当たり生徒数(104)
表4-6　江蘇省武進(県)市の後期中等教育の各種学校在学者数(105)
表4-7　江蘇省の普通高校就学率と全国平均普通高校就学率(105)
表4-9　江蘇省と広東省の後期中等教育段階における1校当たり学生数(106)
表4-11　常州軽工業学校の専門・専攻コース設置の変遷(106)

第5章

表5-1　江蘇省と広東省の人口・労働力規模の推移(110)
表5-2　江蘇省と広東省の産業別労働力構成(110)
表5-3　江蘇省と広東省の学歴別労働力構成(112)

図5-1	中国の省人口の統計カテゴリー概念図(113)
表5-5	武進市の人口構成(115)
表5-6	江蘇省と広東省の学歴別農村労働力(117)
表5-8	武進県職業高校1988年までの卒業生の職階(1993年)(118)
表5-9	常州紡績工業学校1980～90年までの卒業生の現職(1991年)(118)
表5-10	江蘇省と広東省における雇用者平均賃金(年収)(120)
表5-11	S公司の労働人事管理(122)
表5-12	S公司従業員の年収(1999年)(123)
表5-13	S公司幹部による後期中等教育卒業者への期待度(123)
表5-14	S公司従業員の入社時学歴と現在の職階(124)
表5-15	S公司従業員採用時の学歴・前職(125)
表5-16	S公司の新規労働力の需要と調達(126)
表5-17	S公司の人材調達源の変化(127)
表5-19	武進市L郷の郷鎮企業における外地人労働力の割合(129)
表5-20	S公司本社従業員の諸特性(130)
表5-21	深圳市宝安区SH鎮と常州市武進市L郷の社会経済的諸特性(1998年)(134)
表5-23	江蘇省と広東省の非都市地域企業の労働力調達ルート(139)
表5-4	広東省の外地人労働力(141)
表5-7	武進市工業の郷鎮企業学歴別従業員数と構成(142)
表5-18	W玩具工場従業員の諸特性(144)
表5-22	全国郷鎮企業社員の学歴構成と技術労働力の割合(146)

第6章

表6-1	江蘇省と広東省の省レベル政府財源による教育支出状況(149)
表6-2	江蘇省と広東省の財政収入(決算)税別構成(2000年)(150)
表6-3	江蘇省と広東省の財政支出(決算)と上位10位項目の構成(2000年)(151)
表6-4	江蘇省と広東省の総教育収入財源別構成(152)
表6-6	江蘇省と広東省各種学校別教師1人当たり予算内政府財源による年間報酬(153)
表6-7	江蘇省と広東省の非都市地域における学校教育経費の負担者(154)
表6-8	江蘇省武進市と広東省海南市の市レベル政府財源による教育支出(154)
表6-9	武進市年間総教育支出およびその内訳(155)
表6-10	江蘇省と広東省の上位および下位各々3(県)市の1人当たり総教育支出(1999年)(155)
表6-11	江蘇省と広東省の上位および下位各々3市と県の1人当たり地域内総生産(156)
表6-12	江蘇省L郷と広東省SH鎮の政府財源による教育支出(157)

表6-13 武進市1996～2000年人材需要予測表(159)
表6-14 珠江デルタ地帯における1980年代後半期の教育事情(161)
表6-15 江蘇省武進市における中等職業教育の展開(164)
表6-16 江蘇省普通高校の改革・改善措置(171)
表6-17 江蘇省の普通高校専任教師中4年本科以上の学歴を持つ者の割合(173)
表6-18 武進県L(郷)鎮中学校の後期中等教育への進学率(174)
表6-19 広東省デルタ地帯SH校とN校の後期中等教育への進学率(177)
表6- 5 江蘇省と広東省各種学校別生徒1人当たり予算内政府財源による教育費支出(181)

付論

付論図-1 中国の学制(現行)(202)
付論表-1 後期中等教育における各種学校の概容(203)
付表1　主なマクロ統計データ・政策資料①(公刊)(208)
付表2　主なマクロ統計データ・政策資料②(非公刊)(209)
付表3　筆者による調査データ(209)
付表4　中国の地方行政仕組み(210)
付表5　中国の行政区分(210)
付表6　本研究の調査地が各省における位置(211)
付表7　中国各省における後期中等教育の就学率(212)
付表8　「文革」後中国における教育発展・改革に関する政策動向(213)

中国の後期中等教育の拡大と経済発展パターン
――江蘇省と広東省の比較分析――

序　章　課題と方法

第1節　課題と背景

1　課　題

　本書は、1980年代以降の中国における経済発展と後期中等教育との関係を扱う。これまでも経済発展と教育拡大との相互依存的な関係には強い関心が持たれ、理論的、実証的な研究も行われてきた。その場合、実証研究は経済発展を表す指標(例えば一人当たりGDP)と教育発展を表す指標(例えば就学率)のマクロ的な関係を統計的に分析するものがほとんどであった。これに対し、本書は、経済発展のあり方を中国の経験に即して、より具体的に把握した上で、そうした経済発展のあり方と教育との関係をより内在的に理解することを目的とする。

　中国において近年見られた経済発展のあり方は、郷鎮企業セクターの発展に牽引された「内発的」経済発展および外資と外資関連企業セクターの発展に牽引された「外発的」経済発展の2つの発展パターンによって特徴づけられる。本書は、上記の目的に沿って、それぞれの発展パターンの典型的な事例といわれる江蘇省と広東省に焦点を当て、それらにおいて、それぞれの後期中等教育の発展がどのようなものであったかを、教育発展を担う3主体である政府、企業、家族(生徒)の態度や行動に即して、比較的視点から実証的に明らかにすることを課題とする。

　以下、こうした課題設定の背景を、中国における近年の経済発展および後期中等教育発展という文脈に沿って敷衍しておくこととする(より分析的で厳

密な概念の定義などは次節において行う)。

2 背　景

　現在、途上国の経済発展は、高度の電子化時代、すなわちコンピュータを象徴とするハイテクの時代という国際的な環境の中で進められている。その経済発展のあり方は大別すると、2つに分けることができよう。

　第1に、多くの途上国では、先進国の設備や技術を本国に持ち込んだり、先進国の加工工場の役割を担当したりすることで、工業部門を拡大し、農村剰余労働力を工業部門によって吸収させ、経済成長を図ろうとしている。こうした発展の仕方の特徴は、従属的にせよ、国際経済に参入して外貨を稼ぐことを優先課題とする点である。その例としては、1950～70年代のフィリピン、台湾、韓国、マレーシア、香港が、中国では1970年代末から少なくとも1990年代半ばまでの南沿海各省である広東省、海南省、福建省が挙げられる。

　第2は、中国のいくつかの省で見られた、地域の地場産業を活かしたり、地域の需要に応じたりした発展である。そこでは、中央政府が意図しなかった場所や形で、地域住民の創意工夫による工業化が進められてきた。この発展をさらに分けると、農村において農機具などの修理や簡単な日用雑貨の生産から始め、地元の多くの労働力を吸収する集団や個人による企業群まで発展したタイプ(江蘇省)と、物物交換から始め、家族や集団を単位とした手工業と商業による発展のタイプ(浙江省・温州)がある。

　以上、外資の導入による発展(「外発的発展」)と地元企業・地場産業の成長による発展(「内発的発展」)の2つの発展パターンは、中国の多くの他の地域の発展モデルとされている。これらの経済発展パターンの出現は、中央集権による計画経済体制から市場経済体制への移行と並行している。すなわち、計画経済の担い手であった国営企業に加えて、国民経済を支える新たな主役として工業生産を中心とする非国営セクター(外資、外資関連企業セクター、集団所有企業セクター)が登場することとなり、それは1980年代以来の中国経済の高度成長を牽引することとなった。

　本書で扱う沿海地域の江蘇省と広東省は、このような非国営セクター主導

による成長の典型例であり、1980年代後半以来、中国各省の中でも、最も高い経済水準を誇っている（図0-1を参照）。しかし、両省の発展のあり方は異なるものであり、すでに述べたように、江蘇省は「内発的」発展、広東省は「外発的」発展の代表的な事例である。

　他方、後期中等教育の発展については、次のような背景を把握しておくことが本書の理解を助けよう。まず、これまで中国において「後期中等教育」（中国語で「高中階段学校教育」）という言葉は、頻繁に使われるものではなかった。それはこの段階に当たる普通高校、職業高校、専門学校、技工学校（本書では後の3学校を「職業関係学校」と呼ぶ）について体系的に捉えたりする習慣や発想がなかったことを示している。学校の設置・管理主体が、1980年代後半までは教育部門の普通高校、職業高校、専門学校と、労働部門の技工学校に分かれ

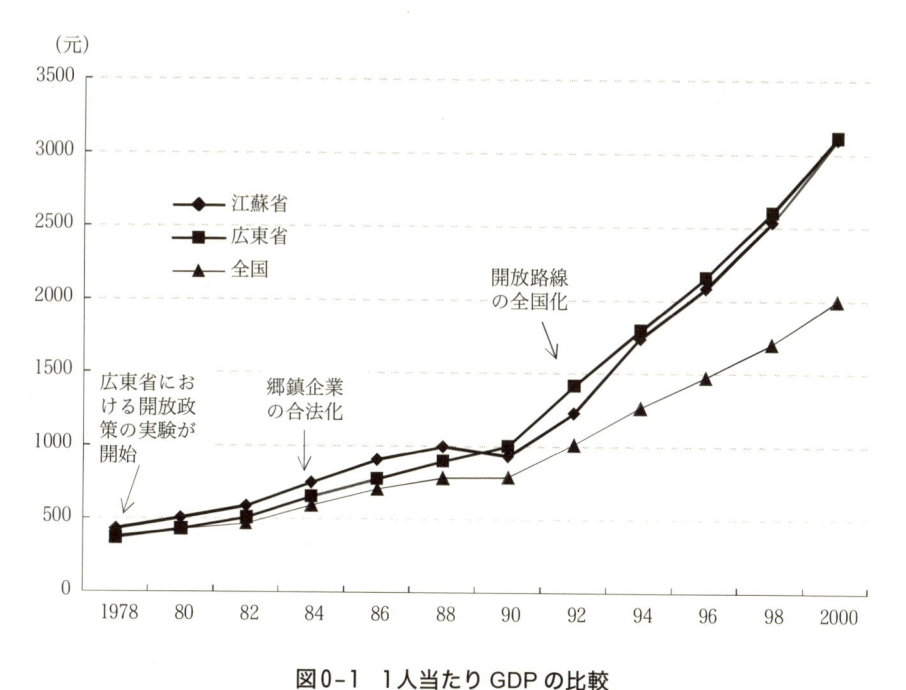

図0-1　1人当たりGDPの比較

注：すべて1978年価格
出所：『中国統計年鑑』中国統計出版社1980年版から各年版より算出。

ていたことに加え、各種学校の生徒募集条件や卒業後の資格・待遇なども多様かつ制度的に固定化されていることによって、同一の教育段階にあるものとして意識される機会はなかったし、そうした把握の必要性も生じてこなかったのである。

しかし、1980年代半ば以降、経済改革とともに、後期中等教育の分野にも変化が現れた。第1は、後期中等教育就学者の飛躍的増大である。社会・経済の発展につれ、社会は、もはや15～17才の人口の過半数に対して後期中等教育水準の学歴をもとめるようになり、ますます多くの該当年齢の若者が学校で過ごすようになってきた。同時に、学校の設置・管理主体も多様化が進んだ。

第2は、卒業生労働市場の成立である。90年代初頭になると専門学校と技工学校卒業者の就職の保証などの制度的な優遇措置の廃止が始まり、学校の種別による固定的な人材配分制度は、姿を消し始め、この段階のすべての学校の卒業生が完全ではないにせよ、緩やかな意味で大きな同一の労働市場に参入するようになってきたのである。

そして、第3は、教育の地方分権化である。制度的には、1985年から全国の学校教育管理体制の改革が行われ始めた。それは、中央に集中しすぎた学校教育への管理・運営権を地方や学校自身に与えようとする改革であった。こうした方針の結果は、後期中等教育段階において最も著しく現れた[1]。一部の専門学校に対する部分的な直接関与を除き、後期中等教育段階の学校の設置、学生の募集、経済負担の権限がすべて地方政府・学校に移管された。他方、中央政府は職業教育課程の割合の増大の政策を除き、後期中等教育に関するサポートやコントロールのいずれにおいても政策および政策手段を持たないことになった。実際、中央政府の教育方針の中では、90年代半ばまでに後期中等教育全体に関する量的な拡大について触れられない状態が続いた[2]。それだけに、後期中等教育の発展は、地域特性の影響を最も受けやすいものとなった。そして、先の第2点とも関わって、各地域の経済発展によって、各地域の労働需要や進学要求といった市場的な要素を強く反映するものとなっていったのである。

本書は以上の背景のもとで、経済的に先進的な二つの省における教育発展を比較の視点を持ちながら分析しようとするものである。

第2節　分析枠組みと仮説

1　先行研究の検討

　1960年代に先進国の土壌に生まれた人的資本論、人的資源論、マンパワー理論[3]は、70年代以降になると、発展途上国の教育と経済発展や、労働力の質的構造と経済発展などを研究する際に、広範に応用されるようになり、多くの途上国政府の経済成長政策の一環としての教育政策や労働力政策の理論根拠となっていた。一方、しかし、途上国研究におけるこうした適用によって、これらの理論の限界性も明らかになってきている。というのは、一部の国で見られる教育の拡大が、成長に結びつかないだけではなく、経済社会の構造の奇形化や所得配分の悪化などをもたらしたからである[4]。つまり、現実においては理論と背反した実例が目立っていた。これは従来の人的資本論、人的資源論、マンパワー理論が教育機会の分布や労働力の質的構造の問題を、専ら経済発展への寄与という機能的側面のみに関心を払って扱ってきた結末だともいえよう。しかも、80年代以降の途上国の経済発展は、国際経済のグローバル化の中におかれており、経済成長についての整合的な計画自体がより難しくなっている。こうした意味で、現在においてはマンパワー需要の予測はその有効性を一層減じている[5]。

　これに対し、金子元久(1983)は、教育の拡大や労働力の質的構造の変化を、政府による政策の操作の直接的結果としてのみ捉えるのではなく、「質を含めた労働力の需要と供給のそれぞれの独自の決定のメカニズムを視野に入れ」[6]て見るべきであると主張した。すなわち、さまざまな教育水準の労働力需要は、企業の生産活動によって条件づけられる。一方、家計によるさまざまな教育水準の労働力供給は、労働市場とは別に存在する教育機会市場に

よって条件づけられる。そして、教育機会市場を介して得られるさまざまな教育水準の労働力は、「発展の過程にある社会において、次世代のよりよい生活の機会を求めて行動する個々の家計の選択の、社会的な帰結……」[7]なので、仮に政府が企業の労働力需要を適確に把握し、それに沿った教育政策をとろうとしても、結果的にその意図を実現することは困難であり、現実は異なるものであることが多い。こうした知見は、経済発展と発展途上国の教育拡大の関係をそれぞれを支えるメカニズムに即して実証的に分析する可能性や必要性があることを示している。

金子の枠組みが経済学的なそれであったのに対し、米村明夫 (1986) は、企業と家計 (家族) に加え、政府をも行動主体として捉えることによって、分析枠組みを社会学的かつ政治学的な方向へと拡張した。それによれば、教育発展は、教育を受ける者 (あるいはその家族)、教育機会を供給もしくは教育機会供給の制度的枠組みを設定する政府、そして教育を受けた労働力を需要する企業の3主体が相互に作用した結果としてもたらされる (図0-2)[8]。現在の途上国の教育開発への政策的関心は、このような枠組みにおける政府の役割の分析をもって応えられるものとなろう。すなわち、現代の途上国においては、企業界は企業の技術や知識の蓄積がなく先進国のような企業自体による人材養成の機能を持たないため、政府に対して学校教育の拡大による人材の養成を強く期待し要請する。他方、経済発展にともなう所得上昇につれて、個々人からの進学需要も高まっていく。しかし、現実においては政府の財政能力に限度があり、物的・人的資本の配置の選択に迫られる。とりわけ、中国の後期中等教育機関は、主に公的な部門からなっており、教育発展過程を分析する際に政府の政策や行動は欠かすことのできない対象となる。

以上のように経済発展と教育との関連をめぐる研究は、マクロ的な相関関係の把握に始まって、さらにその背後にある教育をめぐる社会経済的な要因の内在的な相互作用に着目する方向へと発展してきた。そうした視点から重要となるのは、異なる経済社会発展のパターンにおいて、教育発展の速度や形態がどのように異なるのかという問題であろう。これは教育拡大と、経済発展の構造自体とを結びつけることが必要であることを示している。

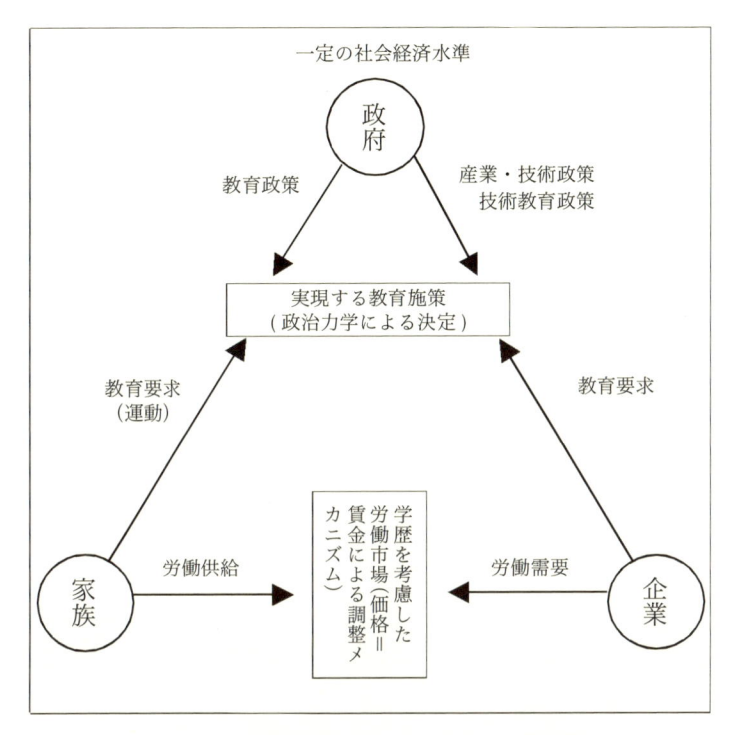

図0-2 教育発展に関わる3主体の相互関係

出所：米村明夫『メキシコの教育発展―近代化への挑戦と苦悩―』アジア経済研究所　1986年、p.12。

　こうした観点から一つの先駆的な業績と位置づけることができるのが、ドーアの「後発効果」の理論[9]である。ドーアは、西洋諸国と比べて遅れて経済発展を始めた日本やスリランカの事例を分析して、そうした諸国では学歴が近代産業部門に雇用されるための重要な要件となるために、学歴に対する社会的な要求がきわめて高くなり、それがさらに高進して、自己増強的に学歴インフレをおこし、学歴病ともいうべき状況を形成することを示した。

　このドーアの観点は重要なものであるが、その議論では後発途上国はすべて同じ構造を持つものとして把握される。したがって、日本とスリランカにおいては、経済発展と教育拡大との間の関係において重要な相違があったと考えられるにもかかわらず、その点についての分析は視野には入らないので

ある。逆に言えば、後発途上国はすべて、学歴主義の呪縛に捉えられ、経済発展と教育との関係についての政策的な含意は得られない。

このような観点から見れば、現実に発展途上国において見られる経済発展パターンの把握が重要な意味を持つ。発展経済学においては、経済発展パターンの抽出は、一つの重要な研究領域であった。例えばクズネッツの国民経済の部門別産出額の長期的経済成長の分析やチェネリーらの戦後の動向についての同様の分析はその代表的なものである[10]。しかし、それらは基本的にマクロ経済構造の趨勢についての法則性を抽出する試みであって、その背後にある経済発展のメカニズムの把握となるものでは必ずしもなかった。

それに対して、国民経済の発展戦略論として議論されてきたのが、古典的な「輸入代替(Import-Substitution)型成長」論と、それに対してレイニスらによって新しく提起された「輸出代替(Export-Substitution)型成長[11]という対概念であった。資本集約的な重工業に投資することによって、重工業製品の輸入を代替する前者に対して、加工度の低い製品を輸出することによって外貨制約を突破し、さらに高度の加工品の輸出に移行することによって急速な経済成長をもたらすのが後者であり、日本、韓国、台湾などがそうした戦略をとったものとして評価された。これは世界銀行の「東アジア型成長」論[12]の源流ともなっている。

しかし、輸出代替型という把握にもさらに検討するべき点があることが指摘されている。すなわち、例えば経済発展のパターンとしては、台湾と韓国との間には重要な差異があったことが報告されている。台湾においては、農業生産物の加工を中心とする地場産業から、食品加工、さらに軽工業品へと、輸出品の高度化が、スムーズかつ自国資本を中心に生じたのに対して、韓国においてはそうした基盤が乏しく、軽度の工業品の輸出を、外国投資や技術を受け入れることによって始めた。そうした経緯の差が、所得分配や政治構造など社会的な側面にも影響を与えたことが指摘されている。

これは、対外的な貿易政策だけでなく、在来の産業や技術のあり方、また、外国資本や技術の受け入れ方といった変数を取り入れることが、経済発展の内在的なメカニズムや、社会経済的な要因との関連を分析する上で重要なこ

とを示している。

こうした観点から注目されるのは鶴見和子らの「内発的発展」と、それに対する「外向的発展」の概念である[13]。これらの概念によって鶴見らは、在来の資本や技術、あるいは産業が、段階的に高度化することによって経済発展が達成されていくパターンと、外国資本を導入することによって、在来のものとは異なる技術によって新しい産業を育成するパターンを識別しようとしたといえよう。

このような対比は、現代の中国の経済発展を理解する上できわめて重要な視座を提供している。すなわち、よく知られているように、1980年代以降の開放改革政策の下での経済発展は、とくに沿海地域の急速な経済成長をもたらした。こうした経済成長が輸出の拡大と結びついていることもよく知られている。しかし、膨大な規模の中国経済の発展を理解するためには、地域による差異に注目することがきわめて重要であり、有用でもある。実際、呉・厳・大島ら[14]は、仔細に見れば、沿海地域の間でも経済成長のメカニズムには大きな相違が見られることを指摘している。例えば、一方で、江蘇省などにおいては、地域の資本などによって成立した郷鎮企業が新しい技術を取り入れて成長し、それが経済発展の原動力となっていることが指摘されている。しかし、他方で、台湾や香港、日本や欧米の資本・技術を取り入れた輸出加工産業の成長が著しく、これが経済成長の原動力となっている地域も存在する。

こうした経済発展メカニズムの差異は、教育と経済成長との関係にどのような影響を与えるのか。これが本書の課題にほかならない。

2 分析枠組みと仮説

本書において主要な部分となる江蘇省と広東省の教育発展の分析は、「内発的」経済発展パターンと「外発的」経済発展パターンにおける教育発展を米村の教育発展に関わる3主体の枠組みによって分析・記述し、比較を行おうとするものである。以下、これら2つの経済発展パターンの概念およびそこにおける3主体の枠組みの適用について説明を行う。

1) 「内発的」および「外発的」発展パターンの概念規定

　先に述べたように、中国の近年の経済発展のあり方は、郷鎮企業セクターの発展に牽引された内発的経済発展パターンおよび外資と外資関連企業セクターの発展に牽引された外発的経済発展パターンによって特徴づけられる。すなわち、社会主義中国の経済は、1949年の建国以来、国有企業セクターがその経済の中心であったが、この十数年の経済発展では、郷鎮企業セクターおよび外資企業セクターがその牽引力となってきた。省レベルで見るとき、中国の平均的な経済水準（一人当たり GDP の成長率）以上の多くの省は、郷鎮企業セクター発展に牽引され経済発展がもたらされたのに対し、一部の省は外資企業セクター発展に牽引され経済発展がもたらされたのである。

　これらの省の経済発展のあり方に注目すると、郷鎮企業セクター中心の省と外資セクター中心の省では、それは大きく異なっている。

　まず、生産・流通の面においては、その生産物や市場が異なるために、産業や生産組織、また、用いられる人材や労働力が異なってくる。このことを発展のプロセスという観点から単純化すれば、郷鎮企業セクター中心の発展では、軽工業から重工業あるいは先端・精密産業への発展という成長の経路があるのに対し、外資セクター中心の発展では、組み立て加工を主とした展開が見られる。

　また、省の経済全体や住民との関係という面からは、郷鎮企業セクター中心の発展においては、量的にも多くの地元企業がこの主導的なセクターを形成しており、住民はその企業活動に経営と労働力提供の双方から主体的かつ積極的に関与している。外資セクター中心の発展では、外資セクターが省の経済の中で飛び地的なものとなっており、地元の企業との関わりは弱く、また、住民は、生産に積極的に貢献するというよりも、地権者としての有利な位置を占めることによって寄生的な性格を持ったり、低廉な労働力提供者の役割にとどまったりすることが多い。

　さらに、発展における地方政府（省および市、県、郷政府）の役割も、前者では、企業活動とその発展を積極的に組織・調整し、あるいは企業との緊密な連携の下に活動と発展を支える行動や政策によって特徴づけられる。中央政

府は、後追いの形で、そうした地方政府や企業の活動を認知、承認、さらには奨励もするようになるが、発展の当初はこうした郷鎮企業の設立は、中央政府から言えば、非合法的なものですらあった。

　他方、後者では、外資企業を誘致し、存続させることが発展の前提条件となるが、そのための制度的大枠は基本的に中央政府によって準備・用意された。地方政府は、制度内容の具体化や運用を通じて、外資企業の誘致・存続を実現することが、経済発展政策の主眼となる。

　このように、これらそれぞれ二つのセクターに牽引された発展は、生産や流通面だけでなく、住民や政府が生産にどのように関わるかという側面にまで異なった影響を与えてきたのである。そこで、これら二つの経済発展のあり方を、これらの諸側面への影響を含めながら把握する観点から、すでに述べてきたように、郷鎮企業セクターに牽引された発展を内発的経済発展パターンと呼び、外資セクターに牽引された発展を外発的経済発展パターンと呼ぶことができよう。内発的発展においては、発展の原動力が内部的な資源であり、その影響も内部的な要素に密接かつ直接に及ぼされるのに対し、「外発的」発展においては、発展の原動力は外部的な資源であり、その影響は内部的な要素にとって外的なものとして間接的に及ぼされる。これら二つの経済発展のあり方に対するこうした呼称づけおよび概念化は、先行研究[15]においてすでになされてきたものであるが、本書でもこれに従い、それを応用するものとする。

　内発的または外発的な経済発展パターンという概念が狭い意味での経済や生産を超えた広い影響を持つもの、また、社会の諸側面全体に関わるものとして提出されたものである以上、それぞれの発展パターンにおいて、教育発展への影響もそれぞれ異なった性格を持ちつつ展開されることが仮説的に含意されていることはいうまでもない。したがって、冒頭において述べた本書の課題の遂行は、これらの二つの経済発展パターンにおける教育発展を次に述べる分析枠組みにもとづいて経験的に分析・記述することを通じて、こうした仮説を実証していくことにつながる。

2) 経済発展パターンと教育発展をめぐる3主体——分析枠組みと仮説——

　本書の主要部分は、内発的経済発展パターンの典型例である江蘇省と外発的経済発展パターンの典型例である広東省における後期中等教育の分析、そして、それらの2つの省における教育発展の比較に当てられる。そこでは、教育発展をめぐる企業、政府、家族の3主体の政策・態度・行動が分析の軸となるべきである。

　教育発展をめぐる企業、政府、家族の3主体の枠組みは、すでに言及したように、米村が『メキシコの教育発展』で提起し用いた概念と思考の方法である。ここで、改めて米村の3主体に関する概念について説明しておこう。

　米村によれば、「一国の教育発展過程で重要な役割を果たすものとして三つの行動主体が考えられる」[16]。すなわち、教育を受ける者(あるいはその家族)、教育機会を供給もしくは教育機会供給の制度的枠組みを設定する政府、そして教育を受けた労働力を需要する企業の3主体である。一般的に教育発展はそうした3主体が相互に作用することによって行われるのである。家族と企業の間は労働市場を通じて結ばれ、一定の教育水準を持つ労働力を需要する企業は家族の教育需要行動に大きな影響を持つ。家族の教育需要は、こうした価格メカニズムだけではなく、政府の態度や政策に影響され、その影響の下で、ある時点から教育発展の重要な推進力となる。また、企業の要求は政府の教育財政の分配および財政全体の分配のあり方をめぐる圧力を形成する。

　これら3主体の相互作用による教育発展のうち、企業による労働力需要がその規定的要因である場合を「労働需要を主動因とする教育発展」、家族の所得水準の向上などによって生ずる家族の教育要求がその規定的要因である場合を「家族の教育要求を主動因とする教育発展」、そして、義務教育を強力に進めようとするときなどを例とする、政府の高い優先順位をおいた政策実施がその規定的要因である場合を「政府の政策的行動を主動因とする教育発展」と呼ぶことにしよう[17]。

　本書の事例分析では、この3主体による分析枠組みを次のような形で適用することとする。

　米村の枠組みでは、一国の教育発展が対象とされ、そこでの政府とは一国

の中央政府あるいは中央政府および地方政府全体を意味している。これに対し、本書では、2つの省それぞれにこの枠組みを適用し、その場合の政府とは、省、市、県、郷鎮などの地方政府を指す。中央政府による教育政策は、各省における政策決定や施策の環境条件および与件として扱うこととする。

ところで、いうまでもなく、例えば、労働需要が教育発展の主動因となる要因であるとしても、実際の教育発展は、労働需要の存在によって自動的かつ機械的に定まるのではない。企業がどのような教育施策を求めてどのように政府に働きかけたか、政府が一般的にどのような教育政策を持ち、企業の要求にどのように応えたか、また、家族の側でも、労働市場の状態をどのように判断し、また、政府の教育政策に影響を与え、あるいは対応しようとしたか等、各主体の判断・行動や各主体間の相互作用の過程が存在し、こうした過程を通じて実際の教育発展が進んでいくのである。したがって、研究という観点から言えば、一定の仮説を持ちながらも、こうした相互作用の全体を明らかにしていく中で、教育発展の主導的要因が浮き彫りになるような記述・分析を心がける必要がある。

本書では、この枠組に従い、先行研究の成果を考慮しつつ、2つの経済発展パターンによる教育発展の違いを次のように仮説的に整理し、定式化する。

内発的発展パターンにおいては、農村の集団工業がもたらす労働市場の需要が、省内において、それに直結する後期中等教育の発展をもたらす。こうした内発的発展による後期中等教育の発展は、3主体の相互作用の中でも、企業による労働力需要が規定的な要因として働き、地方政府はこれに対応した教育政策を実施し、家族の側でも、そうした労働市場を意識しながら対応するという場合として考えられる。すなわち、企業は必要な中堅技術者や幹部人材の養成を省内で求めようとし、各地方政府 (省、市、県、郷鎮の政府) は、その労働需要に応えた職業教育および一般教育政策を積極的にとり、経済発展を推進しようとする。このような教育発展は、基本的に労働力需要を動因として進むということができ、その意味で「労働力需要を主動因とする教育発展」と呼ぶことができる。そこでは、労働力需要に効率的に結びついた人材養成を行うために、政府と企業の間の連携が強まり、また、職業教育シス

テムが多様性かつ柔軟性を持って発展する。

　内発的発展が進むと、家計の所得水準も上昇していく。それとともに、労働市場の需要とは直結しない形で家族の教育要求の水準は上昇していく。政府がこれに応じて教育施策を行うようになり、後期中等教育発展の動因が、主に労働需要におかれる局面から「家族の教育要求を主動因とする教育発展」の局面へと移行していくのである[18]。ただし、その局面の推移は必ずしも境界線が鮮明に見えるものではなく、むしろ発展して両局面の要素がまもなく同時に存在しながら進行していくのが自然であろう。しかし、一応の目安として、経済発展が始まって1990年代末頃まで、「労働力需要を主動因とする教育発展」の局面が続き、これも本書が分析の焦点を当てる局面である。以降、「家族の教育要求を主動因とする教育発展」の局面に移行しつつあると考えておくこととする。

　他方、「外発的発展」においては、その経済的発展は必ずしも省内における後期中等教育の発展と直結しない。それは、第1に、外資関連企業が、中堅技術者や幹部といった人材を省外、場合によっては海外から調達する方針を有しているため、省内で人材養成すなわち教育が行われる契機が失われる[19]。第2に、外発的発展においては、地元住民は地代や商業による比較的高い収入を得る機会を持ち、教育投資への動機づけが弱いものとなったのである。

　しかし、外発的発展パターンにおいても、省政府が、他の省と比較して相対的に低い教育水準を意識し、その長期的な問題性を意識するようになると、政策的措置を強める。他方、経済発展にともなって地域社会が豊かになり、家族の所得水準が上昇すると、家族の側でもこのような措置に呼応する可能性が高まっていく。こうして、「政府の政策的行動を主動因とする教育発展」が始まる。この発展が始まったのは、1990年代後半以降と想定する。

　2つの経済発展パターンが同時に開始され、同じような経済発展水準をたどって成長するとき、内発的経済発展パターンではすぐに「労働需要を主動因とする教育発展」が始まるから、外発的経済発展パターンに比べ、より早くから教育発展が始まると考えてよいだろう。

　本書では、2つの省における経済発展が開始した1980年代以降1990年代ま

でを扱い、江蘇省が労働需要を主動因とした後期中等教育の発展によって、広東省のそれを上回る局面に焦点を当てる。そこに、2つの経済発展パターンによって特徴づけられる経済と教育発展を関係づけるメカニズムの相違が最も鮮明な形で現れ、教育発展のあり方の相違が量的側面を中心として分かりやすい形で現れると考えるからである。

　ただし、本書では、紙幅の制限上、大量なアンケート調査データおよび家庭訪問調査記録にもとづいて行われた家族という主体に関する分析の展開は、ここでは割愛せざるをえない。したがって、本書で行われる分析は、企業や政府を中心に展開される。先に説明したように、本書で扱う両地域の教育発展は、それぞれ「労働力需要を主動因とする教育発展」や「政府の政策的行動を主動因とする教育発展」としているため、企業と政府は本書の分析の中心でなければならない。家族に関する分析結果は、実際に、経済発展パターンの差異による個人の進学インセンティブへの異なる影響を示したものであり、企業や政府に関する実証結果をさらに説明するものとなっている。その分析過程を略して、分析結果について最後において説明することとする。

第3節　データ

1　データ

　本書では、大別して2種類のデータを利用している。すなわち、マクロ統計データと事例調査で得たオリジナルなミクロデータである。マクロ統計データは、公刊された年鑑類と非公刊資料にもとづく全国や各省および調査地の市・県の教育データと経済データが含まれる。時期的には、基本的に1980年代以降となっている。

　また、論文に示される表中の数値には、上記のマクロ統計データを用いて、筆者がさらに計算したものが多い。例えば、後期中等教育就学率は一般には得られず、各種学校の生徒数や該当人口から推計している[20]。これらのデー

タの計算方法は、必要に応じて、その都度、文中および図表または注で示す。

　江蘇省と広東省の調査地に関するマクロ統計データやミクロデータは、必ずしもすべて同様な内容のものが得られたわけではない。得られた便宜や研究の展開過程、また、対象の性格など、さまざまな事情から、広東省と比べて、江蘇省でより多くより詳細なデータを得ることとなった。これは巻末の**付表1**および**付表2**として掲げておく。

　ミクロデータは、インタビュー調査やアンケート調査で記録した資料・データであり、本研究の最も核心的でオリジナリティのあるデータでもある。また、紙幅の制限上、本書では、これらアンケート調査や家庭訪問調査によるデータ分析の詳細は割愛するが、それによる結果および結論は終章で述べる。そして、それらの調査データは巻末の**付表3**として掲げておく。

2　事例調査と調査地の概況

　ここで、事例調査対象地および調査状況についての概略を述べる。

　本研究で行った現地調査としては、各レベル(省、市、県、郷鎮)政府関係部門からの資料の収集、政府関係者・企業関係者・学校関係者・住民関係者に対するインタビュー、そして中学三年生に対するアンケート調査がある。省レベル政府に対するの調査は、全体の状況把握のための、教育委員会(あるいは教育局)での資料収集と聞き取りに集中した。このほか、省の労働局でも聞き取りを行った。市レベルや県レベル市および県政府に対するの調査は、該当市・県の教育と社会・経済資料の収集や地域的政策に関する聞き取りを行った。郷鎮レベル政府に対する調査は、該当郷鎮の教育と社会・経済資料の収集や地元教育の具体的な展開などに関して聞き取りを行った。具体的な学校調査や企業調査は、調査した県レベル市、県が所轄する郷鎮の学校と企業で行われた。このように、具体的な事例を見る調査は、農村部や非都市地域[21]を中心としている。これも、主に農村部の工業化による労働需要・供給と後期中等教育の関係を見ている本書の目的のためである。江蘇省では、1994年、1999年、2001年に、広東省では、1999年および2001年に、それぞれ調査を行った。

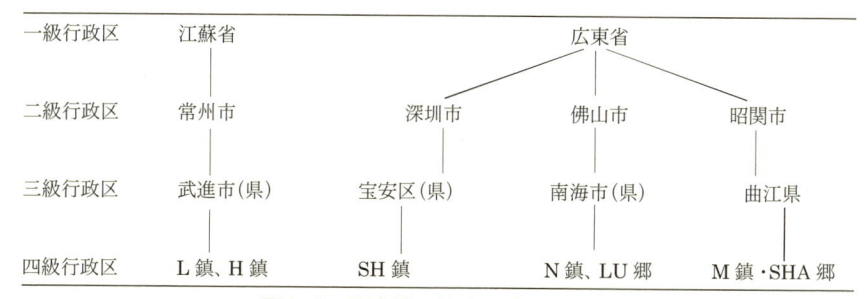

```
一級行政区    江蘇省                      広東省
二級行政区    常州市       深圳市    佛山市    昭関市
三級行政区    武進市(県)   宝安区(県) 南海市(県) 曲江県
四級行政区    L鎮、H鎮    SH鎮     N鎮、LU郷  M鎮・SHA郷
```

図0-3 調査地の地方行政上の位置

注：一級から四級までの行政区は中国における地方行政上の階級の分け方で、一級は地方行政ではレベルが最も高い。上下は所轄・所管関係と隷属関係を示す。また、地域の代表性としては、常州市は江蘇省の「内発的」発展の典型地域で、深圳市や佛山市は広東省デルタ地域に位置する「外発的」発展の典型地域で、昭関市は広東省の山地地帯に位置し、「外発的」発展地域ではなく、その労働力需要の影響を受けた地域である。
出所：筆者作成。

調査した具体的な地域やその行政的属性は**付表4**および**図0-3**に示す。また、調査した年や各調査地で行った調査の主な内容は先の**付表3**を参照しよう。そこで、江蘇省と広東省およびそれらの調査地について、概観しておこう。

1） 江蘇省

江蘇省は地理的に中国大陸の東部沿海の中部地域に位置し、東には日本海につながる黄海と東海に臨み、南には上海市と隣接する（付表5「中国の行政区分」、付表6「調査地が各省における位置」を参照）。土地の7割が平野であり、気候は稲作などの農作物に適し、また、川や湖が多く漁業も盛んのため、古くからとくにその南部地域を「魚米ノ郷」と称されていた。それに、大勢の中・小の川の他、長江(揚子江)と京杭(北京と杭州の間に掘り起こされた)大運河がその境内でそれぞれ東西400キロメートル余りと南北600キロメートル余りにわたって流れており、交通の便がよい。後の表3-10に示すように、2000年現在では、江蘇省の面積は約10.2万平方キロメートルで、日本の北海道と岩手県を合わせた大きさである。しかし、この大きさは中国全土の1%強しかないのに対して、人口は約7,327.2万人で、全国の6%近くも占めている。また、1平方キロメートル当たり約700人にも達しており、人口密度の最も高い地域の一つである[22]。

常州市と武進市は地理的に、江蘇省の南部に、長江デルタ中部に位置し、北は長江に沿い、南は太湖に接している。肥沃な平野と豊かな水資源に恵まれ、いわゆる「蘇南」[23]の典型的地域の一つである。「蘇南」地域は内発的な農村工業化に特徴づけられた地域経済の発展モデルとして、80年代後半より全国ないし世界的に知られるようになっている。いわゆる「蘇南モデル」である。すでに触れたように、内発的農村工業化は江蘇省の経済発展の特徴であるが、「蘇南」地域はまた、そうした発展パターンを経験してきている典型的な地域である。1998年末現在、武進市は40個の鎮と16個の郷を所轄しており、面積は1,580.98平方キロメートルで、人口は120.82万人である。

江蘇省における調査地の常州市、武進市およびL(郷)鎮とH郷の行政的地位を見よう。図0-3に示したように、江蘇省は地方行政レベルの1に位置し、常州市(当省13の直轄市の一つ)はレベル2、武進市(常州市の三つの所轄市の一つ)[24]はレベル3に当たる。L郷とH郷はともに武進市所轄の郷であり、レベル4に当たる。近年、地域の発展につれて、本来農村地域であった県は、その中に数多くの鎮または市区ができるようになり、また、人口や産業構造など諸々の経済指標が県レベルの市の規定条件を満たしたため、市に昇格するものが多い。武進市も1995年に武進県から切り換えられた。そのため、後述では、年によって県と市をそれぞれ使い、95年の前後の期間も含まれる場合には「(県)市」と記する。だが、これらの市の多くは、基本的に非都市地域であり、市区が非常に狭く、盛んなサービス業が見られないという点では、あまり変わりないと思われる。また、同様にL(郷)鎮は、L鎮における工業の発展や非農業人口の増加が一定のレベルに達したという理由で、1999年に郷から鎮に昇格した。ここでも時期に応じた行政的な呼称を使う。

2) 広東省

広東省は中国の南部に位置し、南と東南は中国の南海に面し、海岸線の最も長い省である。また、南は香港とマカオと隣接し、中国の「南玄関」といわれる。こうした地理的な条件により、そこには多くの人が海外に移住し、広東省は「華僑の故郷」と呼ばれてもいる。これら地理的条件と華僑の存在はす

べて広東省の「外発的」発展の条件となっている。総面積は約18万平方キロメートル、人口は約7,700万人、人口密度は1平方キロメートルに422人で、江蘇省より300人も少ない。地形は、山地、台地、平野など、多様であり、珠江は多くの支流を納め、広東省の北から南へ流れている。そして、亜熱帯と熱帯は広東省の主な気候である。

　深圳市は広東省南部の珠江デルタ地帯に位置し、全国的に最も早く対外開放政策を実施した地域である。珠江デルタ地帯は外資関連企業の進出する主要な地域であるため、周辺の山岳地帯の経済発展とは大きな格差が存在している。宝安区は宝安県であったが、1993年に深圳市の1区となった。SH鎮は宝安区の中にあり、深圳市の19の直轄鎮の一つである。佛山市も珠江デルタ地帯に位置する、経済発展の進んでいる地域である。南海市はその中の県レベル市である。昭関市はデルタ地帯から外れた北部の山岳地帯を含んだ地域であるが、デルタ地帯と山岳地帯を結ぶ交通の要衝である。発展度[25]で見れば、広東省の中では下のランクの上位レベルにある。曲江県は昭関市の直轄県である。

　広東省における調査地の深圳市、佛山市、昭関市および各郷鎮の行政的地位を見よう。図0-3に示されたように、広東省はレベル1に位置し、深圳市、佛山市、昭関市(当省21の直轄市の三つ)はレベル2、宝安区(深圳市の1市区)、南海市(佛山市所轄)、曲江県(昭関市所轄)はレベル3に当たる。また、SH郷は宝安区、N鎮とLU郷は南海市、M鎮とSHA郷は曲江県にそれぞれ所管される普通の郷と鎮であり、レベル4に当たる。行政的呼称は江蘇省の場合と同じく、近年変わっているので、江蘇省の場合と同様に対応することとする。

第4節　各章の構成

　本書は、冒頭に述べたように、経済発展のあり方が教育に及ぼす影響をより具体的に理解することを目的とし、それぞれ内発的経済発展パターンと外発的経済発展パターンを示す江蘇省と広東省において、それぞれの後期中等

教育の発展がどのようなものであったのかを、教育発展を担う3主体である政府、企業、家族（生徒）の態度や行動に即して、実証的に明らかにすることを課題とする。こうした研究目的と課題を果たすことを目指し、本書は以下のように構成される。

　第Ⅰ部は、中国全体を扱った第1章と第2章からなり、本書の中心である江蘇省と広東省の事例研究を中国全体の中に位置づける意味を持つ。

　第1章では、1980年代以降の中国全体の後期中等教育の発展を概観すると同時に、中央政府がどのような後期中等教育政策を持ったのかを明らかにし、それが省の教育発展に対してどのような制約と可能性を与えたのかを示す。

　第2章では、中央政府の政策の下で、多様な発展を見せてきた各省の後期中等教育の発展への経済的要因の影響に関する統計的分析を行う。「1人当たりGDP」などの経済水準を示す経済指標に加え、各省の生産のあり方を表す「資本所有（集団工業、外資工業、国有工業）セクター別1人当たり総産値」「産業構造」「産業別労働力構造」などの指標を用いて分析する。とくに、経済発展パターンを決定する際の中核をなす変数である「資本所有セクター別1人当たり総産値[26]」が持つ教育発展への影響の重要性を明らかにすることを通じて、本書の経済パターンという視角からの分析の重要性および妥当性を確認する。

　第Ⅱ部は、本書の中心部分を構成しており、第3章から第6章からなる江蘇省と広東省についての事例研究である。序章で述べた分析枠組みにもとづき、異なった経済発展パターンにおける教育発展が比較の視点から分析される。

　第3章では、両省の事例研究を進めるための準備として、両省における経済発展が、それぞれ内発的発展パターンと外発的発展パターンを典型的に示すものであることを確認する。また、両省の教育発展の比較が可能かつ妥当であることを、両省の経済発展水準や人口規模、そして教育発展の初期条件の検討を通じて示す。

　第4章では、両省における教育発展を、後期中等教育を中心に、量的に分析する。両省の後期中等教育発展の動向を事実レベルで記述・把握すること

(全体の発展程度はどのようであるか、普通教育と職業教育の分布はどのようであるか、その両省の差異はどのようであるか等) に主眼をおきつつ、教育発展の動向に、中央政府の職業教育推進政策や労働需要の動向がどのように反映しているかといった点にも触れる。後期中等教育の発展に企業、政府、家族がそれぞれどのように関わってきたかの本格的な分析は、これに続く二つの章において行われる。

　第5章では、後期中等教育発展に関わる企業の行動や影響について、企業の労働力需要と労働力調達の側面からのアプローチを行う。まず、両省のマクロデータにもとづき、各省における労働力需要と労働力調達 (移動) を分析する。続いて、現地調査データによりながら、江蘇省では一つの郷鎮企業に、広東省では一つの鎮に焦点を当て、それぞれの労働力需要と労働力調達のあり方を記述・分析する。

　第6章では、省、市、県、郷鎮の各政府の役割に焦点を当てる。後期中等教育段階における職業教育や普通教育の拡大に各政府がどのように関わってきたかを、先行研究、各レベルでのインタビューやその際に入手した資料にもとづき議論する。とくに、江蘇省に関しては、郷政府と企業の密接な関係に注目し、その学校設置や学校運営などにおける具体的な展開を詳述する。

　結論では、以上の実証結果を概括し、家族 (生徒) の意識や行動に関する分析結果もそれに加えて、序章で提出した仮説の可否について論じ、今後の研究課題を展望する。

注

1. 中学校までの9年義務教育は1986年の義務教育法で法制化され、9年義務教育の普及が国を挙げての事業となっている。一方、高等教育については、1990年代の後半までは、中央政府による抑制政策が取られてきた。
2. 第1章3節を参照。
3. とりわけ1960年代のハービソンとマイヤーズの研究 (F. ハービソン・C.A. マイヤーズ、川田寿・桑田宗彦訳『経済成長と人間能力の開発』ダイヤモンド社　1964年) は、ナショナル的なデータにもとづいて、中級レベルのマンパワーが工業化にクリティカルな役割を果たすという政策含意を見出した。経済発展に一見直結しそうなこの発想は、各国の教育政策に大きな影響を与えた。

4 R.P. ドーア『学歴社会　新しい文明病』岩波現代新書　1978年。この他に有名なのは、例えば、インドとアフリカにおける中等職業学校の事例分析から、経済発展へ期待されたマンパワーの役割(機能)について否定的な結論を引き出したフォスター(1965)などの研究がある。
5 金子元久「第2章 発展と職業教育―問題点の整理―」米村明夫編『教育開発：政策と現実』アジア経済研究所　2001年、p.48を参照。
6 金子元久編『アジアマンパワーと経済成長』アジア経済研究所　1983年、p.8。
7 前掲金子(1983)、p.5。
8 米村明夫『メキシコの教育発展―近代化への挑戦と苦悩―』(アジア経済研究所1986年)の第1章「教育発展の社会学と教育の社会的機能」を参照。次の項で詳しい説明をする。
9 前掲R.P. ドーア(1978)。
10 Kuznets, Simon. Modern Economic Growth. New Haven: Yale University press, 1966.
　 Chenery, Hollis and Syrquin, Moises. Patterns of Development 1950-70. New York: Oxford University Press, 1975.
11 Fei, John and Ranis, Gustav eds. Growth with Equity. London: Oxford University Press, 1988.
12 International Bank for Reconstruction and Development. The East Asian Miracle. London: Oxford University Press, 1993.
13 鶴見和子・川田侃編『内発的発展論』東京大学出版会　1989年、宇野重昭・鶴見和子編『内発的発展と外向型発展』東京大学出版会　1994年。
14 呉軍華「中国の経済発展と地域開発戦略」Japan Research Review 1993年3月号、厳善平『中国経済の成長と構造』勁草書房　1992年、大島一二『現代中国における農村工業化の展開』筑波書房　1993年。
15 前掲鶴見他(1989)、費孝通・張雨林他著『城郷協調発展研究』江蘇人民出版社 1991、前掲宇野他(1994)を参照。宇野・鶴見はこのように述べている。「先発国から手本をもらいうけて近代化」を進めるという意味では外発的であるが、「それだけではない。地域の自然生態系に適合し、社会構造、精神構造の伝統に基づいて、地域住民の創意工夫によって、新しい生産や流通の組織や衣・食・住の暮らしの流儀を創造する内発型の発展もまた同時に進行」する場合は、「内発的」発展である(前掲宇野・鶴見(1994)、pp.102-103)。
16 前掲米村(1986)、p.11。
17 米村明夫「総論」米村明夫編著『世界の教育開発』明石書店　2003年12月、pp.12-14。
18 このような局面の変化を金子(2001)は、職業教育発展に則して論じている。

19　3主体の相互作用という観点からは、「外発的発展パターン」のように労働力が国内全体からも調達されるとき、その労働需要の教育発展に与える影響を見るには、1省のみではなく、全国レベルの教育発展の分析も試みる必要があろう。しかし、本書では教育発展を含めた省単位での発展のありように関心を集中させている。

20　人口に関しては、数回の全国調査があるが、各省の年齢人口を示したのは、『中国人口統計年鑑1993』(1990年センサス結果にもとづく)のみであるため、在学該当人口は基本的に1990年調査結果から計算した。

21　本来、農業を営んできた農村であった一部の地域は、工業化が進み、農業生産は大きく減少した。しかし、行政的には依然として農村地域とされ、住民のほとんどもなお農村の戸籍を持っている。こうした地域を従来の農村地域と区別するために、ここで「非都市地域」と名づけている。

22　人口が多いのは、他の地域と比べて出生率が高いからではない。とくにこの20年間、江蘇省は産児制限政策の実施が最も成果を挙げてきた地域であり、出生率15.71‰、自然増加率4.59‰にとどまり、いずれも全国平均よりはるかに低くなっている(『江蘇省統計年鑑』中国統計出版社　各年版)。

23　「蘇南」は江蘇省の長江以南地域、主に常州、蘇州、無錫の三つの地域を指す。昔から農業や漁業が盛んで豊かな地域として、また、絹などの織物としても知られている。しかし、80年代前の20年あまりの間は、その経済発展や生活レベルは全国平均並にとどまり、豊かとはいいがたいものであった。70年代末以降、郷鎮企業の発足、発展による農村工業化の展開は地域の活力を蘇らせ、1980年代には経済発展における「蘇南モデル」として再び全国ないし国際的なデビューを果たした。

24　常州市は、武進市の他、溧陽市と金壇市を所轄している。

25　1999年と2000年の1人当たりGDPは、それぞれ6,042元と6,543元で、これより少ない市は全省21市の中で2年とも5つある(『広東省統計年鑑2001』中国統計出版社、p.125)。

26　第2章を参照。

第Ⅰ部　中国における後期中等教育の拡大と経済発展

第1章　中国における後期中等教育[1]の発展と社会経済的背景

　本章では、中国における1980年代以降の後期中等教育の発展を概観し、各省の教育発展にとって与件となる中央政府の後期中等教育政策を検討する。
　まず、この時期に進められた経済発展や開放政策による経済成長と新たな労働力需要の発生を背景として見た上で、後期中等教育の発展の特徴をその学校類別の量的な分析によって把握する。続いて、そうした発展をもたらした政策である職業教育拡大政策と分権化政策(教育の体制改革)の概要を検討し、分権化政策の結果としてもたらされた、教育財政の変化と学校管轄主体の変化を整理・分析する。

第1節　社会経済的背景

1　成長と経済部門における所有制の多様化

　1980年代より、中国は経済発展の道を歩んできた(図0-1を参照)。1人当たりGDPは、1980年に460元であったのが、2000年には1,997元となった(1978年価格)[2]。こうした経済発展は、政府の経済改革・開放政策の下で進められてきた。1970年代末に始まった同政策は、それまでの中央集権による計画経済体制から、市場経済体制への移行をキーポイントとして展開されてきた。計画経済の担い手であった国営企業に加えて、国民経済を支える新たな主役として非国営セクターが登場し、1980年代以来の中国経済の高度成長を牽引することとなった。それらの非国営セクターには、主に、①1979年に広東省に

おける開放政策の実験にともなって現れてきた外資（および香港、マカオ、台湾の資本）セクター、②1970年代後半に江蘇省などの農村地域に自発的なものとして発展し、1984年に中央より合法化された郷鎮企業セクターがある。1990年代以降はこの二つのセクターと国営企業セクターが中国経済の三つの柱と見なされるようになった。その他、個人所有セクターと複数の所有制が組み合わされた連携企業セクターも現れ、それが増えつつある。

②の郷鎮企業セクターについて、ここでもう少し説明する。中国の地方行政レベルにおいて、最上位は第1行政区の「省」であり、第2行政区の(省の直轄)「市」、第3行政区の「県」（または県レベルの市）が続いている。「郷」または「鎮」はさらにこれにつづく第4行政区であり、農村地域あるいは非都市地域である（**付表4**「中国の地方行政仕組み」および序章の**図0-3**を参照）。郷鎮企業セクターは、こうした非都市地域に起きた第2次産業(中でも工業)および第3次産業を指す。その所有権は、主に郷か鎮またはそれらが所管する下位組織である生産大隊や生産隊に属する集団所有制[3]である。ただし、広義には、個人所有制の企業や外資と合弁の郷鎮集団企業などもこの範疇に入る。個人所有企業や外資合弁企業が郷鎮企業セクターに占める割合は地域によって異なり、例えば、広東省では非常に多く、江蘇省では少ない。

こうした非国営セクターの出現・成長は、中国の経済発展のみならず、教育の発展にも強く影響してきた。非都市地域における集団制郷鎮企業、そして外資企業や個人企業を主とした第2次、第3次産業の誕生・発展は、それらの地域において新しい労働力の需要をもたらし、地域の教育発展と密接に関わることとなったのである。

2　経済成長と労働力の移動

郷鎮企業や外資系企業など、既存労働行政の関与が比較的少ない非国有経済の急成長は、就職機会を新たに創出し、大規模な労働力の移動（農村剰余労働力の産業間・地域間における移動、および高学歴労働力の地域間の移動）をももたらした。

ルイス流の近代化理論[4]によれば、近代化初期の社会経済においては、工

業化および近代化を開始する都市経済や農耕畜産業の農村経済という二重構造を持ち、低学歴の農村剰余労働力が都市の第2次産業に流れ込んでいく。1980年代以降、中国における人口の流動制限も少しずつ緩和されて、ルイス理論が当てはまる状況が生じてきた。しかし、同時に中国では、郷鎮企業を代表とした農村における第2次産業が生成・発展したため、農村剰余労働力の大半[5]は農村地域内における非第1次産業によって吸収されてきた。例えば、1978年から88年の農業部門から非農業部門へ移動した労働力は、国営企業の就業者総数に等しい1億3,250万人、そのうち農村地域内で吸収されたのは8,850万人で、都市へ移動したのは4,400万人であった。このような農村地域内の産業間移動には、労働力の地理的移動のともなわない同一地域内のものと、地理的移動[6]をともなうものとがある。

　急速な経済発展を見せた都市地域や非都市地域においては、高学歴労働力の流入が大規模に発生してきた。しかし、これについての統計的な把握やその実態、また、社会的意義などに関する実証的な研究はまだなされていない。

　こうした労働力の地域間の移動は戸籍制度による人口移動の規制の緩和を通じてもたらされた。中国においては、農村人口の都市への流入を防ぐための方策として、1958年に戸籍制度が定められた。この制度の下で、全国民は基本的に都市戸籍（または国家戸籍とも称する）と農村戸籍に分けられている[7]。都市戸籍住民はさまざまな配給制度や社会保険制度による恩恵を享受することができる。他方、第1次産業を営む農村地域の住民は、農村戸籍を持ち、次世代もその戸籍を相続する。都市戸籍への切り替えは、専門学校や技工学校を含めた中等・高等専門教育へ進学するか、兵役を通じて一定の階級に達するかの2つの方法を基本とする。人口の移動は、これによって厳しく管理・制限され、農村剰余労働力の都市への流入や人口の都市集中は防がれてきたといえる。都市戸籍者の都市間の移動にも同様に制限がある。

　しかし、1979年に改革・開放政策が実験され、農村における第2次、第3次産業の経済活動が活発化し始めるとともに、「違法」の人口流動も発生し始めた。1984年10月に、中央政府はまず農民の地元の(同じ県内)鎮への流入規制を緩和した。その後も戸籍制度は維持されているが、農民の都市への出稼ぎ

や省外への出稼ぎも可能となり、移動はより自由になっている。非戸籍所在地における長期滞在は、滞在地の行政部門で手続きをしておけば、「暫住証」が発行され、「暫住証」を持つ者は、該当地域の戸籍所有者に与えられる優遇措置などを享受できないが[8]、統計上では常住人口[9]として見なされる。また、こうした人口移動のため、同地域の戸籍人口と常住人口との差は、地域によってかなり違いが生じている。

同時に、都市戸籍者の移動もさらに自由になった。都市戸籍を有する者は、さまざまな有利な福祉条件を享受するが、その条件は省によって異なる。そのため、一般に、都市戸籍を有する者の移動は、より有利な省へ向かってなされる。

第2節　後期中等教育発展の概要

中国における1980年代以降の後期中等教育の量的発展は基本的に順調なものであった。ここでは、その学校種類別分析を通じて、その概要を把握することとする。

1　普通高校・職業関係学校別分析

1)　在学者数と就学率

図1-1に示されるように、後期中等教育全体（普通高校および各種職業関係学校）の後期中等教育の就学者数は、1982年まで減少してきた。それは次のような理由による。「文革」期に労働階級の子弟の学校教育拡大の路線の下で、質を問わず小中学校を拡大したことから、後期中等教育の就学者数も急速に増大することとなった。「文革」後、その是正と調整が行われ、また、農村生産責任制の改革[10]により中等教育の生徒が自家労働に戻ることもあり、後期中等教育の学生数は減少した。

1982年以降は増大が続き、その年の853万人を基準とすれば、1998年では2,072万人、すなわち2.4倍の増加であった。

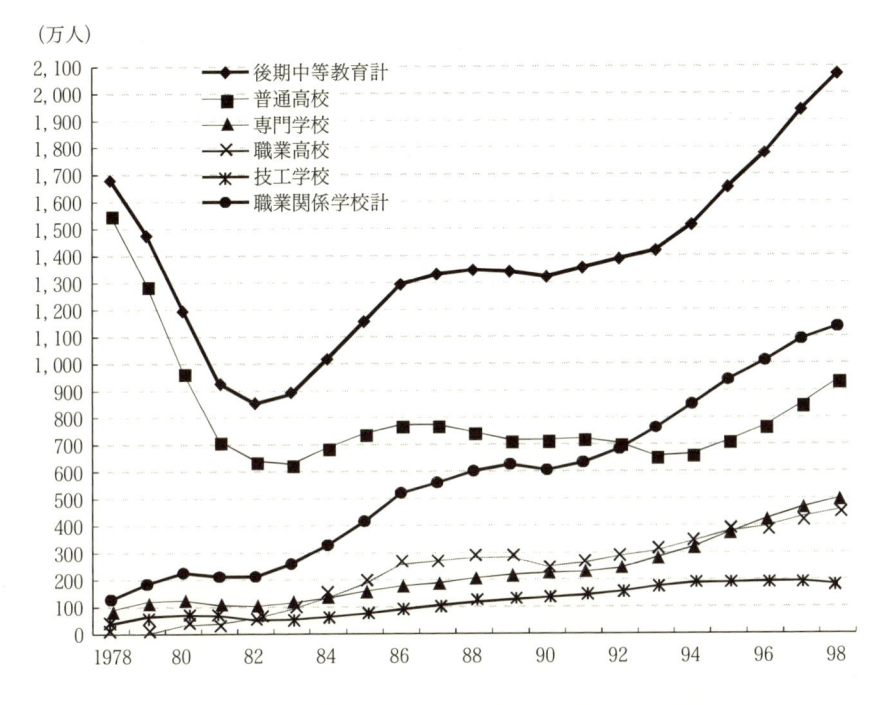

第1章　中国における後期中等教育の発展と社会経済的背景　33

図1-1　中国教育中等教育在学者数の推移（各種学校）

注：専門学校の高卒再入学者は除かれていない。その数は、1980年代に約25～30％あったが、1990年代以降は大きく減少し、1990年代半ば以降は5％前後であろうと考えられる。ただし、職業高校の中学段階コースは除かれている。
出所：『中国教育事業統計年鑑』人民教育出版社各年版、『中国教育成就1949～83』同　1984年、『同1985～90』同1986年、『同1985～90』同　1991年、『中国教育年鑑1949-81』中国大百科全書出版社　1984年、pp.981-1019、『中国統計年鑑』中国統計出版社1981～86年各年版。

　普通高校の就学者数は1982年の641万人から1993年の656万人に、停滞傾向が見られた。しかし、1995年より、毎年50～90万人の増加を見ている。
　他方、職業関係学校は増大を続け、1982年の212万人から1998年の1,134万人と5.3倍に増加している。後期中等教育全体における職業関係学校就学者のシェアは、1970年代末に1割足らずから、1980年代半ば時点に3割、そして、80年代末より5割台にいたった[11]。
　就学率についても、図1-2から分かるように、基本的に同様の傾向が見られる。後期中等教育全体の粗就学率は、1983年まで減少傾向にある。その後、

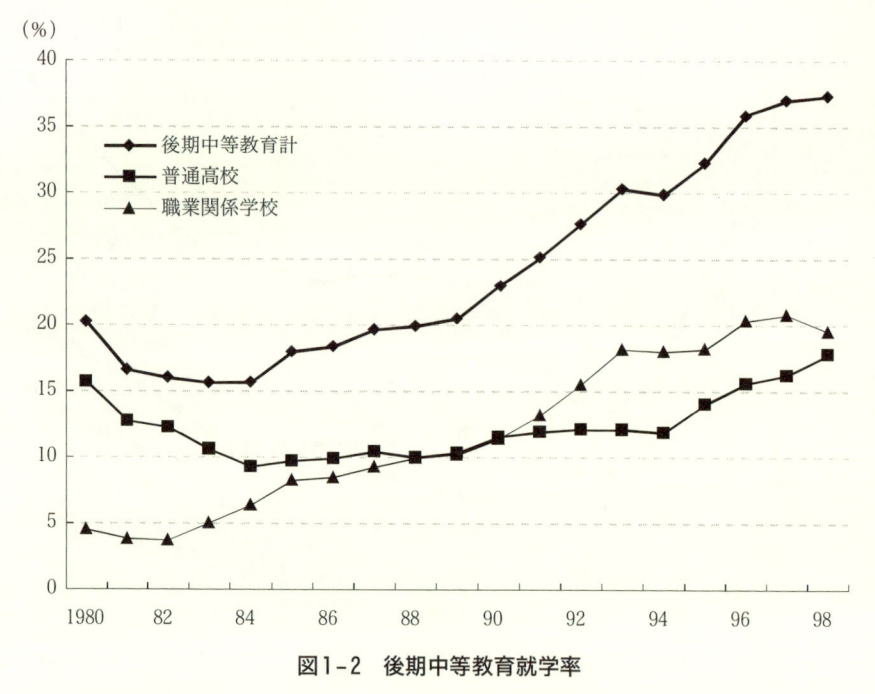

34　第Ⅰ部　中国における後期中等教育の拡大と経済発展

図1-2　後期中等教育就学率

注：専門学校の高卒再入学者および職業高校の中学段階コース在学者は除かれている。
出所：『中国教育事業統計年鑑』人民教育出版社各年版、『中国教育成就1980～85』同　1986年、『中国教育成就1985～90』同　1991年、『中国1990年人口普査資料』中国統計出版社　1991年、『人口統計年鑑1993』同　1994年より算出。

1983年頃から減少が止まり、1984年から増加が始まった。すなわち、1983年の15.6％から1998年の37.3％までに増加が持続してきた（本書では純就学率計算の困難から、粗就学率を用いる[12]。全国各省の就学率については付表7を参照）。

普通高校の就学率は、1983年10.6％、1994年11.9％まで停滞傾向を見せ、その後、増大が始まり、1998年17.8％となっている。職業関係学校の就学率は、1983年5.0％、1990年11.4％、1994年18.9％、1998年19.5％と増大が続いている[13]。

このような1980年代以来の普通高校の停滞と90年代後半以降の増加および職業関係学校の一貫した増大は、それぞれ、対応する時期の普通高校抑制策や抑制緩和策、また、職業教育促進策が反映しており、この点は、次節で詳しく論じる。

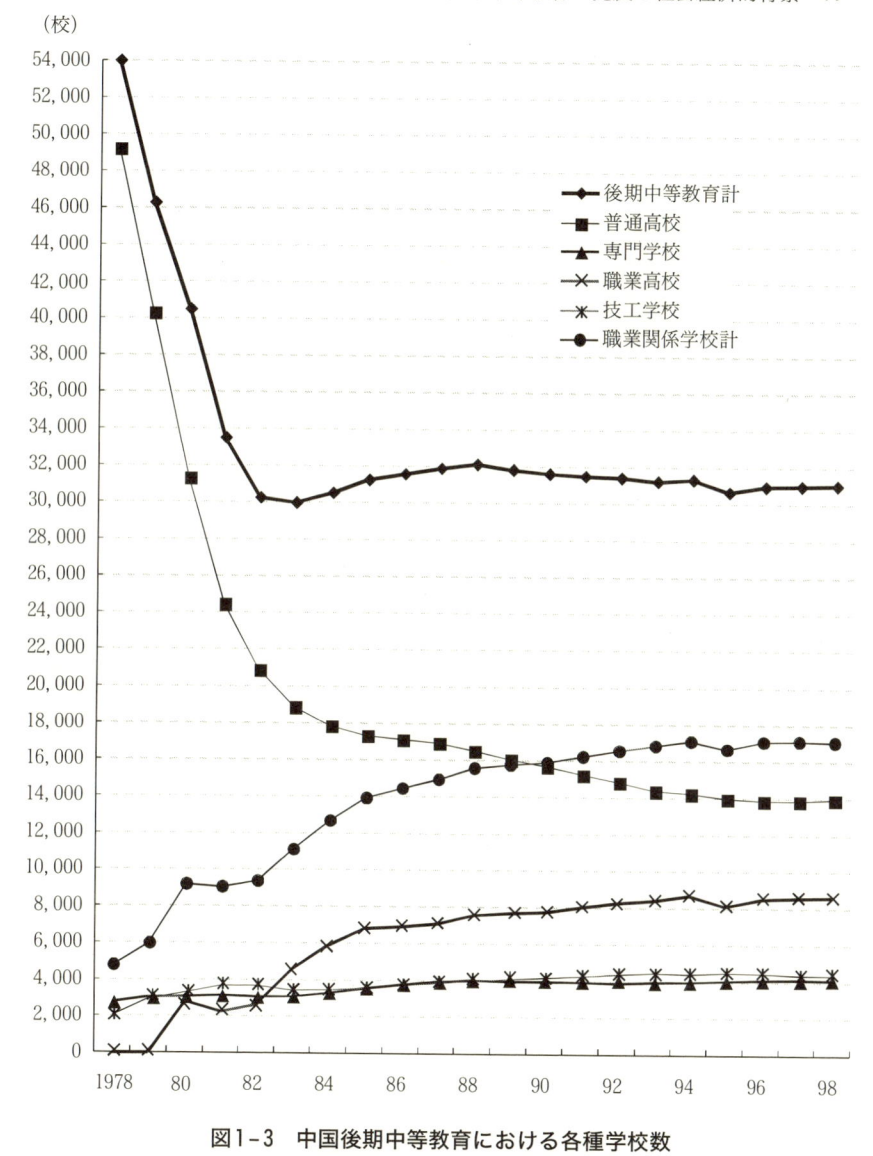

第1章　中国における後期中等教育の発展と社会経済的背景　35

図1-3　中国後期中等教育における各種学校数

注：職業高校のデータはすべて『中国教育事業統計年鑑』人民教育出版社各年版により、職業中学を除いているが、その中の1981～84年は推計値である。
出所：『中国教育事業統計年鑑』人民教育出版社各年版、『中国教育成就1980～85』同　1986年、『中国教育成就1985～90』同　1991年、『中国教育年鑑1949-81』中国大百科全書出版社　1984年、pp.981-1019。

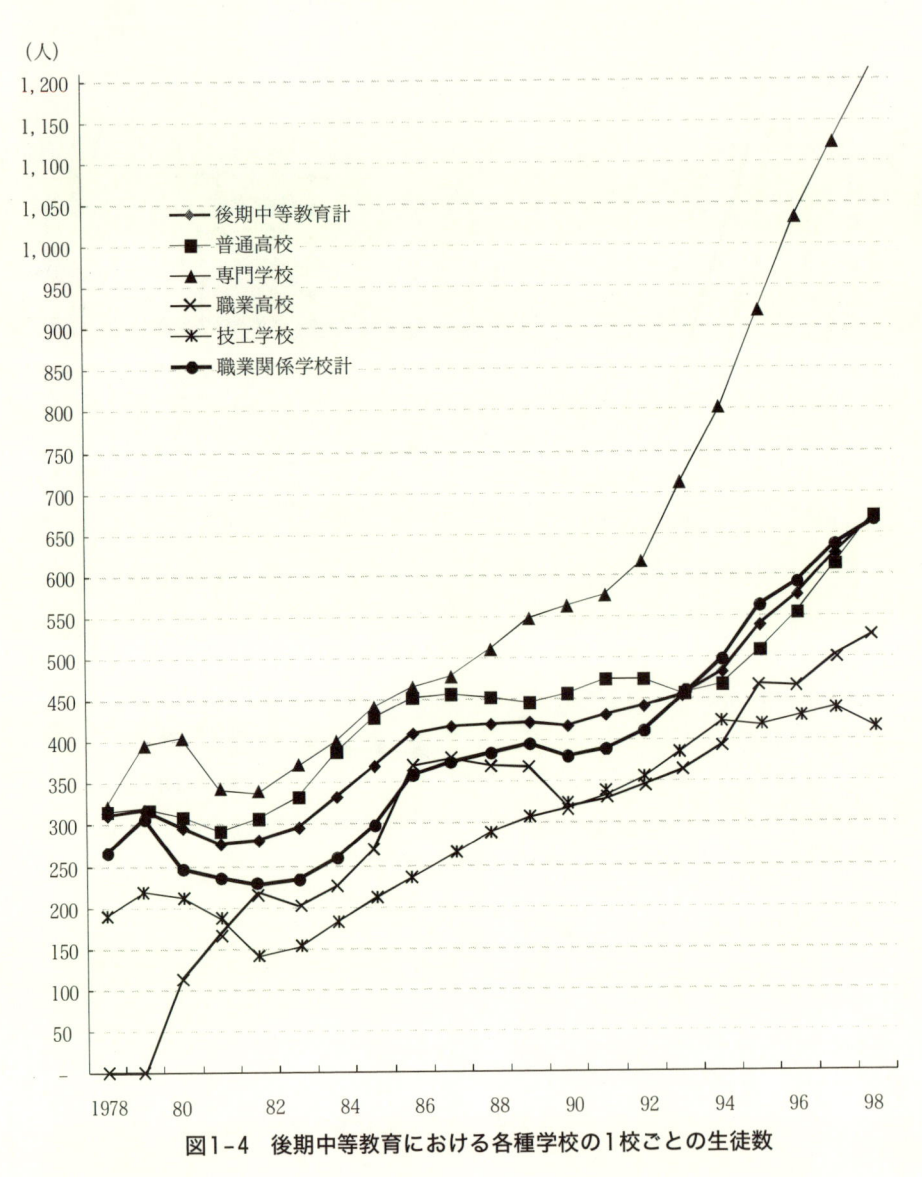

36　第Ⅰ部　中国における後期中等教育の拡大と経済発展

図1-4　後期中等教育における各種学校の1校ごとの生徒数

凡例：
- 後期中等教育計
- 普通高校
- 専門学校
- 職業高校
- 技工学校
- 職業関係学校計

注：職業高校のデータはすべて『中国教育事業統計年鑑』人民教育出版社各年版により、職業中学を除いているが、その中の1981～84年は推計値である。

出所：『中国教育事業統計年鑑』人民教育出版社各年版、『中国教育成就1980～85』同　1986年、『中国教育成就1985～90』同　1991年、『中国教育年鑑1949-81』中国大百科全書出版社　1984年、pp.981-1019。

2) 学校数と学校規模

　以上の後期中等教育の拡大は、基本的に学校規模（学校当たりの生徒数）の拡大を通じて実現された。後期中等教育機関数（図1-3）を見れば、1980年代初期以来、全体として大きな変化がない。つまり、1校ごとの生徒数が大きく増えたのである。図1-4によれば、1校ごとの生徒数は1983年296人、1990年418人、1994年483人、1998年668人と増加が続いている。

　学校種類別に、機関数を見ると、普通高校は1982年の20,874校から1998年の13,948校に減少したが、職業関係学校は1982年の9,362校から1998年の17,073校に増加した。結果として、1998年時点で、職業関係学校数は普通高校数に比べ約3,125校多くなった。1校ごとの生徒数は、普通高校では、1983年333人、1990年457人、1994年467人、1998年672人となっており、職業関係学校では、1983年233人、1990年380人、1994年497人、1998年664人となっている。職業関係学校の1校ごと生徒数の増え方がやや速いが、結果的に、普通高校と同様な規模となっている。

　このような学校当たりの生徒数の増大による就学者数の拡大は、資源の有効利用に迫られた結果の一般的なものと考えられる。

3) 専任教師数と教師学歴

　「専任教師数」「専任教師が1人当たり担当する学生数」「教師学歴」といった指標を用いて、後期中等教育の質やその変化の大筋を把握しておこう。

　後期中等教育のすべての学校における専任教師数は、1982年の64万人から1998年の136万人に増えた[14]。しかし、生徒数はさらに大幅に増えたため、各種学校1人の専任教師が担当する生徒数（表1-2）は、全体的に増加している。

　専任教師の大卒割合は、全体(技工学校を含まない)として毎年2、3パーセント上昇してきている(表1-3)。

　これらの指標を、普通高校・職業関係学校別に見ると、普通高校では、1人の専任教師が担当する生徒数は1983年の14人から1998年の15人と、僅か1

表1-2 中国後期中等教育各種学校の専任教師1人当たり担当生徒数

(人)

	後期中等教育計	普通高校	専門学校	職業高校	技工学校	職業関係学校計
1978	19	21	9	0	14	10
1979	19	19	11	0	—	16
1980	15	17	10	19	11	11
1981	13	14	8	18	8	9
1982	13	14	7	18	—	12
1983	12	14	7	14	6	9
1984	13	15	8	14	8	10
1985	13	15	9	16	8	11
1986	14	15	9	18	9	12
1987	13	14	9	17	9	12
1988	12	13	9	16	9	11
1989	12	13	10	15	10	11
1990	12	13	10	13	10	11
1991	12	13	10	13	10	11
1992	12	12	10	13	10	11
1993	12	12	12	13	12	12
1994	13	12	13	14	12	13
1995	14	13	14	15	16	15
1996	15	13	16	15	17	16
1997	15	14	17	15	17	16
1998	15	15	18	15	13	16

出所：1990年までのデータは、『中国教育成就1980〜1985』人民教育出版社　1986年、p.9、『同1986〜1990』同1991年、p.9による。ただし、職業高校の専任教師には、上記の資料では中学校も含まれているため、『中国教育（事業）統計年鑑』同各年版から高校段階の専任教師数を集めた。また、1981〜1984年のデータは同資料による推計値である。1990年以降のデータは『中国教育（事業）統計年鑑』同各年版による。

人の増加にとどまっており、また、専任教師の大卒割合は、普通高校では、1991年以降8年間で16.3％上昇している。これは普通高校抑制策の結果と見られる。これに対し、職業関係学校では、1人の専任教師が担当する生徒数は1983年の9人から1998年の16人となり、専任教師の大卒割合は、11.4％の上昇となっている。普通高校では、普通高校就学者の量的抑制政策などの影響により、質の維持と向上が図られていると見られる。

　1980年代以降の後期中等教育全体の量的な拡大は、主に職業関係学校において行われたことが明らかにされた。以下、職業関係学校に焦点を当て、これを構成する各学校の特徴を把握することとしよう。

2　後期職業教育の学校種類別の分析

表1-3 後期中等教育における各種学校の専任教師の大卒割合

(％)

	後期中等教育計	普通高校	専門学校	職業高校	職業関係学校計
1980	—	—	—	35.90	—
1981	—	—	—	36.00	—
1982	—	—	—	38.90	—
1983	—	—	—	40.40	—
1984	—	—	—	40.20	—
1985	—	—	—	39.60	—
1986	—	—	—	39.30	—
1987	—	—	—	40.10	—
1988	—	—	—	41.40	—
1989	—	—	—	43.50	—
1990	—	—	—	45.50	—
1991	44.75	47.20	57.58	23.35	41.55
1992	46.39	49.12	59.68	24.62	42.89
1993	47.84	51.09	61.11	26.00	43.96
1994	49.43	53.38	62.13	27.49	45.02
1995	50.80	55.20	63.02	28.98	46.06
1996	53.11	57.95	64.73	31.20	47.93
1997	55.65	60.73	66.78	33.86	50.15
1998	58.52	63.49	69.49	37.42	52.96

注：1990年までは、原データがサンプル調査によるものである。また、計のすべての年においては技工学校の専任教師を含まれていない。「大卒割合」は4年制本科の修了者のみの割合を指す。
出所：1990年まで『中国教育成就1980～1985』人民教育出版社 1986年、p.70、『同1986～1990』同1991年、p.65による。他の年は『中国教育（事業）統計年鑑』人民出版社各年版より算出。

再び図1-1を見よう。在学者数では、職業高校は、1979年のゼロからの再出発であったが、1984年には、総生徒数が専門学校を超え、その状態が1990年代の半ばまで続いた。

専門学校は、1982年の103万人から1998年の498万人と4.8倍となった。とくに1990年代後半から著しい増加が見られ、1995年に職業高校と同水準に達してから1998年まで、職業高校より30～40万人上回るようになっていた。

技工学校は、職業関係学校全体の5分の1程度で生徒数が少ないが、着実に伸び、1982年の51万人から1998年の181万人と、3.5倍の増加となっている。

学校規模では、専門学校の増加（とくに1990年以降）が著しかった（図1-4）。職業高校は、つねに上昇趨勢ではなく、増減を繰り返しており、1998年時点では、専門学校のそれより683人も少ない。

1人の専任教師が担当する生徒数（表1-2）については、1980年代を通して、

職業高校は15人以上（多いときは19人）であったのに対し、専門学校と技工学校ではほぼすべて10人弱であったが。ただし、専門学校も90年代後半の拡大につれ、専任教師の担当生徒数が増大し、80年代の倍ほどになり、職業高校と位置が逆転した。

専任教師の大卒割合については、表1-3より、専門学校では90年代末に7割台に到達しているが、職業高校では3～4割台にとどまっている。

以上、職業高校については、就学者数は持続的に増大したが、学校規模（学校当たりの生徒数）では、増減が見られた。これは、職業教育拡大策が、職業高校数を中心としたものであり、強力な政策指導や行政手段によって学校数は増えたが、個々の学校では必ずしも十分な数の生徒を集めることができなかったことを示している。また、そこで教育の質は、教師の学歴という点から評価すると、不十分なものであり、そのことが、生徒や労働市場の側での職業高校への評価を低める一つの要因となった可能性がある。

他方、専門学校や技工学校において、相対的に政策誘導が弱かったにもかかわらず、持続的な発展が見られたのは、これらの学校が教育の質的な維持に職業高校と比べ成功し、経済発展がもたらした中等技術・管理の労働力需要に対応するものとなったことによるものと考えられる。

これらの点については、第4章以下において、詳しく議論する。

第3節　教育政策と後期中等教育の発展

1980年代以降の中国の後期中等教育発展を政策的な側面から理解する上で、重要な2つの要素がある。第1は、職業教育拡大策（普通高校抑制策）であり、第2は、分権化政策（「教育の体制改革」）による地方政府の役割の決定的な増大である。

1　1980年代の職業教育拡大政策と1990年代後半以降の普通高校抑制緩和

1) 職業教育の復興と発展

　中華人民共和国建国の1949年から1965年までの間に、後期中等段階における職業教育は長足の発展を見せ、1965年の在学者数は後期中等教育全体の47.9％を占めた。しかし、その後の10年間の「文革期」では、職業教育を一般教育と別制度で行う複線型の制度は、労働階級を差別するブルジョア的なものとして批判された。その結果、1976年の職業教育課程在学者数は全体の1.2％と、ほぼ消滅状態にいたった。とくに職業高校は15年間にわたって姿が消えることとなった。職業教育の復興、発展の新たな一歩は、「文革」終了2年後の1978年、鄧小平による全国教育会議での発言であった（**付表8[15]**を参照）。彼は、経済発展に対応させた中等段階教育の構造改革を強く唱導し、「教育事業は国民経済発展の需要に応じるべきであり、（中略）教育を国民経済計画の重要な一部分とすべきである。各種類学校の発展のバランスを考慮し、なかでも特に中等段階における農業学校、各種専門学校や技工学校の割合の増大を図るべきである」と主張して職業教育に重点をおいた。

　1979年の石炭工業部と教育部の合同による石炭工業学校の試行を経て、1980年、鄧小平発言に沿って国務院により、「中等教育の構造改革に関する報告書」（以下、「報告書」と略記する）を提出された。「報告書」は、国の近代化建設の需要に応じた職業教育拡大を国策として正式に打ち出した。これまでの中等教育では普通教養教育のみが行われ、また、普通科コースは、その一部が必要性や教育の質を検討せずに無理して拡大してきたため拡大しすぎたと批判した。そして、普通高校からの職業高校への改編と普通高校に職業教育コースの設置を提起した。

　「報告書」とその翌年には教育部の「中等教育構造改革に関する状況と今後の意見」は、中国における現在までの職業教育発展の新たな出発点となり、その基本ともなっている。

　1983年に、いくつかの政府部門共同の「農村学校教育の強化と改革に関する若干問題の通知」と「都市中等教育の構造改革、技術職業教育の発展に関する意見」が出され、農村と都市における職業教育の発展目標や方法が示された。

　1985年の全国教育管理体制改革会議においては、1990年の目標として、普

通高校と各種職業関係学校との在学者数の比を5:5まで達成することと定められ、職業教育の拡大を国(教育部および他の部を含む)、地方政府(地方の教育事業機関およびその他の部門を含む)、企業、民間(個人を含む)を挙げての全国的な大事業として押し進めていくとされた。筆者の計算によれば、普通高校と職業教育関係学校との在学者数の5:5の達成は1991年頃であった。その比率は1996年前後についに4:6になった。

1996年には『中華人民共和国職業教育法』も公布され、同年の「第9五ヵ年計画」と「2010年遠景計画」では、後期中等段階における普通教育と職業教育の比は2010年においても4:6と定められた[16]。

このような職業教育振興政策は、一見成功裏に進んだように見えるが、問題と矛盾を抱えるものであった。そのため、1990年代後半からは、江蘇省のような経済も教育も高発展の地域においては、職業教育の割合の低下が見られるようになった。以下、職業教育政策をより詳しく検討することによって、この点を明らかにしよう。

2) 職業高校の拡大の問題

職業教育拡大の方針・措置において、重点的拡大が目指されたのは職業高校であった(表1-4)。しかし、職業高校の社会的地位は専門学校に及ぶものとはならず、量的には大きな拡大が進んだが、それも1990年代後半以降になると、専門学校に遅れをとるものとなった。職業高校を重点とする政策がこのような結果となったのは何故であろうか[17]。これについては以下の要因を指摘できる。

第1に、職業教育設置運営の財源が各地域にまかされたことによって、職業高校の財源不足が生じた。職業教育の財政の貧弱さは、総じて目立ったものとなっている。例えば、1995年の職業教育生徒が1人当たり所要する経費の最低ラインは2,000元であった。しかし、実際に支出できたのは952元しかなかった。結局、全国の職業教育経費の不足は87.83億元にものぼった[18]。資金の深刻な不足が、これまで設備や教師の不足をもたらしてきた。この問題はより財政力の弱い職業高校において顕著に現れていることといえる[19]。

表1-4 後期中等教育における構造改革および職業教育拡大に関する政策・措置

政策目標	後期中等教育における各種職業学校在学者数の割合を大きく増大させる。
設置・管理・運営が可能な主体	省庁の下位機関、各レベル地方政府とその各部門、企業及び個人。
職業教育拡大の方式・措置	Ⅰ 職業高校に関して ①普通高校での職業教育の科目や職業コースの設置。 ②一部の普通高校を職業高校へ改める。 ③職業教育を施す学校を新たに設置。 ④職業教育センター*1を設置。 Ⅱ 技工学校・専門学校に関して 既存学校の発展と拡大。具体的な措置を示さず。
職業教育の学制	後期中等教育段階の教育として基本的に3年とする。ただし、専門学校は4年とし、科目により3年と5年も認める。技工学校は2〜3年とする。
職業技術教育経費	①専門の調達ルートを設けるべき。ただし、各省が各地域の状況により具体的な規定を決める。基本的には運営する側が各自で調達。
②専門学校と技工学校はこれまでの規定に従い、主に各地の教育部門と労働部門が担う*2。	①専門の調達ルートを設けるべき。ただし、各省が各地域の状況により具体的な規定を決める。基本的には運営する側が各自で調達。
学生の募集と選抜	①職業高校生は中学校新卒の出願者から成績の優劣により選抜する。 ただし、専門により技術・技能を試験に加えることもできる。その場合、技術・技能の成績を優先して合格と認めることも可能。 ②専門学校と技工学校はこれまでの規定に従う*3。
卒業生の進路	①一般的には労働部門の推薦を経て、求人側の選抜により採用される。 また各自の就職活動を通じて就職するのも可能。ただし、求人側は必要とする専門と学生の専門が一致するという原則のもとで、職業関係学校の卒業生を優先的に考慮すべき。 ②職業高校新卒の就職には「統一分配」の方法を一切適用しない。 職業高校卒業生は、それまでの専門と一致すれば、高等教育機関への進学出願もできる。 また、普通高卒と同様の成績の場合、職業高卒を優先的に受け入れる。 ③技工学校卒や専門学校卒は基本的にこれまでと同じ政府の「統一分配」従う。

注：*1 ここでは成人のための職業教育が中心であり、郷鎮など末端行政組織の職業教育のセンター的な役割を果たす他、地元の正規職業学校(コース)に実習の場を提供したり、正規職業学校(コース)を附設したりすることもある。
　　*2 1980年代後半以降、こうした状況が変わり始め、より多くの多様な設置主体と資金ルートが生まれた。
　　*3 専門学校や技工学校の学生募集と選抜については「報告書」では記述されていない。それらについては本文で言及する。
出所：国務院「中等教育における構造改革に関する報告書」 1980年、教育部「中等教育構造改革に関する状況と今後の意見」 1981年。

　職業高校は、基本的に地域の市(県)政府教育部門が管轄し、他の部門や社会団体および企業に所属する職業高校は少数であった[20]。したがって、財源も主に政府支出によっている。ただし、教育部門財政は比較的乏しいため、地域政府や企業と連携して職業高校を運営・管理するケースも見られる。そのあり方は、各地域の労働需要に密接に関連して、多様なものとなっている。

他方、専門学校と技工学校は、設置・管理主体が複数ある。その経費源は、中央省庁、その直轄の企業、地方政府の各部門、一般企業などであるが、相対的に豊かな資金が供給されている。これも地域によって多様性がある。

　第2に、生徒選抜の問題を見よう。各学校は、該当地域(市または県)の高校進学(または中学校卒業)統一試験の結果によりながら、出願者の中から成績優秀者を合格とする。この際、生徒の出願希望を前提に、学校種別に選抜権限の順番が与えられている。すなわち、大体の地域では、一番目に重点普通高校あるいは専門学校が、二番目に技工学校が、最後の三番目に一般レベルの普通高校と職業高校が、出願者から自校の生徒を選抜することができる。普通高校と職業高校とを比べれば、学業成績がよく、高等教育への進学の可能性がある生徒は、普通高校に出願する傾向がある。さらに、職業高校に関しては「場合によっては、技能試験を行うこともでき、その結果を考慮する」という規定が職業高校の学業軽視のイメージにつながった。こうして、選抜の段階において職業高校はすでに、学業成績の高い生徒の獲得という点で言えば、不利な地位に位置づけられており、学力の比較的に低い生徒の受け皿的な位置を与えられてしまったのである[21]。

　第3に、卒業後の就職の問題がある。専門学校卒と技工学校卒(および大卒)は「統一分配」制度による就職が行われてきた。「統一分配」とは卒業後の就職先が国・地方政府・労働部門および学校管理側によって配分されていく労働人事制度であり、一定の社会的かつ経済的ランクにある職が保証される。また、この制度にはとくに農村戸籍を都市戸籍に切り換えられる機能もついているため、農村戸籍出身者にとっては、社会的上昇の可能性をもたらす。他方、職業高校卒ならびに普通高校卒に対しては、この「統一分配」は行われない[22]。政府は企業に対して職業高卒を受け入れるように働きかけてきたが、結局、その就職ルートが制度化されることはなかった。

　「統一分配」制度は1990年代初頭まで全面的に続き、それ以降は新卒の労働市場の出現によって崩れ始め、1990年代の後半以降には少なくなった。しかし、場合によっては(例えば一部の師範類や医薬類では)1990年代末まで続いたものもある。したがって、少なくとも1990年代初頭まで、職業関係学校の中で

は職業高校卒の就職は、制度的に大きな不利を蒙っていたのである[23]。さらに、1990年代半ばから形成されつつある新卒労働力市場の中でも、職業高卒の就職環境は他の職業関係学校と比べ不利な状態が続いた。

　また、卒業後の進学の可能性はどうであろうか。職業高校卒者の高等教育への進学は専門が一致する場合のみ認められた。しかし、職業高校の専門と一致する高等教育は少なく、とくに当初はきわめて少なかった。仮に専門が一致する機関へ進学しようとしても試験競争の中では普通高校卒者に勝つことも容易なことではなかろう。

　このように、職業高校の拡大を中心とした職業教育発展政策は、少なくとも生徒(家族)の側から見れば、職業高校に進学するためのインセンティブの弱い(他の選択肢がない場合には選ばれる程度の)ものであったといえるのである。

　こうして、職業高校は量的な拡大が持続的に進められていく一方で、つねにその質や教育の評価に関わる問題を抱えつづけてきたのである。この結果、経済発展に対応する技術や管理能力を持った人材は、職業関係学校の中でも、専門学校と技工学校に求められることとなり、とくに1990年代に入ると専門学校の急速な増大が見られることとなった。

3）　普通高校の抑制緩和政策と発展

　職業高校発展における以上の問題の背景には、政府が職業高校の拡大策を、大学進学を目指す生徒とその家族による普通高校拡大要求に対する抑制策化していたことがある。例えば、1985年共産党中央委員会による「教育体制改革に関する決定」(以下、「決定」と略記する)では、中等教育における中等職業教育の拡大を改めて強調していたが、その理由を「わが国の社会・経済建設には、高等レベルの専門家よりも、中等・初等レベルの技術・管理人材と労働力のほうがはるかに大量に必要とされている」とし、進学を目的とする普通教養教育よりも職業教育の重要性を力説した。量的拡大という観点から言えば、職業関係学校や職業高校がその目標とされ、普通高校に関して明示的政策がないという形による、実質的な普通高校抑制策が1990年代後半まで続いた。

1994年9月の全国農村総合教育改革工作会議で、後期中等教育全体の量的な拡大に関する方針が国家教育委員会によって示された。これは、「先進地域は9年義務教育の普及を終えたあと、12年の教育普及を視野に入れてもいい」という、学校種類を特定しない形のものであった。続いて、1995年5月の全国普通高校教育工作会議（国家教育委員会）では、「普通高校の適度な規模拡大」方針が示された。普通高校の量的拡大に関する、1980年構造改革以来の初の言及であった。

これらの方針は、後期中等教育や普通高校の全国的な拡大を積極的に目指すものではなく、地域に合わせた、地域による「適度」な拡大を許容するものであった。このため、経済発展とともに普通高校への教育要求が潜在的に高まっていた地域では急速な発展を見るが、財政力がなく、人々の教育アスピレーションがなお低い地域では停滞のままという状態を生み出すなど、後期中等教育の拡大における地域的な要因による地域格差を強くもたらすものとなった。

2 分権化政策──後期中等教育の体制改革政策──

以上の職業教育拡大を中心とする後期中等教育政策を実施する上で、重要な意義を持ったのが、1985年の体制改革政策である（付表8）。

その眼目は、これまで中央に集中していた学校教育に対する管理・運営権を地方や学校自身に移管することにあった。また、これによって、省政府や市政府に集中していた教育管理・運営権も下位の政府部門や学校に移った。「分級管理」（各レベルの政府・教育部門がそれぞれ責任を持って相応の教育機関を運営・管理すること）が明確に要求されることになり、村は小学校、郷は中学校、県・市[24]は高校を初めとする後期中等教育を設置・運営・管理する体制が形成された。「中央が注文し、地域が勘定する」といった皮肉めいた表現に見られるように、財政的にも基本的に各地方によって負担が求められるようになった[25]。

1993年共産党中央委員会による「中国教育の改革と発展に関する要綱」（以下、「要綱」と略記する）は、1985年「決定」の徹底的な推進を表明し、同時に民営

(私立)学校を積極的に認めた。

　後期中等教育の発展は、1985年「決定」、1993年「要綱」および中等職業教育拡大という国策をめぐる多くの政策や措置によって規定・制約されてきた。

　「決定」に沿って中央政府は、一部の専門学校と技工学校に対する部分的な直接関与を除き、後期中等教育段階の学校設置、学生募集、財政負担の権限をすべて地方政府・学校に移管することになった。こうして後期中等教育は、中央政府がサポートとコントロールのいずれにおいても政策手段を持たないことになり[26]、各地域の労働需要や進学意欲および各地域の財政能力が最も強く影響する学校教育段階となった。

　普通高校と職業高校では、(県レベル) 市や県が主な設置・管理主体となり、さらに、地域によっては (県レベル) 市や県の下位政府である郷・鎮ないし民間までが設置・管理主体に参加したり、学校教育の経費などを支えたりすることもしばしば行われるようになった。専門学校と技工学校は中央省庁の直轄によるものの他、省、市、県、郷および団体や企業によるものが設置されるようになった。これは、1990年代以降江蘇省のような地域では重要性を持った。1990年代以降にさらに民営学校が出現する。

第4節　教育財政と後期中等教育行政の概要

　前節において、1985年の体制改革によって、後期中等教育が、地方レベルの各政府に財政的にも行政的にも任されるものとなったことを述べた。ここでは、財政や学校管轄について、やや詳しく見ておくこととしたい。

1　教育財政の概要

1)　体制改革後の教育財政の概要

　中国の教育財政は、まずⅠ 政府財源による教育財政とⅡ 非政府 (民間) 財源による教育財政に分けられる(図1-5)。Ⅰは、さらにⅠa 政府予算内財源による教育財政とⅠb 政府予算外財源による教育財政に分かれる。Ⅱ民間支出

```
                    総教育財政
         ┌─────────────┴─────────────┐
    Ⅰ 政府財源による教育財政           Ⅱ 非政府（民間）財源による教育財政
    ┌────┴────┐                      ├─ 学生による学・雑費
   Ⅰa        Ⅰb                     ├─ 団体・個人の教育経営費
予算内財源による教育財政  予算外財源による教育財政   ├─ 社会からの募金、寄付
                      ├─ 都市維持費              └─ その他
                      ├─ 市属教育費附加徴収
                      ├─ 農村教育費附加
                      ├─（農村工商業と農家から徴収）
                      ├─ 学校産業から
                      ├─ 市人民教育基金
                      └─ その他
```

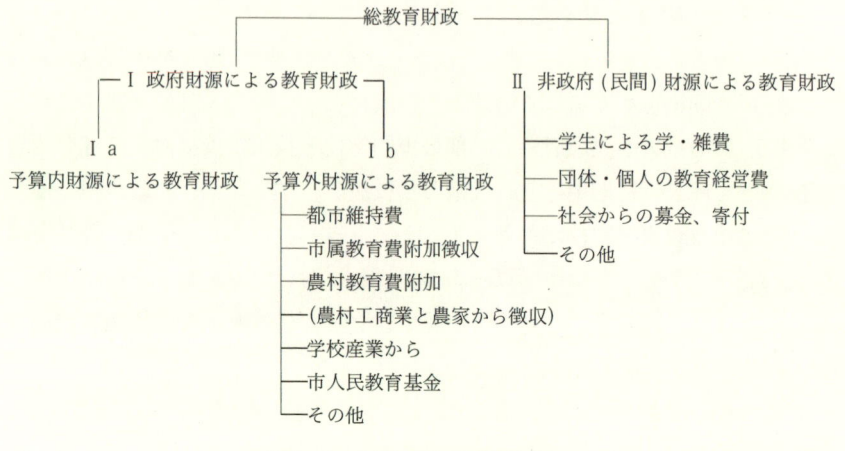

図1-5　中国の教育財政枠組み

注：「予算外財源による教育財政」と「非政府（民間）財源による教育財政」については、主な調達ルートを示している。「学生による学・雑費」は1990年代前期までは、政府財政の予算外の部分と見なされていた。
出所：筆者作成

とⅠb政府予算外財源による教育財政の部分は1985年の教育体制改革によって存在するようになった。改革によって政府財政の部分、中でもとくに初等教育と中等教育に関する財政は主に地方に任せられるものとなってきた。地方政府は教育経費を確保するために、こうした予算外教育財政を増やしたり、民間による教育投資という手段を設けるようになり、図1-5に示されるような経費の調達ルートも次第に形成された。こうした各種の新財源はその割合を増やしつづけており、政府予算外の教育財政と民間の教育経費が年間教育経費の総支出の5割を占めるようになり、1998年には予算内教育財政と拮抗するようになっている。しかし、90年代末において、政府財政による予算外の教育財政を含めれば、政府教育支出の割合がなお7割台を占めていることも重要である。また、それらの新しい財源は、その地域の経済成長や産業の発達度、また、個人収入に大きく左右されているものである。

政府財源による教育財政支出における中央政府と地方政府の財政支出割合を検討すると、1990年以来、政府教育財政の内訳では、中央の部分が1割台

第1章　中国における後期中等教育の発展と社会経済的背景

表1-5　中国の総教育費支出の構造

年	総教育支出(億元)	総教育財政支出(億元)	予算内教育財政支出(億元)	非財政教育支出(億元)	総教育支出中総教育財政支出割合(%)	総教育支出中予算内教育財政支出割合(%)	総教育支出中非財政教育支出割合(%)
	a	b	c	d	b/a	c/a	d/a
1980	114.15	114.15*	114.15	—	100.00*	100.00	—
1985	226.83	226.83*	225.71	—	100.00*	99.51	—
1991	731.50	617.83	459.73	113.67	84.46	62.85	15.54
1992	867.10	705.40	464.90	161.70	81.35	53.62	18.65
1993	1,059.94	867.76	644.39	192.18	81.87	60.80	18.13
1994	1,488.78	1,174.70	884.00	314.08	78.90	59.38	21.10
1995	1,877.95	1,411.52	1,028.39	466.43	75.16	54.76	24.84
1996	2,262.34	1,671.70	1,211.91	590.64	73.89	53.57	26.11
1997	2,531.73	1,862.54	1,357.73	669.19	73.57	53.63	26.43
1998	2,949.06	2,032.45	1,565.59	916.61	68.92	53.09	31.08

注：＊がついている数字は筆者の推定によるものである。
出所：『中国統計年鑑1998』中国統計出版社、p.278、『中国教育事業統計年鑑1999』人民教育出版社、p.346より算出。

表1-6　教育財政における中央と地方

(%)

年	1990	1991	1992	1993	1996	1997
中央財政	13.77	12.97	13.23	12.80	12.58	12.48
地方財政	86.23	87.03	86.77	87.20	87.42	87.52

出所：『中国教育経費年度発展報告』国家教育委員会財務司・上海市智力開発研究所1990〜91年版、pp.70-72、同1994年版、p.10、『中国統計年鑑1997』中国統計出版社、p.670、『中国教育統計年鑑1998』人民教育出版社、p.347より算出。

にとどまり、地方のそれ[27]は9割台となっている(**表1-6**)。1985年の体制改革によって、中央政府財政は主に高等教育に向けられている。中等教育以下の学校段階の教育財政は、地方政府や民間からの資金によって担われている。このことは、1985年以来の教育発展における地域格差を生じさせる重要な一つの要因となっている。

実は、地方の教育発展に直接に携わり、財政を支えるのは、省や市レベルの政府よりも、各(県レベル)市・県そして郷と村レベルの政府である。県と郷と村における住民の収入や労働需要などの教育に影響をもたらすような諸条件の格差は、一般的に省や市の間の格差よりも大きいものである。したがって、地域の後期中等教育の発展の実現に迫るには、県以下のレベルにおける教育財政の仕組みや財政支出などの状況についての検討も重要なものと

なろう[28]。

2) 経済水準から見た総教育支出水準

以上の総教育支出を経済水準との関連で検討しておきたい。

総教育支出額がGDPに占める割合は1992年以降3ポイント強で、政府財政教育投資のそれが1978年以降2.5ポイント前後であり、大きな変化を見せなかった（表1-7）。一方、予算内教育財政支出が総予算内政府財政支出に占める割合は、1980年以来6ポイントの増加が見られた。こうした中国の教育投資は、国際的に比較してみると、1960年代後半の途上国平均水準に当たり、先進国とはかけ離れた段階にある（表1-8）。したがって、今後なお政府による教育投資が進む可能性がある。

表1-7 中国の教育財政に関する水準

年	総教育支出(億元)	総教育財政支出(億元)	予算内教育財政支出(億元)	人口1人当たり教育財政支出(元)	総教育支出対GDP比(％)	総教育財政支出対GDP比(％)	予算内財政支出中予算内教育支出割合(％)
1978	—	81.24	75.05	—	—	2.3	6.8
1980	—	125.25	114.15	—	—	2.8	9.4
1982	—	137.61	137.61	—	—	2.6	11.9
1984	—	180.88	180.88	—	—	2.6	11.7
1986	—	274.72	270.40	—	—	2.8	11.6
1988	—	356.66	340.70	—	—	2.5	12.6
1990	—	548.70	433.90	—	—	3.1	12.6
1992	867.10	705.40	464.90	48.21	3.3	2.6	10.6
1994	1,488.78	1,174.70	884.00	73.76	3.3	2.6	15.3
1996	2,262.34	1,671.70	1,211.91	136.59	3.3	2.5	16.2
1997	2,531.73	1,862.54	1,357.73	150.66	3.3	2.5	15.6

注：データ集によって数字が必ずしも一致しなく、また、明らかなミスもあるため、ここに挙げた数字はところによって筆者の判断でそれらから取捨選択をした上のものである。
出所：『中国統計年鑑1998』中国統計出版社、p.278、『中国教育事業統計年鑑』人民教育出版社1998年版、p.344、同1999年版、p.346より算出。

表1-8 国際における国民総生産に占める政府財政教育投資の割合

(％)

年	1960	1965	1970	1975	1980	1981	1983
途上国平均	2.3	3.0	3.3	3.9	4.0	4.1	4.1
先進国平均	3.7	5.1	5.7	6.0	6.1	6.1	6.1

出所：江蘇省教育情報センター編『教育管理信息』17期、p.4。

2 後期中等教育諸学校の管轄──江蘇省の事例──

　1980年代後半まで、後期中等教育各機関の設置・管理者は、基本的に全国同一であり、中央（教育部）の全面的な管理・統括を受けた各省の教育行政部門の省教育委員会(局)と市教育委員会(局)がその中心的な存在であった。

　1985年の教育体制改革による分権化の推進によって、基本的に中央から地方に学校の管理・設置権限が委譲され、管理・設置主体は従来にもまして多様なものとなってきた。学校の管理・設置主体は基本的にその学校の運営費用の出資者でもあり、そのあり方を整理・把握しておくことは、後期中等教育行政を理解するための基本的なものといえる。しかし、その実態は多様であり、しかも地方によって異なるため、全国的な資料や整理・研究は管見するところ見当たらない。

　ここでは、江蘇省における学校の管理・設置主体に関する入手資料（表1-9）やインタビューデータの検討・整理を通じて、教育改革がもたらす後期中

表1-9　江蘇省後期中等教育の学校設置・管理主体別実態

学校種類別 管理主体	普通高校			職業高校			専門学校		技工学校	
	市、県政府教育部門	市、県政府その他部門	私立	市、県政府教育部門	市、県政府その他部門	私立	中央各省庁、その直轄企業	省、市、県政府教育、他部門等	中央労働部、その直轄企業	省、市、県労働局、その直轄企業
1987年 学校数(所) 在学学生数(人) 1校ごと学生数(人)	— 450,711 —	— 14,198 —	— — —	280 145,196 519	55 13,694 249		20 14,401 720	171 103,048 603	29 10,292 355	109 27,241 250
1990年 学校数(所) 在学学生数(人) 1校ごと学生数(人)	— 398,065 —	— 9,568 —	— — —	318 136,766 430	56 18,118 324		20 17,468 873	175 122,436 700	34 12,104 356	110 37,457 341
1996年 学校数(所) 在学学生数(人) 1校ごと学生数(人)	— 527,294 —	— 9,241 —	— 4,261 —	348 207,754 597	84 48,879 582	9 1,291 143	19 36,362 1,914	194 373,515 1,925	169(総計) 106,376(総計) 629(平均)	
1998年 学校数(所) 在学学生数(人) 1校ごと学生数(人)	— 671,373 —	— 12,278 —	— 9,564 —	341 190,506 559	94 36,353 387	10 1,692 169	16 24,083 1,505	166 457,056 2,753	185(総計) 111,605(総計) 603(平均)	

注：専門学校の場合、在学者数には高卒の再入学者が除かれていない。その割合は1987年、90年、96年、98年でそれぞれ2割、1.5割、0.5割強、0.5割弱となっている。「私立」という言い方については、原データでは1996年のが「私立」、1998年のが「民弁」と表現している。教育委員会で確認した結果、それは学校の性質が変化したのではなく、「民弁」のほうがより適切であり、また、表現がもたらす政治的意味に気を配って変更したという。要するに、これらの学校は、政府機関・国有団体以外の集団および民間団体や個人によって作られている。
出所：江蘇省教育委員会『江蘇省教育事業統計彙編』1987年、90年、96年、98年版。

等教育における行政的変化の現状を見る。江蘇省の事例は、学校設置主体の多様化や発展をよく示すものとなっている。

まず、大きく見ると、普通高校・職業高校は主に各地域(農村地域は「県」、非農村地域は「市」か「市区」)の教育部門によって設置・管理されているのに対し、専門学校は設置・管理主体がとくに多様化しており、技工学校は主に各市・県の労働局によって設置・管理される。

以下、普通高校と職業高校の管理・設置主体と、専門学校と技工学校の管理・設置主体とに分けて見ていこう。

1) 普通高校と職業高校の設置・管理主体

普通高校と職業高校の設置・管理主体は主に「市・県教育部門」となっており、中央の教育部門は直接に関与していない[29]。したがって、これらの普通高校と職業高校の教育経費は、基本的に、それぞれの所在地域の政府によって支出されている。これには、教育部門を通した各学校への配分と、政府が直接的に学校へ支出する二つのルートがある。前者が一般的であるが、江蘇省の場合、とくに地域の末端行政組織である郷・鎮が地元の教育発展に大きな関心を持ち、一定の財力も持つため、郷・鎮政府が地元の高校やそれに相当する教育機関に直接に財政支出を行い（または自ら設置することになって）、そして一定の管理上の発言権を持つようになる(第5、6章を参照)。

普通高校と職業高校の設置・管理主体には、「市・県政府のその他の部門」や、近年はごく少数の「私立」もある。江蘇省の場合、前者は、普通高校の総生徒数の2％足らず、職業高校の総生徒数の15.9％となっている(1998年)[30]。

「市・県政府のその他の部門」に具体的に何が含まれているのかは、各省や各市・県でも異なっているが、江蘇省では、教育部門以外の行政部門(例えば工業局や交通局など)や国有企業およびこれらの行政部門と企業との共同設置・管理がある。また、これらの学校は少数であるが、相対的により豊かな財源を持ち、学校の施設・設備や教師などの教育資源に比較的に恵まれているという。さらに、市場の動きにも、より敏感であるとされる[31]。表に見られるように、このタイプの職業高校は増えてきている。

2) 専門学校と技工学校の設置・管理主体

専門学校と技工学校の設置・管理主体には、「中央省庁」と「地方の政府部門」の2つがある。

専門学校の設置主体は、1980年代後半まで(数字化したデータがないが)、「中央省庁とその直轄企業」と「地方政府の教育部門を中心とした政府部門」であった。その後、教育部門以外の各地方政府部門が多く参加してきており、多くの企業なども加わってきた。現在、専門学校は、「地方政府各部門」を中心とし、中央省庁の設置した学校も今なお存在し、多くの企業なども参加した多様な主体による教育機関となってきている。技工学校は、あまり変わらず、現在もなお「地方政府の労働部門」と「中央労働省とその直轄企業」が中心的な主体である。

江蘇省では、中央省庁や直轄企業設置の専門学校は重要性を持たない。それらの学校は、地域の最も基盤的な部門の人材養成に関与していず、その数量も減少しつつあり(江蘇省では専門学校生徒数が1980年代後半の約14％から1990年代後半の約5％に)、また、個別な都市に集中しており、各地域が必要とする中等専門人材を満たすのに程遠い。

中央省庁(労働部)が設置する技工学校も、3割弱と少数派である。

他方、地方が設置主体となった専門学校と技工学校は、1980年代以来、市場の需要に応じて設置・管理主体および専門設置の面で変貌しつつ成長してきた。1987年から1998年の間に、第2産業関連の学校は、学校数が1倍、生徒数が10倍近く増えた。第3次産業関連の学校は、学校数が18校、生徒数が2.5倍増えた。これらの専門学校の設置・管理主体の構成をより詳しく見ると、教育部門以外の各政府部門によるものが約54.4％、教育部門による学校が約26.2％、企業と民間による学校が19.4％(1998年)で、教育以外の地方政府各部門を中心としながら、教育部門や国有企業および民間も参加する多様なものとなっている[32]。江蘇省におけるこれらの学校は、民間の資金も集め、また、設置する専門の選択などにおいて市場の需要により柔軟に対応しようとする意識が強く、大きく発展した。

総じて、後期中等教育機関の設置・管理において、地方政府教育部門とその他の多く地方政府部門が果たした行政的な役割が重要であり、また、職業教育関係学校の設置・管理では教育以外の政府部分の役割が大きいといえる。

1970年代末から始まる経済改革や開放によって、中国経済は、国有セクターを中心とするものから外資所有セクターと集団所有セクターを加えたダイナミックなものへと変貌しつつあり、急速な成長を見せてきた。それはまた、新たな労働力需要を発生させると同時に、産業間・地域間の労働移動をもたらすものとなった。

1980年代以降の中国の後期中等教育は、このような背景の下で、発展してきた。中央政府は、職業教育拡大、中でも職業高校拡大を通じて、経済発展がもたらした労働需要に応えようとすると同時に、そのための財源獲得の責任と管理や運営の権限と責任を地方政府（省、市、県、郷鎮、村）や学校に委譲する分権化(体制改革)政策を進めた。

事実、後期中等教育の拡大を職業教育に限定する中央政府の政策は、地方における後期中等教育の大枠を与えるものとなる一方、分権化政策は、教育発展を地方的な条件をより反映するものとし、貧困地域の教育普及を困難なものとしたが、経済的・行政的能力と意欲のある地方による教育努力の可能性をもたらした。

こうして、実際、中国の後期中等教育の発展は、その過半を占めるまでにいたった職業教育の成長によって支えられてきたが、その内実は地域によって多様なものであった。そして、とくに、1990年代以降の専門学校の発展および1990年代後半以降の普通高校の発展は、中央政府の政策を反映するものというより、地域の人々がその制約を超えて、各地域の経済発展やその経済発展パターンがもたらした労働需要や教育要求を満たそうとした結果といい得るものとなった。

本書のテーマである、異なった経済発展パターンがどのような後期中等教育の発展をもたらすかという問題は、中央政府が与えた制約と可能性という文脈の下で追求される必要がある。かくして、本章の叙述は、この文脈を用

意するものであった。

注
1 **付論図-1**の「中国の学制」を参照。
2 『中国統計年鑑』1985年版および2001年版より算出。
3 ここで集団所有制の工業(以下、「集団工業」と記する)についてさらに説明しておく。「集団工業」は、1970年代後半まで、主に都市の町内や区に所有する工業であった。しかし、1980年代以降、そうした「集団工業」が衰える一方であった。代わりに農村に郷鎮企業が登場し、しかもその規模が驚異的な勢いで拡大し、国有工業と匹敵するようになった。県、郷、村が所有するものが1980年代以降の「集団工業」の主な部分を成している。
4 Lewis, W.Arthur, "Economic Development with Unmilited Supplies of Labour", Manchester School of Economic and Social Studies, Vol.XXII, May 1954.
5 中国社会科学院農村発展研究所・中国農村剰余労働力利用与転移課題組(中国の農業剰余労働力の利用と移転研究プロジェクト)「中国農村剰余労働力転移的道路選択」(『中国農村経済』1990年第10期)によれば、農村剰余労働力の非第1次産業への移動のうち、都市への移動は3割台にとどまる。菊地道樹「中国における改革、調整政策のもとでの労働移動」(『アジア経済』33巻4号 1992年)では、中国の労働力の産業間移動について、上記した調査研究についてのレビューを踏まえた分析・検討がある。
6 労働力の地域間の移動について、1980年代後半から1990年代後半まで、数多くの調査研究が中国で行われた。それらについてのレビューは、厳善平「中国の地域間労働移動」『アジア経済』38巻7号 1997年等がある。
7 その中間に位置する、例えば、都市の郊外、県レベルの市、鎮に住む国家戸籍ではない者は、国家戸籍の権利を享受できないものの、農村戸籍の者は享受できないそれなりの優遇があるため、「郊外戸籍」とか「鎮区戸籍」といったような細かい戸籍分類もある。
8 都市住民を対象としたさまざまな配給制度も1980年代後半より次第に廃止され、人民幣(現金)を持てば、滞在地域の戸籍を持っていなくても、都市でも、どこでも暮らすことが実際にできるようになっている。
9 常住人口とは、該当地戸籍を持たない戸籍所在地から離れて1年以上の者を指す。2000年のセンサスでは、半年以上の者と変わった。
10 土地の使用権を農民に与えることによって、その労働生産性を高め、農村・農業の発展を図ろうとするものであった。この政策の実施がもたらした影響として、次の2点が指摘されている。一つは、農村小中学生徒の家業たる農業への従事で

ある。これは、80年代初期に起きた全国的な小中学校教育の落ち込みの原因の一つと見られる。もう一つは、農村剰余労働力のさらなる顕著化である。この2点は一見矛盾しており、さらなる研究が期待される。

11　筆者の試算による。ただし、後期中等職業教育就学者数にはごく僅かな前期中等職業段階コースの在学者が含まれている。

12　学制上の地域間の不一致や入学年齢の差があり、後期中等教育段階に関しては、80年代末まで2年制高校や4年制専門学校がより多く残っていた。粗就学率は〔後期中等教育段階の1年生の在学者数÷15才人口×100〕によって求める。16才人口を分母にした計算も行ってみたが、トータルで見れば大差がないため、15才による計算を選択した。

13　表1-1は、後期中等教育における女子生徒の割合が全体として低くない水準に

表1-1　中国後期中等教育における女子生徒の割合

(％)

	普通高校	専門学校	職業高校	職業関係学校計
1978	41.50	33.35	0.00	33.4
1979	40.80	31.80	0.00	31.8
1980	39.34	31.50	32.70	32.2
1981	37.67	33.09	40.20	35.3
1982	37.63	34.67	38.70	36.1
1983	38.92	35.88	39.00	37.3
1984	39.88	38.60	40.80	39.7
1985	39.55	38.64	41.60	40.2
1986	39.93	43.82	—	—
1987	38.81	45.33	37.54	40.7
1988	38.23	45.44	—	—
1989	38.10	45.35	37.97	41.2
1990	38.43	45.44	—	—
1991	38.95	45.59	46.46	46.1
1992	39.05	46.13	47.21	46.7
1993	39.20	47.40	47.73	47.6
1994	39.47	48.83	48.69	48.8
1995	39.95	50.29	49.54	49.9
1996	40.41	51.33	49.28	50.3
1997	40.55	52.82	49.23	51.1
1998	40.94	54.74	48.50	51.8

出所：『中国教育(事業)統計年鑑』人民出版社各年版、『中国教育成就1980～1985』人民教育出版社　1986年、『同1986～1990』同　1991年より算出。ただし、1980～1985年の職業高校の場合はサンプル調査による。

あることを示している(普通高校の場合、一貫して4割台にある)。ただし、80年代初期の就学率が落ち込んでいた時に、女子の割合が他の年よりやや低くなっていたことが観察できる。職業関係学校の女子の割合 (技工学校を含まない) は、3割台から5割に上がり、90年代後半には男子よりやや多くなった。中でも、専門学校の女子の割合が1980年代初期の3割から増え続けて、90年代中頃以降5割台となり、男子生徒の割合を上回るようになったことが目立つ。これは女子の師範学校を含む専門学校への選好という傾向を示すものである。職業高校でも、男子の水準に近づいてきている。

14 『中国教育成就1980〜1985』人民教育出版社　1986年、p.9、『同1986〜1990』同1991年、p.9、『中国教育(事業)統計年鑑』同各年版による。

15 **付表8**は「文革」後の重要な政策・法令または措置を示したものである。「考察」の欄には、これらの政策などが教育発展や改革の中で持つ意味を筆者の観点で示している。網掛けの部分は、後期中等教育と関連の強い事項を表している。

16 中央政府の職業教育拡大政策は、文書上から見ると、1990年代後半までは、後期中等教育全体の拡大をもたらさずに、普通教育とのシェアーを変えようとするもの、すなわち普通教育の縮小政策でもあったと理解することが可能である。しかし、実際には、後に述べるように、普通教育の抑制、後期中等教育全体の拡大をもたらすものであった。

17 **表1-4**の作成には、前掲1979年国家労働局「技工学校工作条例」、1980年教育部「全日制中等専門学校の管理体制に関する暫定規定」も参照した。

18 孫琳「中国職業教育的成就、問題及発展趨勢」『教育研究』1997(7)による。

19 また、職業高校は普通高校よりコストが数倍も高い。関維方と曾満超による計算がある。関・曾によると、1990年前後、1人当たりの普通高校生を育てるのに必要とされる教育コストは年間平均250元であったが、職業高校の場合になるとその4倍の1,000元にのぼったとされる。しかし、実際に投入された教育経費は、同論文によれば、普通高校の場合は推計と同様なレベルにあったが、職業高校の場合はまだ必要とされる教育コストの半分にしか達していない(候風雲『中国人力形成及現状』経済科学出版社　1999年)。

職業高校の場合、実験・実習設備の費用が高く、新設もより多いため、入学費や授業料は当然普通高校より高く定められている。学費の割高も職業高校が出願者を集めにくい理由の一つと考えられる。

20 それらの学校の財源は、教育以外の部門による場合は各部門の事業費から、企業が設置した場合は企業の「営業外支出項目」から支出、人民公社(現在の郷に当たる)や生産大隊が設置した場合は人民公社(郷)や生産大隊から支出される。

21 これは一般的な傾向であり、例えば、旅行学校(ホテルサービス業務や旅行ガイド業務の勉強を専門とする)および外国語学校は人気があり、一般の普通高校

22　80年代を通して、「待業」や「待業青年」といった言葉が流行っていたが、それは主に進学できず、仕事に就くこともできなかった普通高卒や職業高卒および中卒のことを指す。彼らの就職は、数の限られた労働サービス部門によるきわめて限られた情報と口コミの情報に頼るか、親の退職を待ってそれを継ぐこと（「頂替」と呼ばれる）しかなかった。
23　ただし、政府の方針が順守されれば、学んだ専門が求人先の求める専門と一致した場合（こうした場合は多くないが）に、普通高校卒より優先されることとなっていた。
24　都市部の市は各区が小学校や中学校の設置・運営に責任を持つ。後期中等教育全般については、市と区が共同にその設置・運営に携わるが、地域と学校によって多様な形がある。
25　「決定」では、「基礎教育の責任は地方にある」と明文化された。これは言い換えれば、教育財政の重荷を中央から地方に負わせることでもあった。この方針は9年義務教育の普及においては、豊かな地域の積極性を刺激した一方、内陸農村部や貧困地域の義務教育普及が遅遅として実現できない深刻な状況につながったことがしばしば指摘される。次節の「教育財政」を参照。
26　義務教育の場合、貧困地域と見なされれば、中央政府によるある程度の援助がある。高等教育も中央が直接に管轄する学校が多く、学生募集や卒業生の就職は、各省庁が直接に管理している（1999年現在。筆者の見聞による）。
27　地方政府による教育支出の部分には、省、市、（県レベル）市、県、郷、村の政府組織による教育支出をすべて含んでいる。
28　第6章では地方財政について検討する。
29　省庁の地方部門に勤める職員の子弟学校として、ごく少数あるという（1994年9月江蘇省教育委員会関係者より）。それらの学校運営費用は、事実上、基本的に省庁の該当地方部門によって支給されているが、行政上の形式としては、当地域の教育部門所管となっている。
30　江蘇省教育委員会編『江蘇省教育事業統計彙編』1987年版および1998年版より算出。以下同様。
31　1994年9月の江蘇省教育委員会関係者へのインタビューによる。
32　江蘇省教育委員会編『江蘇省教育事業統計彙編』1987年版および1998年版より算出。

第2章　中国における後期中等教育の発展と経済発展
―― 省レベル・マクロデータ相関分析 ――

本章では、各省における後期中等教育の多様な発展を規定する要因を明らかにするため、省レベルの就学率データと経済変数データにもとづき、相関分析および重回帰分析を行う。経済変数として、経済水準(1人当たりGDP)を指標とする分析を行った上で、経済構造や経済発展パターンに関わる所有制に対応する諸指標を用いた場合について検討する。経済発展と教育発展の関連の分析を深める観点から、就学率の変化と経済変数の変化との相関についても同様の分析を行う。

第1節　経済水準との関連

中国における1980年代後半以降の後期中等教育の発展が経済発展に支えられたものであったことを把握するため、省レベル・マクロデータにもとづき、まず、経済水準(1人当たりGDP)と就学率の相関分析を行う。

表2-1は経済発展水準の指標として、1人当たりGDP(自然対数変換したもの)をとり、その後期中等教育就学率(ロジット変換したもの)[1]との単純相関係数を、1987、90、92、94、96年の各年にわたって算出したものである[2]。この表では、27の省と3つの直轄市(北京市、天津市、上海市〈1998年現在〉)をすべて入れたサンプル(N=30)と3つの直轄市を除いたサンプル(N=27)が示されている。三大直轄市を含めたサンプルでいずれも相関係数がかなり高くなっている。これは、例えば**図2-1**に見られるように、就学率と1人当たりGDPのいずれもこの三大直轄市で格段に高く、それが大きな影響を与えているためである。そ

表2-1　後期中等教育就学率と一人当たりGDPとの相関係数

(1)27省+3大都市 (N =30)					
年	1987	1990	1992	1994	1996
後期中等教育全体	0.79****	0.92****	0.89****	0.861****	0.85****
職業関係学校	0.89****	0.96****	0.91****	0.89****	0.83****
普通高校	0.57***	0.77****	0.74****	0.70***	0.79****
(2)27省 (N =27)					
年	1987	1990	1992	1994	1996
後期中等教育全体	0.52***	0.61****	0.51***	0.47**	0.57***
職業関係学校	0.73****	0.71****	0.56***	0.57***	0.57***
普通高校	0.29	0.38*	0.36	0.21	0.47**

注：①1987年と1990年のGDP(省内総生産)は、データの制約上、GNP(省民総生産)を代用変数としている。なお、87年と90年は海外企業の進出および中国企業の海外への進出は共に少なく、国民総生産の値は国内総生産の値に近似とする。
②就学率はロジット変換したもの。1人当たりGDPは自然対数変換したもの。
③ **** はP＜0.001、*** はP＜0.005、** はP＜0.01、* はP＜0.05を示す。
出所：『中国統計年鑑』中国統計出版社各年版、各省『統計年鑑』同各年版、『中国教育事業統計年鑑』人民教育出版社各年版、『中国教育成就1980〜85』同　1986年、『中国教育成就1985〜90』同　1991年、『中国1990年人口普査資料』中国統計出版社　1991年、『人口統計年鑑1993』同　1994年。

こで、以下では例外的な性格を持つこれら三大都市を入れない27省のみのサンプルで分析を行うことにする。

　まず、「後期中等教育全体」「職業関係学校」「普通高校」に分けた場合の比較を行っておく。1987年から1994年までは相関係数の値は、「職業関係学校」→「後期中等教育全体」→「普通高校」の順に低くなっており、1996年には「後期中等教育全体」と「職業関係学校」が等しくなっている。これが意味するのは、1994年までの時期は、「職業関係学校」と「普通高校」は制度的に別の存在としてそれぞれ経済発展に対し異なった反応を示してきたということである。その場合、「職業関係学校」と「普通高校」は別々に分析することが適切となろう。

　他方、1996年は「職業関係学校」と「普通高校」の代替性が高まり、「職業関係学校」と「普通高校」を合わせたもの、すなわち「後期中等教育全体」の相関の値が高くなってきていると考えられる。理論的には完全に代替的であれば、「後期中等教育全体」は「職業関係学校」または「普通高校」の個別の相関値より高くなると考えられる。27省サンプルでは、「後期中等教育全体」と「職業関係学校」が等しいが、3大都市を含む30サンプルでは、「後期中等教育全体」が最も大きい値を示している。したがって、27省サンプルを扱う以下の分析では、

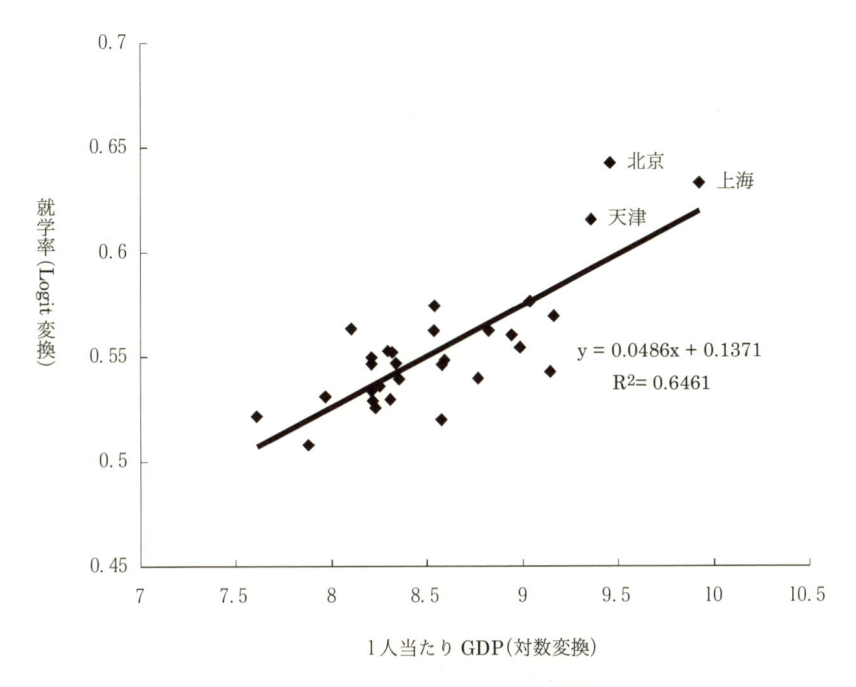

第2章 中国における後期中等教育の発展と経済発展　61

図2-1　後期中等教育就学率と経済発展水準(1996年)

(縦軸：就学率(Logit変換)、横軸：1人当たりGDP(対数変換))

$y = 0.0486x + 0.1371$
$R^2 = 0.6461$

データ点として北京、上海、天津がラベル付けされている。

出所：『中国統計年鑑』各年版、各省『統計年鑑』、『中国教育事業統計年鑑』各年版、『中国教育成就1980〜85』 1986年、『中国教育成就1985〜90』 1991年、『中国1990年人口普査資料』 1991年、『人口統計年鑑1993』 1994年。

1996年も含めて基本的に「職業関係学校」と「普通高校」別の分析を行うものとする。

「普通高校」は、最後の年1996年を除き、0.4以下の低い水準を示しているのに対し、「職業関係学校」は1990年まで0.7以上、1992年以降0.56以上と高い水準を示している。これは、普通高校の発展が政策的に抑制されてきたこと、他方、職業関係学校は経済発展政策の観点から奨励されてきたこと、そして、実際に経済発展が進むと労働需要(企業)と家族からの双方の教育需要を受けとめることとなったことを反映していよう。また、1996年に普通高校の相関係数が上昇しているのは、普通高校の抑制策が緩和されて、経済発展による教育需要がこちらにも反映するようになったことを示唆するものと考えられる。後期中等教育の中で経済水準との関連を支えていたのは職業関係学校で

あることが分かる。

第2節　生産構造・所有制との関連

次に、経済発展のあり方をより具体的に見るため、その生産側面における特徴を表す諸変数との関連を分析することにしよう。

各省における生産のあり方を表す指標として、**表 2-2** (1)～(12)の指標を作成した。同表はそれらの定義を示している。

(1)～(3)は、「1人当たり GDP」を産業別に見るものであり、(1)はだいたい第1次産業、(2)はだいたい第2次産業、(3)は第3次産業に対応する。ただし、これらは、GDP ではなく、データの制約上、「総産値」[3]を用いている。

(4)以下の指標は、とくに工業に注目したものである。すなわち、(4)(5)は、1人当たり工業総産値を軽工業・重工業別に見たもの、(6)～(9)は、同じく資本や企業の所有セクター別に見たものである。第1章で概観したように、現在、中国では国有企業、集団（郷鎮）企業、外資企業（さらに港奥台企業を除く外資企業と、港奥台企業に分類される）による各所有セクターが並存しているのである。

また、(10)(11)は、生産における外資セクターの重みを資産割合という側面か

表2-2　生産のあり方の諸指標の定義

生産指標	定義（すべて当年価格による）
(1) 1人当たり農業総産値	農業総生産／人口（自然対数変換）
(2) 1人当たり工業総産値	工業総生産／人口（自然対数変換）
(3) 1人当たり第3次産業総産値	第3次産業総生産／人口（自然対数変換）
(4) 1人当たり軽工業総産値	軽工業総生産／人口（自然対数変換）
(5) 1人当たり重工業総産値	重工業総生産／人口（自然対数変換）
(6) 1人当たり国有工業総産値	国有工業総生産／人口（自然対数変換）
(7) 1人当たり集団工業総産値	集団所有工業総生産／人口（自然対数変換）
(8) 1人当たり外資工業総産値	外資工業総生産／人口（自然対数変換）
(9) 1人当たり港奥台工業総産値	港奥台工業総生産／人口（自然対数変換）
(10) 外資工業資産割合	（外資独立決算工業企業資産／独立決算工業企業総資産）×100
(11) 港奥台工業資産割合	（港奥台独立決算工業企業資産／独立決算工業企業総資産）×100
(12) 農村工業労働力割合	（農村工業労働者数／農村労働人口）×100

出所：筆者作成。

ら見たもの、⑿は、農村工業の重みを労働人口という側面から見たものである。農村工業と集団工業はかなりの重なりがある。

　これらの指標との相関係数が表2-3に示されている。就学率は第1節と同様にロジット変換し、⑴〜⑼は自然対数によって変換したもの、⑽〜⑿はパーセント表示したものによって計算してある。

　表2-3において、まず産業別の相関係数⑴〜⑶に注目しよう。ここでは、農業だけが一例(職業関係学校の就学率との相関の1994年)を除くすべての場合において、後期中等教育就学率と有意な相関を持たない。農業の機械化や農業科学技術が立ち遅れている中国では、農村における生産増は近代的経営によるものではなく、単純労働力の増大によっている。ある意味では義務教育より高い学歴を持つ農民を必要としなかったのである[4]。他方、中等教育以上の学歴を持つ農村出身者にとって第2次および第3次産業での生産性のほうがずっと高く、そちらへの大量な移動が発生しており、彼らの農業への貢献度はより低いと考えられる。

　これに対して、工業部門の産出と後期中等教育は職業関係学校の就学率と有意な相関を持ち、しかも相関の強さが時とともに増していく傾向が見出される。普通高校就学率との関連も1996年には有意となっている。

　また、第3次産業と後期中等教育との間にも、職業関係学校の就学率と一貫して有意な相関があり、普通高校とも1990年と1996年に有意な相関が見られる。近代的なサービス業や流通業は中等程度またはそれ以上の学歴の労働力を要求するのが普通であるが、1990年代後半以降の中国が第3次産業についても近代化へと進み始めたことを反映していよう。

　次に1人当たり工業総産値をブレークダウンして見よう。

　軽工業と重工業に分けると、重工業は、職業関係学校において、さらに強い相関を示し、普通高校では、1992年より有意な相関を示し始め、年とともに相関値が増大している。これに対して、軽工業は、職業関係学校のみにおいて、だいたい一定水準の相関を示している。軽工業では手工業や加工工業、製紙や紡績などのような単純労働力の需要の多い分野が支配的であるのに対し、精密・ハイテク産業を含む重工業では、高卒以上の労働力をより多く必

表2-3　後期中等教育就学率と生産のあり方の諸指標との相関係数

(N=27)

(Ⅰ)後期中等教育全体の就学率との相関係数					
年	1987	1990	1992	1994	1996
(1) 1人当たり農業総産値	0.31	0.27	0.06	0.28	0.33
(2) 1人当たり工業総産値	0.37	0.51**	0.48***	0.57***	0.64****
(3) 1人当たり第3次産業総産値	−	0.50**	0.40*	0.38*	0.50**
(4) 1人当たり軽工業総産値	0.29	0.31	0.22	0.44*	0.49**
(5) 1人当たり重工業総産値	0.45**	0.61****	0.65****	0.66****	0.71****
(6) 1人当たり国有工業総産値	0.52***	0.73****	0.80****	0.64****	0.66****
(7) 1人当たり集団工業総産値	0.17	0.24	0.23	0.51**	0.61****
(8) 1人当たり外資工業総産値	−	−	−	0.24	0.34
(9) 1人当たり港奥台工業総産値	−	−	−	0.11	0.13
(10) 外資工業資産割合	−	−	−	0.18	0.32
(11) 港奥台工業資産割合	−	−	−	0.05	0.05
(12) 農村工業労働力割合	0.09	0.20	0.25	0.48**	0.57***
(Ⅱ)職業関係学校の就学率との相関係数					
年	1987	1990	1992	1994	1996
(1) 1人当たり農業総産値	0.36	0.26	0.10	0.37*	0.37
(2) 1人当たり工業総産値	0.66****	0.70****	0.58***	0.70****	0.66****
(3) 1人当たり第3次産業総産値	−	0.50**	0.38*	0.44**	0.47**
(4) 1人当たり軽工業総産値	0.55***	0.48**	0.31	0.54***	0.52**
(5) 1人当たり重工業総産値	0.71****	0.78****	0.73****	0.67****	0.65****
(6) 1人当たり国有工業総産値	0.77****	0.88****	0.86****	0.61****	0.57**
(7) 1人当たり集団工業総産値	0.41**	0.39*	0.31	0.60****	0.65****
(8) 1人当たり外資工業総産値	−	−	−	0.35	0.35
(9) 1人当たり港奥台工業総産値	−	−	−	0.21	0.16
(10) 外資工業資産割合	−	−	−	0.33	0.38*
(11) 港奥台工業資産割合	−	−	−	0.18	0.10
(12) 農村工業労働力割合	0.33	0.36	0.36	0.60****	0.60****
(Ⅲ)普通高校の就学率との相関係数					
年	1987	1990	1992	1994	1996
(1) 1人当たり農業総産値	0.22	0.22	0.01	0.09	0.21
(2) 1人当たり工業総産値	0.11	0.23	0.27	0.25	0.50**
(3) 1人当たり第3次産業総産値	−	0.39*	0.35	0.20	0.44*
(4) 1人当たり軽工業総産値	0.07	0.09	0.06	0.18	0.35
(5) 1人当たり重工業総産値	0.02	0.33	0.45**	0.46**	0.67****
(6) 1人当たり国有工業総産値	0.26	0.44**	0.58****	0.50**	0.67****
(7) 1人当たり集団工業総産値	0.02	0.05	0.09	0.25	0.46**
(8) 1人当たり外資工業総産値	−	−	−	0.03	0.26
(9) 1人当たり港奥台工業総産値	−	−	−	0.06	0.06
(10) 外資工業資産割合	−	−	−	0.06	0.17
(11) 港奥台工業資産割合	−	−	−	0.12	0.04
(12) 農村工業労働力割合	0.07	0.02	0.10	0.19	0.41*

注：①農業には、農・林・牧・魚・副業が含まれており、基本的に第1産業と考えていい。ただし、1993年以降の農業総生産には副業の部分が含まれていない。
②また、1990年の各地第三次産業のデータがないため、1991年のを使っている。以下同様。
③「外資産資産割合」と「港奥台資産割合」はそれぞれが独立決算工業企業の総資産に占める割合の意味。
④「農村工業労働力割合」は農村工業労働力が農村戸籍労働者に占める割合の意味。以下同様。
⑤「−」のところはデータがないため。以下同様。
⑥ **** は $P < 0.001$、*** は $P < 0.005$、** は $P < 0.01$、* は $P < 0.05$ を示す。

出所：『中国統計年鑑』各年版、各省『統計年鑑』、『中国教育事業統計年鑑』各年版、『中国教育成就1980〜85』 1986年、『中国教育成就1985〜90』 1991年、『中国1990年人口普査資料』 1991年、『人口統計年鑑1993』 1994年。

要とするのである。ただし、この結果が示すのは、1980年代後半以降では、軽工業においても一定程度の高卒者への需要が発生してきたということであろう。

次に、1人当たり工業総産値を所有制類別で見よう。ここでは、港奥台工業と外資工業について、一つも有意な相関が見出されないのが特徴的である。外資系企業は中国経済の中で重要な位置を占めつつあるにもかかわらず、その発展は、その省における就学率の上昇をもたらす一貫した要因とはなっていないのである。これは、後に示すように外資系企業が低学歴かつ低賃金の労働力を利用した発展を行いながら、中・高学歴の労働力については省外からの調達を図っていることを反映しよう。

国有工業は、職業関係学校において、一貫して有意な相関を持ち、普通高校において、1990年以降有意な相関を持つ。国有工業の職業関連学校における相関の大きさは、1994年以降減少傾向が見られ、その結果、それまで重工業のそれより大きかった相関値が、その年以降に逆転している。普通高校においては、1994年を除き、相関値は増大している。軽工業と比較すると、重工業も相関の増大傾向が続き、1996年には国有工業と同じ値の相関を示している。

これは、第1に、国有工業と重工業はかなり重なり合うが、重工業では、人材需要の高度化にともなって、近年後期中等教育卒の人材全体を増やすと同時に採用後の教育や訓練を見越した普通高校卒の採用が増大してきていること、第2に、外資セクターや集団セクターの重工業、また、ハイテクを含む分野での発展によって国有工業と重工業の重なりの程度が弱まり、また、国有企業による人材独占の体制が人材配分の市場化の推進によって弱まってきたことを反映していると考えられる。

他方、集団工業は近年、職業関係学校では、1987年から1992年まで、有意でないか有意であるが弱い相関を持っていたが、1994年には国有工業と同レベルとなり、1996年には、重工業と同レベルになっている。普通高校では、1996年に有意な相関を見せている。また、こうした相関のあり方は、軽工業の場合、さらに農村工業労働力割合の場合についてほぼ同じとなっている。

以上の結果は、就学率(ロジット変換したもの)を、1人当たり国有工業総産値

66　第Ⅰ部　中国における後期中等教育の拡大と経済発展

表2-4　生産のあり方の諸指標と後期中等教育就学率の重回帰分析

独立変数	従属変数：後期中等教育全体就学率				
	1987年	1990年	1992年	1994年	1996年
1人当たり国有工業総産値	0.60**	0.78****	0.87****	0.52***	0.50***
1人当たり集団工業総産値	-0.15	-0.11	-0.16	0.31	0.43***
調整済みR²	0.23	0.51	0.64	0.45	0.56
F値	4.90**	14.25****	23.98****	11.54****	17.66****

独立変数	従属変数：職業関係学校就学率				
	1987年	1990年	1992年	1994年	1996年
1人当たり国有工業総産値	0.77****	0.88****	0.92****	0.45**	0.38**
1人当たり集団工業総産値	0.01	0.00	-0.09	0.43**	0.51***
調整済みR²	0.56	0.75	0.75	0.49	0.50
F値	17.71****	39.88****	40.86****	13.57****	14.22****

独立変数	従属変数：普通高校就学率				
	1987年	1990年	1992年	1994年	1996年
1人当たり国有工業総産値	0.37	0.53**	0.68****	0.47*	0.59****
1人当たり集団工業総産値	-0.21	-0.19	-0.21	0.07	0.24
調整済みR²	0.03	0.16	0.32	0.19	0.46
F値	1.35	3.47*	7.22****	4.04*	12.13****

注：**** は $P<0.001$、*** は $P<0.005$、** は $P<0.01$、* は $P<0.05$ を示す。
出所：『中国統計年鑑』各年版、各省『統計年鑑』、『中国教育事業統計年鑑』各年版、『中国教育成就1980〜85』1986年、『中国教育成就1985〜90』1991年、『中国1990年人口普査資料』1991年、『人口統計年鑑1993』1994年。

（自然対数変換したもの）および1人当たり集団工業総産値（自然対数変換したもの）への多重回帰した分析でも基本的に確認される。表2-4はその分析結果を標準化された回帰係数の形で示したものである。集団工業は、職業関係学校では、1994年に国有企業と同等の、1996年にはそれを凌駕する説明力を有している。ただし、普通高校に関しては、集団工業は国有工業との相関が高いために、有意とはなっていないが、1996年には一定の説明力を持つにいたっている。

第3節　経済変数の変化と就学率の変化の相関分析

　2時点における就学率の変化と経済水準の変化との相関関係の分析は、どのような尺度で変化を測るのが適切か、因果関係の方向と時間の問題など技術的に困難な点があるが、先の経済水準と就学率の相関分析よりも、過去か

第2章　中国における後期中等教育の発展と経済発展　67

表2-5　就学率の変化と経済水準の変化との相関係数
(N=27)

年	1987-90	1987-92	1987-94	1992-94	1994-96	1987-96	1992-96
後期中等教育	0.05	0.06	0.16	0.30	0.16	0.38*	0.59****
職業関係学校	0.00	-0.04	0.30	0.39*	0.21	0.41*	0.60****
普通高校	-0.10	-0.09	-0.06	0.06	0.04	0.27	0.46*

注：①後期中等教育就学率の変化はロジット変換済みの就学率の差。
　　②**** は P＜0.001、*** は P＜0.005、** は P＜0.01、* は P＜0.05を示す。
出所：『中国統計年鑑』各年版、各省『統計年鑑』各年版、『中国教育事業統計年鑑』各年版、『中国教育成就1980〜85』1986年、『中国教育成就1985〜90』1991年、『中国1990年人口普査資料』1991年、『人口統計年鑑1993』1994年。

らの長期にわたる蓄積的な効果や間接的・媒介的な要因による関連の可能性を減少させ、就学率と経済水準の間のより直接的な関連を反映するものと考えられる。

そこで、試みに、後期中等教育の変化と各省における経済水準の変化などとの関係を、タイムラグをとくに設けることなく計算したのが、**表2-5**である。就学率の変化は、$[\text{Logit}(E_2) - \text{Logit}(E_1)]$によって（ここでEは就学率を表す）、経済水準の変化は、1人当たりGDPをgdpと表すと、$[(\text{gdp}_2 - \text{gdp}_1)/\text{gdp}_1 \times 100]$によって、また、農村工業労働力割合の変化は、$\text{RIL}_2 - \text{RIL}_1$（ここでRILは農村工業労働力割合をパーセント表示したものを表す）によって、1987〜96年の間のさまざまな2時点について計算してある。

表を見ると、1990年代以降の時期を含んだ場合の変化に相関性が高まる傾向が見られる。とくに1992〜96年の場合には、先の表の1996年の値と同水準の相関値を示している。この結果は、1990年代に入って、経済発展と後期中等教育の発展の関係がより直接的な関連によって結ばれるようになってきたことを示唆していよう。

さらに、前節の単回帰分析で有意な相関を示した諸指標について、2時点での変化に関する相関分析を行った。その結果が**表2-6**である。

すでに述べたように、技術的に困難な点があり、確定的なことをいうのは難しいが、この表からは次の点を指摘できよう。

一見するとこの結果は、前節のそれと異なった印象を与えるが、基本的に符合するものと考えられる。すなわち、第1に、1980年代後半以降の後期中等教育発展を推進したのは、工業と第3次産業であると見なせる。職業関係

表2-6 後期中等教育就学率の変化と生産のあり方の諸指標の変化との相関係数
(N=27)

(Ⅰ)後期中等教育全体就学率の変化と生産のあり方の諸指標の変化との相関係数				
2時点	1987-92	1992-94	1994-96	1992-96
(2)1人当たり工業総産値	0.12	0.54***	0.19	0.35
(3)1人当たり第3次産業総産値	−	0.25	0.48**	0.62****
(4)1人当たり軽工業総産値	0.06	0.09	0.16	0.03
(5)1人当たり重工業総産値	0.02	0.11	0.01	0.08
(6)1人当たり国有工業総産値	0.42*	0.08	0.07	0.03
(7)1人当たり集団工業総産値	0.13	0.01	0.05	0.10
(12)農村工業労働力割合	0.41*	0.04	0.45**	0.23

(Ⅱ)職業関係学校就学率の変化と生産のあり方の諸指標の変化との相関係数				
2時点	1987-92	1992-94	1994-96	1992-96
(2)1人当たり工業総産値	0.14	0.67****	0.09	0.43*
(3)1人当たり第3次産業総産値	−	0.31	0.43*	0.63****
(4)1人当たり軽工業総産値	0.06	0.13	0.18	0.01
(5)1人当たり重工業総産値	0.02	0.14	0.01	0.14
(6)1人当たり国有工業総産値	0.38*	0.11	0.03	0.01
(7)1人当たり集団工業総産値	0.07	0.02	0.04	0.03
(12)農村工業労働力割合	0.34	0.07	0.04	0.16

(Ⅲ)普通高校就学率の変化と生産のあり方の諸指標の変化との相関係数				
2時点	1987-92	1992-94	1994-96	1992-96
(2)1人当たり工業総産値	0.09	0.15	0.28	0.14
(3)1人当たり第3次産業総産値	−	0.08	0.41*	0.50**
(4)1人当たり軽工業総産値	0.05	0.06	0.13	0.08
(5)1人当たり重工業総産値	0.01	0.07	0.13	0.01
(6)1人当たり国有工業総産値	0.39*	0.01	0.18	0.06
(7)1人当たり集団工業総産値	0.18	0.07	0.1	0.19
(12)農村工業労働力割合	0.43*	0.03	0.49**	0.29

注:**** は $P<0.001$、*** は $P<0.005$、** は $P<0.01$、* は $P<0.05$ を示す。

学校について見れば、工業に関しては1992～94年と1992～96年が有意な相関を示している。また、1987～92年については国有工業が有意であり、この時期までの工業における国有工業の圧倒的な地位を反映していると考えられる。

　第2に、1987～92年以降、工業よりブレークダウンしたものとの有意な相関が見られないのは、次の理由によると考えられる。ここでの就学率の変化は、ブレークダウンされた各指標と対応する就学率の変化の総計であり、国

有セクター（あるいは重工業）以外の各指標の相対的な重要性が増大したため、工業全体の変化とより対応するようになってきたのである。言い方を変えると、国有工業の有意性が消え、工業の有意性が現れてきたのは、集団工業などの発展による可能性を示唆しているのである[5]。

　普通高校についても、工業に関して有意となっていないとはいえ、相関係数は一定程度の水準を示しており、職業関係学校の場合と同様の傾向を読み取ることができる。

　ただし、農村工業労働力の割合の変化と普通高校就学率の変化の相関が、1987〜92年と1994〜96年に有意となっている点は、新しい要素を含んでいる。これは、農村工業の発展が職業関係学校の発展に寄与したという前節の指摘を誤りとするというものではないとはいえ、時期が1987年からという点および農村工業の発展を労働力という観点から捉えた指標の変化が独自の相関を維持している点が新しい。

　以上の結果をまとめると、中国における1980年代後半以降の後期中等教育の発展は、主に工業と第3次産業の発展によってもたらされていること、また、工業に注目した場合、軽工業・重工業別に言えば重工業が、所有セクター別に言えば国有セクターおよび集団セクターが教育発展の推進力であり、とくに集団セクターは1990年代の後半になって国有セクターに並ぶ重要性を持つようになったと考えられること、これにともなって軽工業も教育発展との関連を高めてきたこと、そして、外資セクターは教育発展との関連を示さないことが指摘できよう。経済における国営の圧倒的優位の体制は、経済開放以来崩れつつあるが、それが後期中等教育卒の人材需要・調達という側面においても労働市場の成立とともに崩れてきていると考えられる。

　また、1990年代前半までは、職業関係学校がそれら各セクターの経済発展との関連を持つ主要な教育分野であったが、それ以降、普通高校も経済発展との関係を示すように変化してきたと考えられる[6]。これは、経済発展によって人材要求水準が高まってきたことや普通高校抑制策が弱まったことを反映していよう。

70　第Ⅰ部　中国における後期中等教育の拡大と経済発展

　いずれにせよ、本書の仮説である「集団（郷鎮）工業セクターの発展を中心とする内発的発展はその労働需要にもとづいた後期中等教育発展を促す一方、外資セクターの発展を中心とする外発的発展はそうした発展をもたらさない」という観点から言えば、ここで、1980年代の後半以降の経済発展過程において、後期中等教育卒人材の新たな需要者として、そして、このレベルの就学率に影響を与えたものとして、集団工業セクターが現れ、成長してきたことが推定されてきたこと、また、これと対照的に、外資工業セクターは姿を現してこなかったと考えられることが重要であろう。

　そこで、続く以下の諸章では、これらの点を確認・分析するための事例研究が展開される[7]。

注

1　直線の当てはめによる誤差が問題になるため、就学率についてはロジット変換したものを用いる。
2　データの制約から、1987年以降に設定している。
3　「総産値」は、一定期間内の、商品として扱われる製品の総量を貨幣価値で表した総額。各段階における生産者の生産活動の成果を合計したものであるため、企業間および業界間の重複計算部分がある。
4　実際、土地の使用権が農民個人に与えられた70年代末以降、農業生産増は80年代半ばまで続いた。しかし、その間の初等・中等教育の就学率は全国的に大きく後退し、とくに中等教育のドロップアウト問題が目立った。児童や青少年が生産や家事労働に当てられたのである。
5　もちろん、このことだけでは、外資工業が発展した可能性も排除できない。
6　ただし、第3節の分析では、普通高校の就学率の変化と農村工業労働力割合の変化の相関が1980年代後半から見られた。これが、どのような事態を反映しているのかは不明であり、さらなる研究を要する点である。
7　さらに、表2-3を詳しく見ると、外資工業セクターも、職業関係学校で1994年と1996年にともに相関値0.35、普通高校で1996年に相関値0.26と有意ではないものの、一定の水準を示し始めている。これは序章の分析枠組みで触れた、外発的発展がもたらした所得水準の向上による効果が顕れているものと解釈できる。この点も、事例研究において、議論と分析が行われる。

第Ⅱ部　江蘇省と広東省における後期中等教育の
　　　　拡大と経済発展パターン

第3章　江蘇省と広東省の経済発展パターンと両省における教育発展の比較可能性

　本章では、最初にマクロ的な経済指標にもとづいて、中国における経済的に先進的な諸省を3つの経済発展パターン、すなわち「内発的」「外発的」「その他」の3つのパターンに分類する。この分類において、江蘇省と広東省がそれぞれ内発的・外発的経済発展パターンの特徴を有していることが示される。続いて、2つの省のそれぞれの経済発展過程を具体的に記述することによって、これらの省の経済発展のあり方が、それぞれの経済発展パターンを典型的に具現するものであることを示す。最後に、これら異なる経済発展パターンを持つ2つの省における教育発展の比較が可能かつ適切であることを確認する。

第1節　経済的先進省の経済発展パターンによる分類

　これまでの整理・分析を踏まえ、「内発的発展」と「外発的発展」を示すマクロ指標として、GDP、国有工業、集団工業、外資工業および港澳台工業の1人当たりの額を用いて全国各省を分類してみることにする。そうすると、中国における経済的先進省(1人当たりGDPが中国全体の平均より高い省。ただし、3大都市を除く)は、その経済発展パターンによって、基本的に次の3つに分類することができる。
　第1は、外発的経済発展パターン、すなわち外資セクターの発展がその省の経済発展を牽引してきた諸省である。具体的には、国有工業セクター、集団工業セクター、外資工業セクターをトータルした全総産値において、外資

74　第Ⅱ部　江蘇省と広東省における後期中等教育の拡大と経済発展パターン

表3-1　経済的先進省[*1]の各所有セクター1人当たり総産値(1996年)

	全国平均[*2]	江蘇	折江	吉林	山東	遼寧	湖北	新疆	福建	河北	広東	黒龍江	海南
a．国有工業(元)	2116.9	3157.1	2182.4	3333.6	2773.8	4730.4	2453.0	3066.7	1381.1	2073.4	2218.9	3720.5	970.0
b．集団工業(元)	2385.9	9651.5	9194.2	1220.4	5121.5	4402.5	3468.7	552.9	3675.9	3431.8	5103.7	1587.3	380.4
c．外資工業(元)	319.4	1048.6	737.8	337.3	549.5	761.5	176.1	31.0	809.6	210.7	2145.3	149.8	263.2
d．港奥台工業(元)	333.1	790.7	588.1	72.0	228.7	265.5	113.9	66.4	2115.5	166.6	3445.9	66.8	292.8
a+b+c+d (元)	5155.4	14647.9	12702.5	4963.3	8673.5	10159.9	6211.8	3717.0	7982.0	5882.5	12913.8	5524.4	1906.4
aの割合(%)	41.1	21.6	17.2	67.2	32.0	46.6	39.5	82.5	17.3	35.2	17.2	67.3	50.9
bの割合(%)	46.3	65.9	72.4	24.6	59.0	43.3	55.8	14.9	46.1	58.3	39.5	28.7	20.0
c+dの割合(%)	12.7	12.6	10.4	8.2	9.0	10.1	4.7	2.6	36.6	6.4	43.3	3.9	29.2
a+b+c+dの割合(%)	100.0	100.0	100.0	100.0	100.0	100.0	100.0	100.0	100.0	100.0	100.0	100.0	100.0

注：80年代後半から90年代を通して、基本的に本表と同様の傾向が観察される。本章では、1996年を例として示している。[*1]はGDPが全国平均以上。[*2]は「全国平均」は三大都市を除く各省平均。
出所：『中国統計年鑑1997』中国統計出版社　1997年、各省『統計年鑑1997』同。

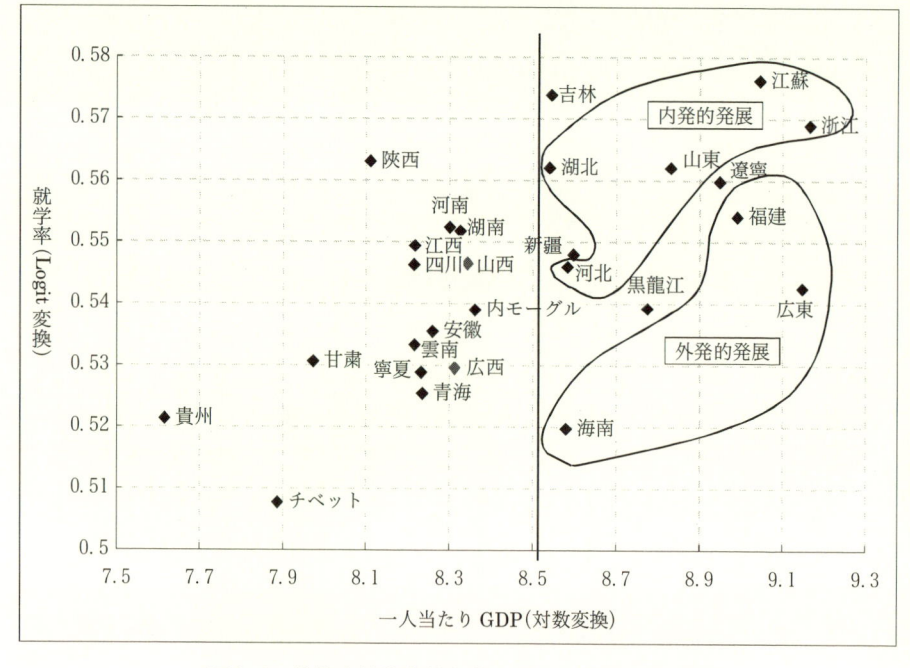

図3-1　後期中等教育就学率と経済水準の回帰分散図

出所：『中国統計年鑑』1997年版、各省『統計年鑑』、『中国教育事業統計年鑑』1997年版、『中国1990年人口普査資料』　1991年、『人口統計年鑑1993』　1994年。

工業セクターの占める割合として30％を基準とし、それ以上を外発的発展パターンを示す省とすれば[1]、広東省、福建省、海南省がこれに属する(**表3-1**)。ここで、広東省は、それが43.3％であり、最も高い割合を示している。

　第2は、内発的経済発展パターン、すなわち集団工業セクターの発展がその省の経済発展を牽引してきた諸省である。残る経済的先進省のうち、集団工業セクターの比重が国有工業セクターより高いものとして、浙江省、江蘇省、山東省、湖北省、河北省がこれに属するといえよう。これらの中でも、江蘇省は、集団工業が65.2％と絶対的にも大きく、他省と比べても浙江省に次ぐ高い値を示している[2]。

　第3は、その他の経済発展パターンであり、これは、国有工業セクターの比重が大きく残るすべての省、すなわち吉林省、遼寧省、新疆自治区、黒龍江省である[3]。ただし、遼寧省はこれらの国有セクターと集団セクターの比重が拮抗しており、2つのパターンの混成型と分類するのが妥当かもしれない。

　ちなみに、1996年時点での、後期中等教育発展の水準とこれら3分類された各省の経済水準との関係を図示したのが、**図3-1**である(前章の**図2-1**を基に作成。縦の線は1人当たりGDPの全国平均値を示す)。内発的発展の各省と外発的発展の各省では、経済的水準を考慮してもしなくても、ほとんどの場合に後者のほうが低い教育水準を示している。この結果は、序章で述べた2つの経済発展パターンと教育発展の関係の仮説とおよそ適合していることが一見して明らかであろう。

第2節　江蘇省および広東省における経済発展

1　江蘇省における経済発展——内発的経済発展パターン[4]——

　図3-2から分かるように、江蘇省の経済成長は1970年代末から始まり[5]、やがて全国平均水準を抜き、1998年には1人当たりGDPが全国平均より1978年価格で1,000元ほども高くなっている。

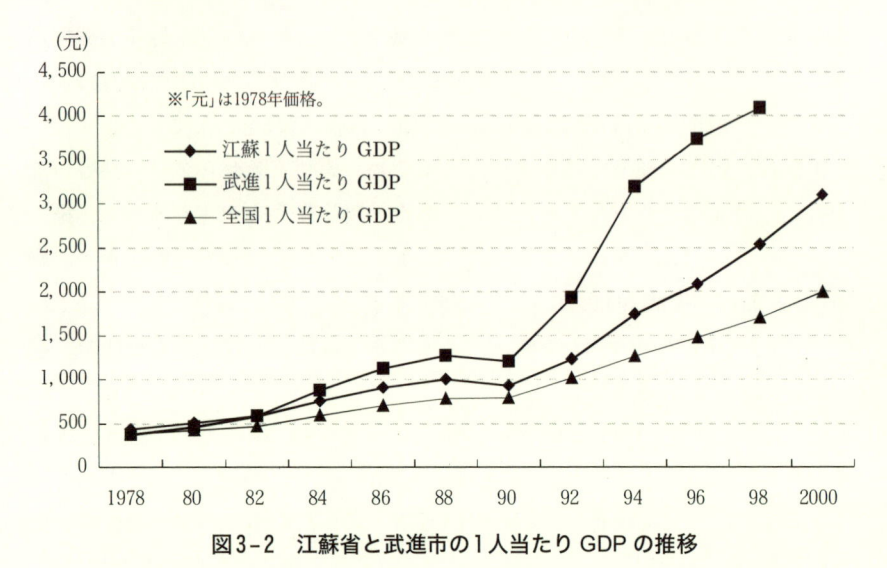

図3-2 江蘇省と武進市の1人当たり GDP の推移

注：武進市については、江蘇省の物価指数をもって換算した。
出所：『中国統計年鑑2001』中国統計出版社、p.49 と p.282、『江蘇統計出版社』同、p.135、武進市統計局編『武進五十年』、p.51 より算出。

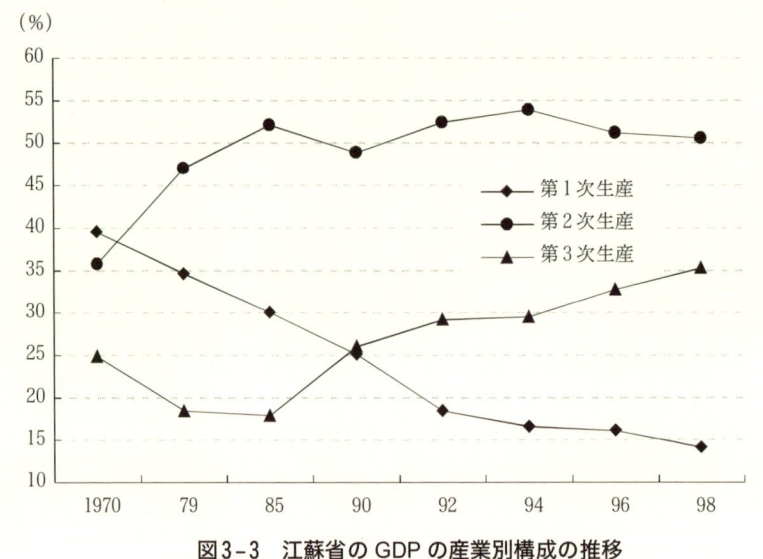

図3-3 江蘇省の GDP の産業別構成の推移

出所：『江蘇統計年鑑』中国統計出版社 1985年から各年より作成。

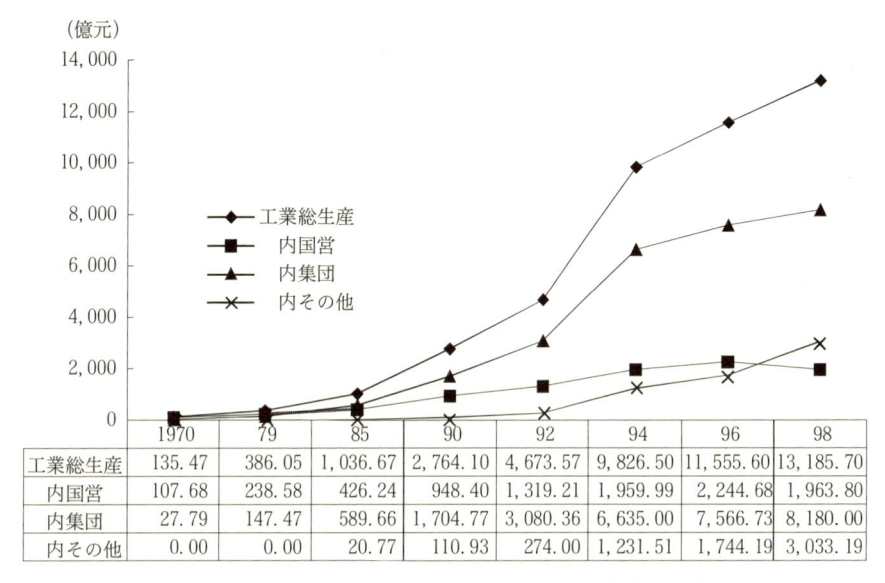

第3章 江蘇省と広東省の経済発展パターンと両省における教育発展の比較可能性 77

(億元)

	1970	79	85	90	92	94	96	98
工業総生産	135.47	386.05	1,036.67	2,764.10	4,673.57	9,826.50	11,555.60	13,185.70
内国営	107.68	238.58	426.24	948.40	1,319.21	1,959.99	2,244.68	1,963.80
内集団	27.79	147.47	589.66	1,704.77	3,080.36	6,635.00	7,566.73	8,180.00
内その他	0.00	0.00	20.77	110.93	274.00	1,231.51	1,744.19	3,033.19

図3-4 江蘇省の工業の所有セクター別総産値の推移

注：年鑑によるこのデータの内訳項目は時折変わっているため、長いスパンで統一したカテゴリを使うことが難しい。そのため、複数の資料を参考した上で、筆者が分かりやすいと判断する分け方にし、各カテゴリの内容も筆者の再計算によるものである。「国営」は資産が国・地方政府所有を指す。「集団」は県、郷、村所有および都市にある区や町所有のもの（都市にあるものは非常に小さくなりつつある）を含む。「その他」は外資（完全外資、中外合作、合弁を含む）、民営、国営と集団合弁などからなる。
出所：『江蘇省統計年鑑』各年より算出。

　江蘇省は本来、農業と漁業の盛んな地域であった。中国の穀倉地帯の一つとしても有名である。しかし、1970年代末以降の経済の高成長は、**図3-3**からも明らかなように、1970年代後半以降の第1次産業に代わる第2次産業の発展（工業化）と1990年代以降の第3次産業の発展によってもたらされているのである。

　図3-4は、第2次産業の主要な部分である工業の発展を担った主役の変化を示したものである。1970年代までは、国営工業が工業生産の主役であったが、1980年代に入ると、その地位が集団工業の成長によって揺るぎ始め、5年ほどの間に国有工業と集団工業[6]の地位が入れ替わる趨勢となった。1990年頃には、両者の工業生産における地位は逆転した。外資工業や個人経営の工業、そして株式会社が含まれる「その他」は、1992年以降に成長を見せ始

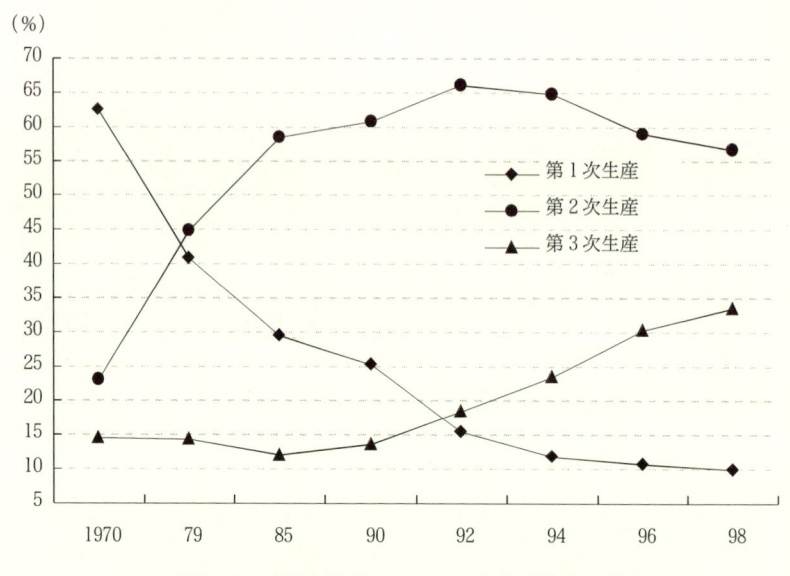

78　第Ⅱ部　江蘇省と広東省における後期中等教育の拡大と経済発展パターン

図3-5　武進(県)市のGDPの産業別構成の推移

出所:『武進五十年』武進市統計局、pp.50-51より作成。

ているが、1998年になっても集団工業の3分の1強しかない。

　江蘇省における調査地である武進(県)市の経済変貌も同様なものであった。先の**図3-2**が示すGDPの成長を見れば分かるように、武進市は江蘇省の中でも経済発展のより進んだ地域である。**図3-5**より、武進市は1970年代初頭から90年代初頭までは、第1次産業と第2次産業の割合が入れ替わった20年間であった[7]。言い換えれば、郷鎮企業の生成・発展の20年間でもあった。

　江蘇省における内発的経済発展の中身をその過程に即して、やや詳しく記述すると以下のようになろう。

　江蘇省における発展の第1段階は、1970年代の後半ないし末から始まった。発足時の農村工業は、農村剰余労働力[8]に職を与えようと、当時の人民公社やその下の生産チームの出資(農業による蓄積)で発足された。最初は農機具修理や製造、農産品加工や都市工業の下請けなどが中心であり、小規模かつ技術性の低い労働集約的な加工業が主であった。当初、政策的・市場的な環境は農村工業にとってきわめて不利であった。政治的には、農村の企業が批判の

的とされ、中央政府に「合法的」と認められるようになったのは1984年である[9]。経済的には、社会主義計画経済では絶対的な地位にあった国有工業は、原材料、エネルギー、販売市場、人材のすべてを国家の配分と調達に依存できたのに対し、農村工業は、それらを自ら調達しなければならずつねに高価な原材料や燃料というハンディを背負いながら、都市工業の隙間を縫うような形で製品を市場に出していった。一定規模まで成長した後は、巨大な都市工業との競争の中で、製品の多様化と良質化の努力が重ねられた。こうした競争は市場経済では当然のことであるが、当時の中国では特殊であった。しかし、経済の荒波の中で勝ち抜く力を身につけてきた農村工業は、10数年のうちに地域経済におけるマイナーな地位から、地域経済の柱となるまで成長を遂げてきたのである。

　第2の発展段階は、国際市場に向けたハイテク志向産業への進展によって特徴づけられる。1980年代まで農村工業は、基本的に地域内や国内の市場向けに発展してきたが、1990年代になると、海外へと市場が広がった。すなわち、この時期には南沿海での開放実験がある程度済み、沿海各地を中心とする他の地域においても、対外開放政策（外資導入優遇策など）が徐々に取り入れられた。また、国による郷鎮企業への輸出規制緩和も図られた。この新しい局面では、輸出可能なよりよい品質の製品の生産をめぐる競争が始まり、農村工業でも外資や外国の先進的な技術・設備ないし管理が精力的に導入され、ハイテク製品生産も行われるにいたった。

　この段階では、工業の「外向的」発展が推進されるが、この外向性はいくつかの東南アジアの国や広東省などのように、地域経済を外資に委ね、あるいはあたかも外国企業の加工工場のように、下請けとして外貨を得るのではなく、主体性を保ちながら、外資や外国の先進技術などの導入を通して外貨を獲得しつつ地域経済の真の向上を図るというものであった[10]。

　これまで、全国ブランドや地域レベルのブランドに並んで、紡績などの軽工業製品の輸出を初め、1990年代後半以降には、電子・化学などの重工業製品、そして技術含量の高い製品の輸出シェアが大幅に増大した（表3-2、3-3、3-4を参照）。

表3-2 江蘇省と広東省の工業の大・中企業における技術開発・投資状況 (1992年)

(単位)	技術開発機構数 (所)	技術開発人員数 (人)	開発プロジェクト投資 (万元)	開発プロジェクト件数 (件)
江蘇省	900	73,527	113,861	4,394
広東省	492	30,342	69,669	2,516
北京	331	38,982	30,244	2,076
上海	416	68,543	99,125	3,612

注:「技術開発機構数」は1991年の数字。
出所:『中国統計年鑑1993』中国統計出版社、pp.758-760より作成。

表3-3 江蘇省と広東省の技術マーケット取り引き総額 (万元)

年	1988	1990	1992	1994	1996	1998
江蘇省	42,647	34,481	72,260	138,057	238,126	330,684
広東省	24,163	25,032	50,297	76,290	100,068	248,122

出所:『中国統計年鑑1995』中国統計出版社、p.629、『中国統計年鑑1999』同、p.685より作成。

表3-4 常州市と深圳市の
ハイテク企業数 (社)

	1994	1996	1997	1998
常州市	31	109	105	138
深圳市	37	30	34	162

出所:『中国統計年鑑』1996年版から各年版より作成。

表3-5 武進市工業部門における
各下位部門の割合の変化 (%)

	1978年	1990年	1998年
紡績	23.51	20.44	10.86
建築材料	11.15	6.23	5.37
機械	36.26	34.07	33.08
化学	12.95	18.52	18.60
電子	0.00	13.94	20.16
その他	16.13	6.80	11.93

出所:『武進五十年』武進市統計局 1999年、p.156。

表3-6 武進市の輸出総額と海外進出企業数

年	輸出総額(万ドル)	海外進出企業数(社)
1988	12	―
1989	28	―
1990	273	―
1991	1,999	5
1992	4,222	8
1993	8,572	13
1994	16,520	16
1995	20,647	18
1996	26,746	18
1997	34,799	19
1998	37,210	20

注:「輸出総額」は、外資による委託加工や外資企業による輸出は除かれている。
出所:『武進五十年』武進市統計局 1999年、p.246。

武進市においても、同様の生産の高度化が進んだ(表3-5)。例えば、紡績の割合が減少し、電子・化学工業の割合が急増してきた。また、輸出も大幅に増加している。1998年の輸出総額は1988年の3,000倍、海外進出企業も8年間で0社から20社にまで増加してきた(表3-6)。

2　広東省における経済発展──外発的経済発展パターン──

図3-6が示すように、広東省の1人当たり省内総生産(GDP)は、70年代末から驚異的な成長を遂げてきた。開放政策前の1953～78年の25年間に、5.2%(同期全国平均は6.1%)であったGDP平均伸び率(実質ベース)が、1979～91年の13年間では12.6%に増大した[11]。この結果、1978年に全国7位であったGDPが、89年に1位となり、今日までほぼその地位を保持してきている。そして、図3-7から分かるように、三大産業の中で大きく伸びてきたのは、第2次産業および第3次産業であった[12]。ここで、第2次産業の主要部門である工業の担い手の変化を見よう。図3-8は、工業の担い手が「国有工業」(75年の74%)から

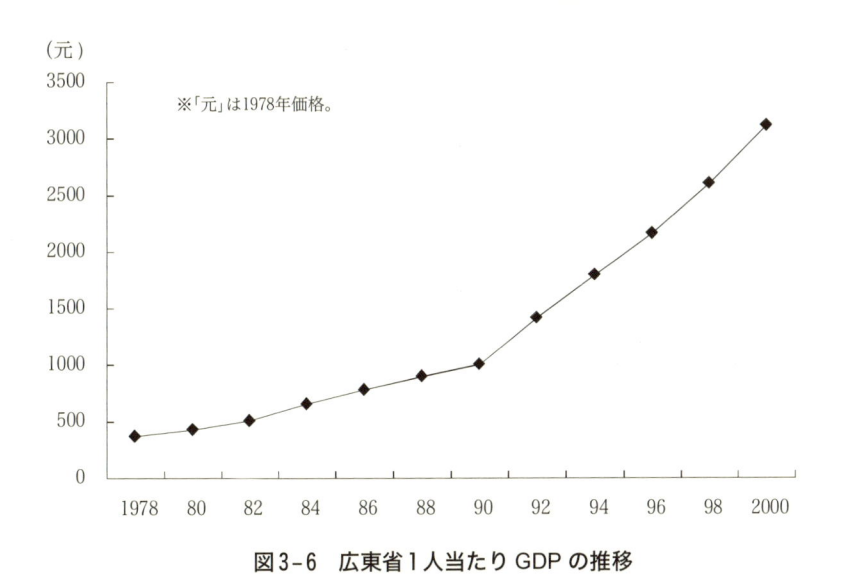

図3-6　広東省1人当たりGDPの推移

出所:『広東統計年鑑』中国統計出版社各年版。

82　第Ⅱ部　江蘇省と広東省における後期中等教育の拡大と経済発展パターン

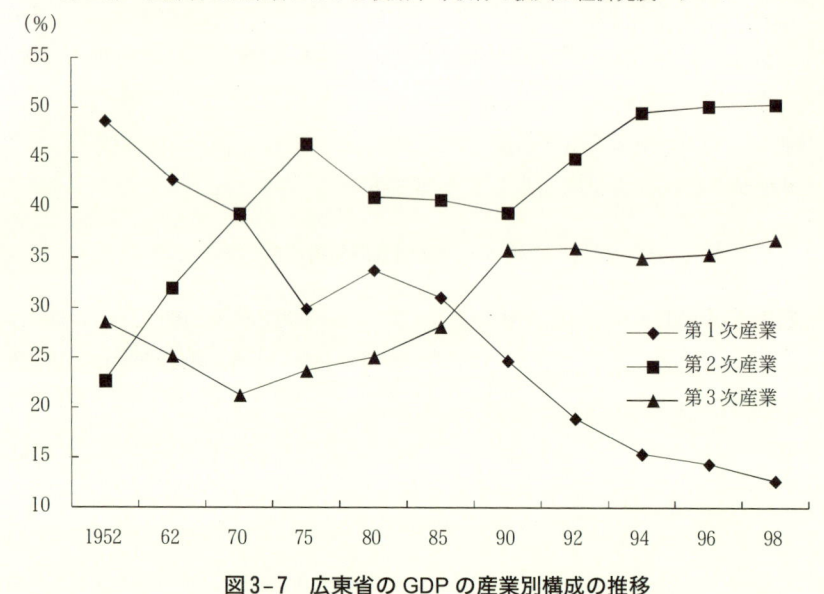

図3-7　広東省のGDPの産業別構成の推移

出所:『広東統計年鑑』中国統計出版社各年版。

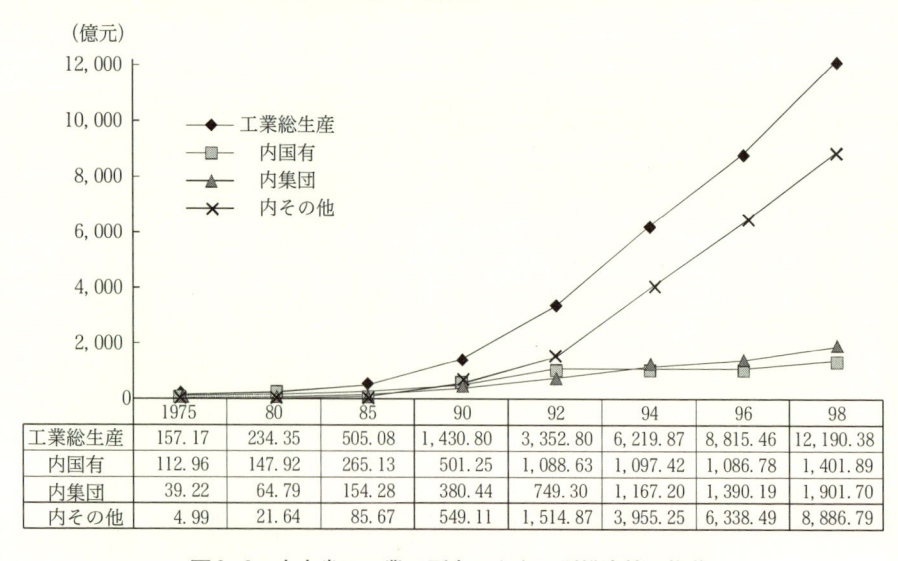

図3-8　広東省の工業の所有セクター別総産値の推移

	1975	80	85	90	92	94	96	98
工業総生産	157.17	234.35	505.08	1,430.80	3,352.80	6,219.87	8,815.46	12,190.38
内国有	112.96	147.92	265.13	501.25	1,088.63	1,097.42	1,086.78	1,401.89
内集団	39.22	64.79	154.28	380.44	749.30	1,167.20	1,390.19	1,901.70
内その他	4.99	21.64	85.67	549.11	1,514.87	3,955.25	6,338.49	8,886.79

注:「集団」には村や村以下の企業を含まない。「その他」には各種外資、民営、株式、村の企業を含む。
　　この2つの項目の内訳は江蘇省のデータと相異がある。また、「その他」の中に、外資の割合は98年ではほぼ50%である。
出所:『広東統計年鑑1999』、p.77とp.327。

「その他」(98年の72%)に変わってきたことを示す。「その他」は外資が50%を占めており[13]、外資工業が広東省経済の重要な柱の一つとなったのである。

広東省の経済発展は、外資導入・輸出振興という外向きの発展戦力に成功し経済の急成長を遂げた典型例である。1978年末に開かれた中国共産党第11回3中全会で、全国に先駆けて実験的に改革・開放を進めるための一連の優遇措置が広東省に与えられ、1980年に中国の対外開放の窓口としての4つの経済特区のうち3つが広東省に指定された[14]。それ以来、同省は全国の総合的実験区として次々と中央政府による優遇政策(外資導入優遇策と輸出入における大幅な規制緩和策)を享受してきた。

こうした政策を背景として、広東省は海に面し、香港と隣接するといった地理的メリットや、よみがえった華僑とのつながりを利用しつつ、外国資本、とくに香港や台湾資本の大規模な導入による輸出志向かつ労働集約的委託加工工業中心の経済成長戦略を取った。

こうして、外資に牽引された驚異的な成長が生み出されることとなったのであるが、それは次のような特徴を持つものであった。

第1には、経済成長における外資への依存性および外資に対する地元企業の従属性である。

広東省経済の海外投資資本の依存度[15]は、1985年に14.6%であったが、91年に28.7%に急増した(こうした外資のうち8割以上は香港資本である)。一方、江蘇省の場合は90年代初頭になっても、ようやく5%台であった[16]。また、表3-7に示されるように、広東省経済の海外輸出依存度は高く[17]、製品市場という点でも海外に依存している。

広東省における外資系企業、とくに香港系企業は、主として労働集約型加工産業であり、委託を受けて加工するという方式で工場機能を担う一方、海

表3-7 江蘇省と広東省の輸出依存度(1990年)

(%)

全　国	沿海地域	広東省	江蘇省
13.3	19.7	33.7	10.8

注：輸出依存度＝輸出額／GNP×100。
出所：呉軍華「中国の経済発展と地域開発戦略」Japan Research Review 1993.3, p.26。

外企業本社は企画から資金・原材料の調達、そして品質管理や販売などの中心的機能を受け持つ。また、新興企業や郷鎮企業の多くは外国資本ではないと分類されていても、実態は、原材料、サンプル、市場などが海外に依存する「三来一補」[18]のような形をとった下請け加工工場である。

こうした「本社―下請け」構造は、香港側から見た統計との対比によって、その姿が浮き彫りとなる。1990年末現在、広東省で委託加工を請け負っている香港系企業は約2万社にのぼり、これらの企業で働く労働者は約300万人に達するが、香港製造業の雇用者数はその3分の1以下と報告されている[19]。1990年のデータによれば、香港から中国への輸出額のうち、約6割が委託加工のための原材料や中間財であり、また、1990年における香港の中国からの輸入額のうち、6割以上に相当するものが委託加工関連製品で、そのうちの94.4%は広東省で加工されたものであった[20]。

第2に、外資は低賃金の単純労働力利用を目指しているので、その発展は軽工業中心となる。表3-8によれば、広東省の軽工業はつねに江蘇省のそれより10ポイント近く高くなっており、逆に重工業の場合は江蘇省のほうが10ポイント近く高くなっている。また、表3-9によると、貿易においては農業製品が大幅に減少し、急増したのは軽工業関連加工製品であることが分かる。

第3に、GDP急成長の最初の段階からの第3次産業の大きな伸びを指摘できる。1980年代には第2次産業を超える成長を見せてきた。これは開放によ

表3-8 江蘇省と広東省の工業部門の軽工業と重工業別構成

(%)

年	広東省		江蘇省	
	軽工業	重工業	軽工業	重工業
1975	60.76	39.24	55.20	44.80
1980	62.98	37.02	57.01	42.99
1985	67.53	32.47	56.10	43.90
1990	71.31	28.69	55.78	44.22
1992	67.34	32.66	52.78	47.22
1994	66.11	33.89	51.03	48.97
1996	65.01	34.99	49.12	50.88
1998	63.38	36.62	51.90	48.10

出所:『広東統計年鑑』中国統計出版社各年版、『江蘇省統計年鑑』同各年版より算出。

表3-9 広東省輸出総額とその製品別構成の推移

(%)

年	輸出総額(万元)	農産品	農業加工製品	軽工業製品	重工業製品
1978	252,150	38.4	11.3	29.9	20.5
1980	430,195	31.5	9.8	32.1	26.6
1985	642,850	32.6	8.8	39.4	19.1
1990	2,352,971	17.0	8.1	54.8	20.0
1991	2,939,804	17.0	8.0	55.7	19.3
1993	2,702,683	5.0	4.0	76.0	15.0
1994	4,699,270	4.5	3.3	71.9	20.2

出所:『広東省統計年鑑1992』中国統計出版社、p.343、『同1995』、p.355より算出。

る人口・物質の流動によって生じた、飲食業とホテル業を中心とするサービス業の急速な膨張がもたらしたものである。ただし、それは近代社会における事務職やホワイトカラーの需要といった高度な経済に対応するものではなかった。

　第4に、こうした経済発展は、外資関連企業が立地するデルタ地帯が中心であり、江蘇省の場合と比べて省内における極端な不均衡を発生させることとなった。

第3節　江蘇省と広東省における後期中等教育発展の比較可能性

　以上、江蘇省と広東省におけるそれぞれの経済発展パターンを具体的な発展過程や特徴に即して論じてきた。続く各章では両省の教育発展のあり方の相異をこのような異なる経済発展パターンに関連づけた、比較の視点に立って議論が展開される。そこで、この異なる経済発展パターンを持つ2つの省における比較が可能であること、すなわち教育発展に関わる潜在的条件や初期条件が基本的に同一であったことを確認しておく必要がある。

　第1に、省といった一定の行政地域における社会経済発展を考えるとき、人口規模は一般的重要性を持つ。表3-10に見られるように、両省は、本書が扱う約20年間、その順位の逆転が見られるものの、大体同一の人口規模を有

表3-10 江蘇省と広東省の地理・人口・経済の基本特徴

	江蘇省	広東省	全国
面積(万km²、2000年)	10.23	17.98	960
人口(万人)			
1980年	5,938.19	5,230.00	99,622
2000年	7,327.20	7,706.80	132,130
人口密度(人/km²)			
1980年	580	291	104
2000年	700	422	137
GDP(億元)			
1978年	249.24	185.85	3,624.10
2000年	8,582.73	9,662.23	89,404
1人あたりGDP(元)			
1978年	430	369	417
2000年	11,713	12,885	7,063

注:GDPは当年価格。
出所:『江蘇省統計年鑑2001』中国統計出版社、『広東省統計年鑑2001』同、『中国統計年鑑2001』同。

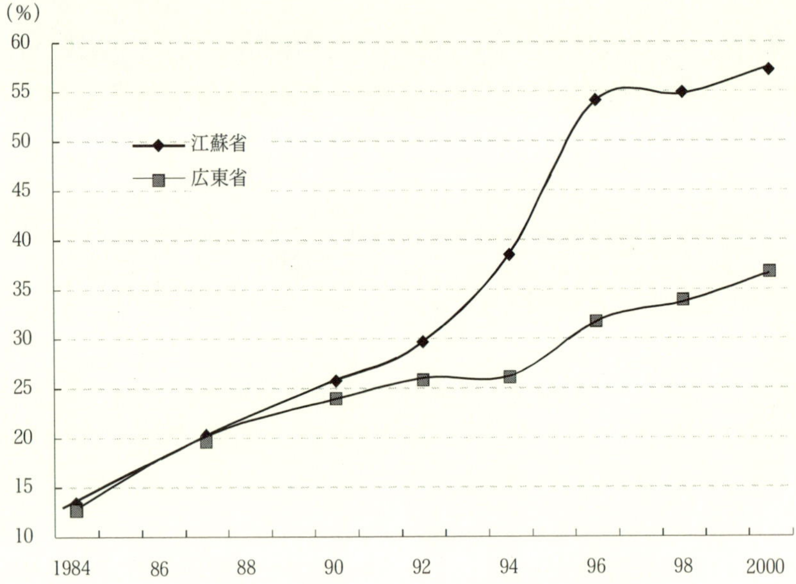

図3-9 江蘇省と広東省の後期中等教育就学率

注:江蘇省の1987年以降は専門学校に高卒の再入学者を除いた。
出所:『中国教育(事業)統計年鑑』人民教育出版社各年版、『教育年鑑・地方編』湖南教育出版社 1984年、『広東統計年鑑』中国統計出版社各年版、『江蘇省統計年鑑』同、江蘇省教育委員会編『江蘇省教育事業統計資料彙編』各年版、『人口年鑑1993』同、pp.207-208とp.234。

していた。

　第2に、1人当たりGDPという指標で見た経済水準においても、両省は、この20年間で順位の逆転があるが、ほぼ同一水準にあった[21]。

　第3に、図3-9に見られるように、後期中等教育就学率も1980年代まで同水準にあった[22]。

　以上のように、両省は潜在的環境条件や初期条件を同様にしながらも、1990年代に入ると、教育発展の量的違いをあらわにするのである。したがって、2つの省の経済発展パターンと後期中等教育発展の関係の分析は、2つの省の経済発展が始まって以来、すなわち1980年代以降を扱うが、教育発展の格差が顕著となる1990年代が分析の焦点とされる。

注

1　30%という値は、それ自体「通常」の経済と比して非常に高いものであるといえるが、次節で見るように、このように外資セクターの占める割合が高い経済では、さらに集団工業セクターも外資セクターに少なからず従属していることを理解しておく必要がある。

2　序章においても触れた江蘇省南部地域を中心に、農村集団制郷鎮企業の発展に見られた。農村工業化の実践が最も早く、最も盛んに行われたため、「蘇南モデル」と呼ばれる。江蘇省以外の地域でも、このモデルが広く推し進められてきた。「内発的」経済発展パターンと「蘇南モデル」は同じものを指す(鶴見和子・川田侃編『内発的発展論』東京大学出版会　1989年、費項通・張雨林他著『城郷協調発展研究』江蘇人民出版社　1991年、宇野重昭・鶴見和子編『内発的発展と外向型発展』東京大学出版会　1994年を参照)。

3　これらの省は、それぞれ該当の省から見れば外発的な要素があり、国単位で見れば内発的といえる。しかし、郷鎮企業のような、下からの参加をもたらす力が弱い点が特徴的である。

4　主に参考した先行研究は次のようなものである。

　　何保山(Samuel P.S. Ho)・顧紀瑞他著『江蘇省非農業化発展過程』上海人民出版社　1989年

　　厳善平「中国「蘇南地区」における農村労働力の就業構造」『アジア経済』29巻11号　1988年11月

　　鶴見和子・川田侃編『内発的発展論』東京大学出版会　1989年

　　厳善平「中国における農村労働市場の研究」『アジア経済』31巻3号　1990年3

月
費項通・張雨林等著『城郷協調発展研究』江蘇人民出版社　1991年
厳善平「体制改革以後の中国農村のミクロ経済システム」『アジア研究』37巻2号　1991年3月
厳善平『中国経済の成長と構造』勁草書房　1992年
厳善平「郷鎮企業内の労働市場の研究」『アジア経済』33巻5、6号　1992年
大島一二『現代中国における農村工業化の展開』筑波書房　1993年
呉軍華「中国の経済発展と地域開発戦略」*Japan Research Review* 1993年3月
宇野重昭・鶴見和子編『内発的発展と外向型発展』東京大学出版会　1994年
胡平「中国の対外開放の趨勢について論述」『北京周報』1994年1月11日
江通「長江流域の対外開放をリードする江蘇省」『北京周報』1994年2月8日
大島一二「中国農村工業発展地域における出稼ぎ労働者」『アジア研究』35巻1号　1994年1月

5　中華人民共和国成立（1949年）まで、江蘇省は中国の有数の近代産業発祥地の一つとして栄えていた。しかし、以後、改革開放政策までの30年間近く、国家統一政策により、建設の重点が東北と西北および内陸の他の地域におかれた。このため、江蘇省は重点建設地域を支援する立場となり、農業中心の経済構造を変えることができず、1950年代から1人当たりGDPが全国平均より下回るようになった。そうした状況からの脱出は1970年代半ばの「社隊企業」の誕生と成長によって実現されたのである。「社隊企業」は人民公社とその下の生産チームに組織・運営された農村における非農業経営体であった。当初は主に農村剰余労働力問題などの解決策として生まれた。中央により「右傾」などとして批判されたこともあったが、省政府がその圧力に抵抗し続けてきたことにより、郷鎮企業の前身として成長していった。

6　「集団工業」は、第1章で説明したように、1980年代以降に主に集団制郷鎮企業を指している。

7　工業総生産の88.2％が郷鎮企業による貢献であった（1998年現在。『武進五十年』武進市統計局　1999年、p.153による）。

8　農業が地域経済の中心であった江蘇省は人口密度がきわめて高い。70年代初頭に農村人口の1人当たりの耕地面積が1.5ム（1ム＝60平方メートル）を割り、農村剰余労働力の問題が一段と深刻になった。

9　『中国農村経済統計大全（1948-1986）』を参照。

10　外資の下請け加工業もあるが、一部にとどまっている。

11　前掲呉（1993）。

12　第3次産業の成長については後述する。

13　『広東省統計年鑑1999』、p.77によれば、外資が「その他」に占める割合がほぼ

50％である。それまでの年については公開されたデータがないが、広東省統計局統計課によると、その割合が高い。
14 4つの経済特区は、広東省の深圳市、珠海市、山頭市と福建省のアモイ市である。
15 投資の対外依存度はある年の「外資の受け入れ総額／当年の固定資本投資」により計算される。
16 前掲呉（1993）。同論文によれば、広東省の高度成長において大きな役割を果たしたのが、香港を中心とする海外資本と国内資本による投資の持続的拡大である。1985年から1991年の間を見ると、香港資本の割合が81.7％も達している。また、政治的理由で遅れて入ってきた香港経由の台湾の資本がその後急増したことを勘案すれば、広東省における香港資本の大きさが分かる。

　国内資本による投資は広東省のもう一つの重要な資金源である。それは広東省の実験区としての有利な投資条件に引かれた中央関係諸機関や他の地域の政府および企業によるものであり、「内聯」（国内協力）と呼ばれる。その規模はデータの制約から把握できないが、深圳市の例で見ると、1979～89年の間の投資は同市の固定資本の約2割にも相当するという。一方、このような外省からの投資は江蘇省ではほとんど見られない。また、広東省に対しては中央政府への特別上納金が経済規模に対して定率でなく、定額に規定されたことも優遇措置として重要である。
17 広東省においても、一部に内発的発展の要素を見ることができる。例えば、承徳という地域では、自立した郷鎮企業が発達している。
18 「三来」は商品を作る材料、サンプル、部品を海外本社から提供されることであり、「一補」は製品を本社に戻すという補償貿易の形を指す。90年代後半から、輸出中の「一補」の割合は減っていくが、「三来」は増加している。
19 前掲呉（1993）によれば、資料は「香港総督91-92年度施政報告」『信報財政月報』第176期による。
20 80年代を通して、中国は貿易収支の悪化が著しく、中国経済全般の成長の鈍化の要因となった。しかし、同時期の広東省では輸出規模が79年の17億ドルから91年の136.9億ドルへと8倍以上に拡大し、貿易収支の黒字を維持してきた。
21 序章の図0-1に記したように、1978年は中央が広東省で中国の経済開放実験を開始した年で、すなわち1984年は、1970年代後半以来、農村地域で密かに起きた郷鎮企業（当初は「社隊企業」と称された）の合法化が中央によって認められた年、すなわち1992年は、鄧小平の「南巡講話」（鄧小平が深圳市をはじめ、広東省における改革開放の成果を視察した後に発表したもの）が発表され、開放路線を全国的に広めていく方針が打ち出されるようになった年である。したがって、「内発的」発展の江蘇省と「外発的」発展の広東省における経済発展のスタートの時点も、

ともに1970年代末あたりと考えてよかろう。
22 すべての教育段階で同様の水準にあったことが次章で示される。

第4章　江蘇省と広東省の教育発展
――後期中等教育を中心とした量的な分析――

　この章ではまず、内発的発展の江蘇省と外発的発展の広東省における教育発展について、マクロデータによって概観し、両省におけるその共通性や相違を明らかにする。続いて、とくに後期中等教育の発展について、学校種類や専攻別に両省の共通性や相違を分析する。

第1節　各教育段階の教育発展の概観――就学率を中心に――

　両省における教育発展は、1980年代初頭頃まで、全国の教育発展の流れと基本的に一致するものであったと考えられる(表4-1)[1]。1980年代初頭までの不規則な就学率の変動は、全国と同様に主に国の政治路線に左右されて変化する教育政策および1958～60年の間の「3年自然災害」がもたらした人口出生の大変動によるものであった。

　両省における教育発展の水準は、1980年代半ばまで同様のものであったと考えられるが、それ以降、江蘇省が広東省を凌駕していく。政治路線が終結を告げ、国の中心課題が経済建設へ転換した1980年代以降、江蘇省は経済発展の先進地域となり、その教育も経済成長につれて拡大を続け、全国の教育拡大のリーダー役を果たしてきた。これに対して、同じく経済発展が進んだ広東省では、教育拡大が緩慢であり、教育段階によっては、全国水準より遅れるという事態すら生ずることとなった。

　以下、こうした推移を教育段階別に検討する。

表4-1 江蘇省と広東省の各教育段階の就学率
(%)

年	初等教育		前期中等教育		後期中等教育		高等教育	
	江蘇省	広東省	江蘇省	広東省	江蘇省	広東省	江蘇省	広東省
1950	43.9	—	4.8	—	2.1	—	1.0	—
1960	100.5	—	30.0	—	31.6	—	3.3	—
1970	99.4	—	34.5	—	9.9	—	0.1	—
1978	97.5	—	62.6	—	33.0	—	4.2	—
1984	112.6	113.5	50.8	52.5	13.4	12.6	2.1	1.7
1987	111.1	116.7	70.0	66.1	20.3	20.3	2.8	2.3
1990	104.3	99.4	79.7	66.2	25.7	23.9	3.7	2.1
1992	100.8	102.2	83.6	65.4	29.6	26.2	5.4	2.7
1994	98.8	106.0	91.5	72.3	38.2	26.4	6.4	4.3
1996	98.0	108.3	88.6	83.2	53.8	32.0	7.5	5.7
1998	104.1	93.9	93.1	90.6	54.3	34.0	8.9	5.3
2000	—	96.7	94.7	93.1	57.1	36.7	14.8	9.9

注:江蘇省の1987年以降は専門学校に高卒の再入学者を除いた。
出所:『江蘇四十年 1949-89』中国統計出版社 1989年、『江蘇省教育事業統計資料彙編』江蘇省教育委員会1987年より各年、『教育管理信息』第12期江蘇省教育管理信息中心編 1994年6月、『江蘇統計年鑑』中国統計出版社1985年版から各年版、『中国教育(事業)統計年鑑』人民教育出版社各年版、『教育年鑑・地方編』湖南教育出版社 1983年、『広東統計年鑑』中国統計出版社各年版、『中国人口統計年鑑1993』同1993年、pp.207-208とp.234より算出。

1 初等教育

　表4-1によって、小学校の就学率を見よう。両省とも1984年には、113％の水準に達しており、江蘇省では、1985年が初等教育普及の基本的達成の年とされている[2]。このように、両省の教育水準は、1980年代半ばは同等であった。しかし、1984年以来の就学率の推移を見ると、江蘇省では、1992年以降も100％近い水準で安定しているのに対し、広東省では、そのような安定性が見られるのは2000年以降と考えられる。粗就学率が100％を超える分は「大齢生」[3]が多く含まれており、初等教育の普及が実質的に完成しつつあると見なせるのは、粗就学率が100％を超えている段階を経た後に減少を始め、100％付近で安定してきた段階である。したがって、このような初等教育の普及の完成は、江蘇省では、1990年代初頭に達成されたが、広東省では、それが2000年以降となったと考えられるのである。

2 中等教育

1) 前期中等教育

中学校就学率を見ると、1984年段階では両省ともほぼ50％である[4]。江蘇省の中学校の粗就学率は、1984年に50.8％、1990年に79.7％、1998年に93.1％であり、14年間で43ポイント増加している(表4-1)。

他方、広東省でも中等教育の就学率は1984年代以降に上昇してきたが、その速度は江蘇省に若干の遅れをとっており、江蘇省では1990年代の中頃に9割に達するのに対し、広東省では同レベルに達するのが1990年代の末となっている。

2) 後期中等教育

両省における中学校就学者数の増大は、同時期の後期中等教育拡大の需要を増大させた。1984年の両省の後期中等教育の就学率はともに13％と等しい水準にあるが、江蘇省では続いて、著しい発展があった。それは、全国的趨勢より5年ほど早い発展の開始であった(第1章を参照)。その発展は1990年代以降に加速され、江蘇省は1994年には就学率全国1位(三大年を除く)の座を占めることとなった。

これに対し、広東省では1984年から87年の間に就学率の増大があったが、それ以降1990年代前期まで停滞が見られた[5]。1990年代頃より、着実な拡大が始まったものの、広東省は江蘇省に大きく遅れをとり、両省の差は20ポイント前後で維持されたままである。広東省の90年代の就学率水準は、全国水準よりも低い状態が続いていた(例えば、全国平均の後期中等教育の就学率は1994年に29.9％、96年に35.9％、98年に37.7％。第1章を参照)。

江蘇省では1980年代に一人っ子政策が広東省より浸透した。このため、該当年齢(15歳)人口の増大がより緩慢であり、就学率もより容易に高くなった面がある。そこで、就学率の代わりに就学者数を用いることによって、人口政策の浸透の相異という要素を除いた上で、両省の後期中等教育発展の相異を改めて見ることとしよう。図4-1は、両省の1978年以降の後期中等教育在

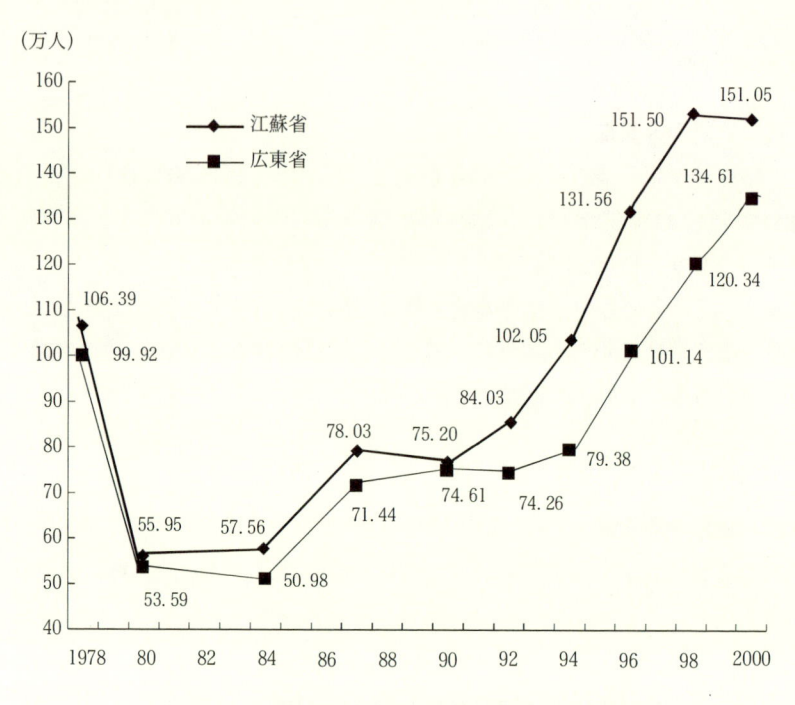

図4-1　江蘇省と広東省の後期中等教育在学者数

注：江蘇省の1987年以降は専門学校に高卒の再入学者を除いた。
出所：『中国教育（事業）統計年鑑』人民教育出版社各年版、『教育年鑑・地方編』湖南教育出版社　1984年、『広東統計年鑑』中国統計出版社各年版、『江蘇省統計年鑑』同、江蘇省教育委員会編『江蘇省教育事業統計資料彙編』各年版より算出。

学者数を示したものである。1980年には、両省の在学者数はほぼ同数であったが、それ以降、1990年を除き、江蘇省が広東省を上回っている。また、その在学者数の差は1990年まで7万人の範囲にあったが、それ以降、差は開いていき、1998年にはその差は30万人を超えるまでにいたっている。すなわち、一人っ子政策の影響を除去しても、両省の差は確認でき、とくに1990年代の江蘇省の後期中等教育発展は、広東省に比べ顕著なものであったといえるのである[6]。

3　高等教育

高等教育の就学率も、1984年段階では両省とも約2%であり、ほぼ同水準にあった。江蘇省の就学率は、その後も成長を続け、とくに1998年から2000年間には急速な伸びがあり、2000年には14.5%に達している。

これに対し、広東省の高等教育の就学率[7]は基本的には増大傾向にあったものの、その速度は比較的に緩慢で、2000年に9.95%であり、江蘇省との差は4.8パーセントになっている。

4 江蘇省武進(県)市における就学率

以上、両省が1984年時点では、全教育段階でほぼ同一の教育水準にあったこと、また、その後、江蘇省の教育水準が全教育段階で広東省のそれを上回るようになったことを見てきたが、ここでは、調査地の江蘇省武進(県)市が、江蘇省の中でも教育に関して先進的な位置にあることを確認しておきたい。

表4-4は、武進(県)市における1984年以降の各学校教育段階の就学率を示したものである。小学校普及の基本的な達成年は、武進市教育委員会によれば、1980年とされており[8]、これは省全体より5年早い。また、表中の小学校粗就学率の数字は、1984年以降100%近くで安定している。したがって、この年には、すでに初等教育普及が完成していたと推定され、これも省全体より8年早い。

中学校教育、後期中等教育、高等教育についても、1984年時点ですでに省

表4-4 武進市各教育段階就学率

(%)

年	初等教育	前期中等教育	後期中等教育	大学・短大
1984	99.7	66.9	18.3	4.3
1986	97.4	72.1	22.1	5.7
1990	98.5	95.4	22.8	4.2
1992	99.1	98.9	36.6	6.2
1995	100.0	94.7	49.3	11.4
1998	100.0	96.8	68.0	13.4

注:後期中等教育の中の専門学校と技工学校の場合、常州市の学校に行く者(とくに「代培生」と自費生(第5章参照))も少なくない。しかし、彼らは各地域のデータに入っていない。したがって、ここでは武進市教育委員会研究室での聞き取り、『常州市各類教育事業統計資料』1995年版と98年版の中卒者進路図を参考にして常州市の学校に行く者の数を求め、それを含めた上で計算した。

出所:『武進五十年』武進統計局 1999年、pp.308-309、常州市教育委員会編『常州市各類教育事業基数統計資料』1984年版から各年版、『江蘇省武進県1990年人口普査資料』中国統計出版社 1992年、p.204、常州市教育委員会および武進市教育委員会での聞き取りより算出。

全体よりかなり高い数値が見られる。そうした先進性は以降もずっと維持されており、例えば、1998年について見ると、省全体の数値に比べ、後期中等教育では14パーセント、高等教育では5パーセントの差がある[9]。

第2節　両省における後期中等教育の発展——普通高校・職業関係学校別分析および職業学校内の学校種類別・専攻別分析——

1　普通高校・職業関係学校別分析

1)　就学者数

表4-5は、両省における後期中等教育の学校種類別就学者数を示したものである。この表から明らかなように、両省における1980年代から1990年代半ばまでの後期中等教育の発展は、職業関係学校の就学者数の増加によって支えられ、1990年代半ば以降は、それに普通高校就学者数の増加が加わる形でもたらされた。これは、第1章で述べた、国の普通高校抑制や職業教育促進の方針、また、その後の普通高校抑制の緩和を反映するものであった[10]。

表4-5　江蘇省と広東省の後期中等教育の各種学校在学者数
(万人)

年	普通高校		職業高校		専門学校		技工学校		職業教育総計	
	江蘇省	広東省	江蘇省	広東省	江蘇省	広東省	江蘇省	広東省	江蘇省	広東省
1978	101.81	96.28	—	—	3.84	3.64	0.74	—	4.58	3.64
1980	46.08	46.53	2.23	0.89	6.11	4.56	1.53	1.61	9.87	7.06
1984	42.50	36.79	5.97	6.25	7.17	6.49	1.92	1.45	15.06	14.19
1987	46.49	41.06	16.05	18.43	11.74	9.32	3.75	2.63	31.54	30.53
1990	40.76	36.12	15.49	21.17	13.99	12.09	4.96	5.22	34.44	38.48
1992	42.79	34.86	19.76	19.74	14.94	13.08	6.54	6.58	41.24	39.40
1994	43.85	34.66	24.33	17.80	24.71	17.35	9.16	9.57	58.20	44.72
1996	54.08	45.09	25.85	18.80	40.99	24.96	10.64	12.28	77.48	56.04
1998	69.32	59.04	22.91	18.88	48.11	27.91	11.16	14.50	82.18	61.30
2000	80.18	72.53	18.13	20.93	43.62	25.69	9.12	15.46	70.87	62.08

注：江蘇省の1987年以降は専門学校に高卒の再入学者を除いた。
出所：『中国教育(事業)統計年鑑』人民教育出版社各年版、『教育年鑑・地方編』湖南教育出版社　1984年、『広東統計年鑑』中国統計出版社各年版、『江蘇省統計年鑑』同、江蘇省教育委員会編『江蘇省教育事業統計資料彙編』各年版より算出。

このように、大筋において両省の普通高校・職業関係学校別就学者数の動向には共通性が見られる。しかし、前節で見たように、江蘇省の優位が見られ、とくに1990年代にその差は大きく広がり、1998年には30万人もの差となった。このような差がどのように形成されたかを今少し詳しく検討しよう。

　普通高校は、1980年時点では両省ほぼ同数の就学者を抱えていた(**表4-3**)。その後、両省とも、国の抑制策によって減少・停滞するなど不規則な変化が生じている。しかし、江蘇省の場合、1990年以降に一貫した増加が始まったが、広東省では減少・停滞が1994年まで続き、この結果、1994年時点で、両省の差は10万人ほどとなっている。両省ともそれ以降に大きな増加が見られるが、この差は2000年まで基本的に維持される傾向にある。

　職業関係学校については、1980年の時点で、江蘇省のほうが3万人近く多い就学者があったが、1990年までは広東省のほうが増加の勢いが大きく、その年には、逆に広東省のほうが4万人ほど多い就学者数となっている。しかし、それ以降1998年までは江蘇省のほうが増加の勢いが大きくなり、1998年では江蘇省のほうが21万人ほど多い就学者数となっている。

　以上を要約すると、広東省と比べた場合、江蘇省では、国策であった普通高校の就学者抑制がより弱い程度でなされ、抑制策の緩和に対して早くから反応して増加が始まったこと[11]、また、国策の職業関係学校の就学者促進に関しては、とくに1990年代に入って比較的大きな増加があったことが、両省における後期中等教育就学者数全体の大きな差を作り出してきたのである。

2) 学校数および学校規模

　ここで、後期中等教育の就学者数拡大がどのように行われたかを、学校数という行政施策に関わる観点から簡単に見ておくこととする。**表4-8**は両省における後期中等教育の学校数を示している。その総数に注目すると、両省とも1987年以降には大きな変動は見られない[12]。他方、普通高校・職業関係学校別に見ると、同じ1987年以降、前者は減少し、後者は拡大している。ここから、一般的に中等教育拡大は学校の新設よりも学校定員(学校規模)の拡大によって推進され[13]、また、職業関係学校の拡大は、普通高校の職業関係学校へ

表4-8 江蘇省と広東省の後期中等教育段階の学校数
(校)

年	普通高校		職業高校		専門学校		技工学校		職業関係学校計		後期中等教育総計	
	江蘇省	広東省	江蘇省	広東省	江蘇省	広東省	江蘇省	広東省	江蘇省	広東省	江蘇省	広東省
1978	2942	—	0	—	93	—	53	—	146	—	3088	—
1984	1081	—	166	—	103	—	104	—	373	—	1454	—
1987	1071	1010	335	464	191	227	138	109	664	800	1735	1810
1990	1017	837	371	513	195	224	144	127	710	864	1727	1701
1992	981	822	390	556	195	227	154	145	739	928	1720	1750
1994	967	824	446	517	213	230	166	159	825	906	1792	1730
1996	936	848	440	478	213	247	169	178	822	903	1758	1751
1998	895	900	444	434	218	252	185	190	847	876	1742	1776
2000	—	947	—	408	—	244	—	186	—	838	—	1785

出所:『江蘇四十年 1949-1989』中国統計出版社 1989年、『江蘇省教育事業統計資料彙編』江蘇省教育委員会87年版から各年版、『中国教育(事業)統計年鑑』人民教育出版社各年版、『教育年鑑・地方編』湖南教育出版社 1983年、『広東統計年鑑』中国統計出版社各年版。

の転換を通じて実施されていったことが推察される[14]。

また、両省の学校規模を比較すると、技工学校を例外として、すべての学校で、江蘇省のほうが大きい学校規模を持ち、両省の学校規模の差は開いてきた。これは、中等教育の拡大が江蘇省ではより定員拡大によってなされたことを意味する。

2 後期中等職業教育の学校種類別および専攻別分析

1) 学校種類別就学者数

職業関係学校の中では、1980年には、両省において専門学校が最大の就学者を擁していたが、1980年代の職業関係学校拡大の主役は、職業高校であった。このため、両省とも1984年には職業高校は専門学校と同水準に達し、1987年には職業高校が専門学校を5万人引き離すほどになっている。しかし、1992年以降の専門学校就学者数の拡大は大きく、1994年には再び両校は同水準となり、1998年には専門学校就学者数が職業高校のそれを江蘇省で25万人、広東省で9万人上回っている。

1980年代の職業高校の拡大は、第1章第3節で述べたように、職業高校が基本的に省や市(85年以降は県も含む)の教育部門(年により教育庁・局または教育委員

会)によって、設置・運営されており、国の教育政策をすぐに反映するものであったと考えられる。これに対し、1990年代の専門学校の拡大は、専門学校が省政府の各部門により設置・運営されており、そのため、労働市場の需要とのつながりがより強く[16]、1990年代に増大しつつあった専門的な知識や技術を持った労働力への需要と、それへの人々の対応を反映するものであったことが推測できる。

2) 専門別就学者数割合

続いて、後期中等教育における就学者数の専攻別割合の動向を、専門学校と職業高校について検討しよう[16]。それらは、基本的に、労働力需要への政策当局や個々の学校、そして、生徒達(家族)による反応をよく反映するものと考えられる。

イ) 専門学校

表4-10は、専門学校の各専攻に在学者数とその全在学者数に対する割合を表す[17]。ここでは、この割合に注目し、その値がとくに10％以上のものについて傾向を述べておくこととしよう。

まず、両省において工業科の割合は持続的に増加しており、1998年には江蘇省で47％、広東省で36％に達している。また、医薬科については、江蘇省では1996年以降に極端に減少して5％以下の水準になっているのに対して、広東省ではだいたい15％近くの水準を維持している。財政経済科は、江蘇省では1996年まで18％付近の水準であったが、1998年に12％水準に落ち、1996年以来、広東省では15％付近の水準を維持している。師範学校は、江蘇省では1996年まで減少傾向が見られたが、1998年には同じ13％水準を維持した。広東省では、弱い減少傾向が見られ、1998年には21％となっている。最後に、江蘇省では、管理科が1990年前後より多くの学校で新設され[18]、その結果、1996年以降は「その他」を含めると15％以上を占めるようになっている[19]。

要するに、両省において工業部門の労働力需要への対応があり、それはとくに江蘇省において著しい。また、江蘇省においては、一般的な経済知識を与える財政経済科は近年その人気が相対的に落ち、ホワイトカラー的な実務

表4-10 江蘇省と広東省の専門学校における専門科別就学者数と割合

専攻分類	1988年 江蘇省 在学者数(人)	割合(%)	1988年 広東省 在学者数(人)	割合(%)	1990年 江蘇省 在学者数(人)	割合(%)	1990年 広東省 在学者数(人)	割合(%)
工業科	41,380	32.38	32,886	28.97	52,177	37.29	36,862	29.78
農業科	3,457	2.71	8,269	7.29	5,059	3.62	9,557	7.72
林業科	777	0.61	921	0.81	603	0.43	1,062	0.86
医薬科	21,922	17.16	16,776	14.78	21,248	15.19	17,609	14.23
財政経済科	23,931	18.73	14,936	13.16	26,250	18.76	16,007	12.93
法政科	1,880	1.47	4,850	4.27	1,363	0.97	4,988	4.03
体育科	1,051	0.82	1,777	1.57	1,513	1.08	1,947	1.57
芸術科	2,157	1.69	1,402	1.24	2,526	1.81	1,758	1.42
師範学校	27,977	21.89	30,244	26.65	25,674	18.35	31,654	25.57
その他/管理	3,253	2.55	1,437	1.27	3,491	2.50	2,338	1.89
計	127,785	100.00	113,498	100.00	139,904	100.00	123,782	100.00

専攻分類	1996年 江蘇省 在学者数(人)	割合(%)	1996年 広東省 在学者数(人)	割合(%)	1998年 江蘇省 在学者数(人)	割合(%)	1998年 広東省 在学者数(人)	割合(%)
工業科	168,387	41.08	85,072	34.08	226,058	46.98	100,933	36.16
農業科	7,116	1.74	15,956	6.39	9,490	1.97	16,511	5.91
林業科	767	0.19	1,472	0.59	621	0.13	1,557	0.56
医薬科	19,286	4.71	31,661	12.68	18,601	3.87	35,316	12.65
財政経済科	74,233	18.11	35,243	14.12	56,953	11.84	40,887	14.65
法政科	4,237	1.03	8,632	3.46	5,903	1.23	7,953	2.85
体育科	2,723	0.66	3,765	1.51	3,358	0.70	4,947	1.77
芸術科	14,860	3.63	4,607	1.85	21,354	4.44	5,550	1.99
師範学校	51,844	12.65	57,131	22.88	61,977	12.88	57,713	20.68
その他/管理	66,424	16.21	6,107	2.45	76,824	15.97	7,774	2.78
計	409,877	100.00	249,646	100.00	481,139	100.00	279,141	100.00

注:専攻の分類は原資料による。また、「その他」は1988年と90年、「管理」は1996年と98年の内容を指す。「割合」は専門学校在学者総数に占める割合。また、1988年と90年の広東省の場合はそれぞれ1989年と91年のデータを代用している。
出所:江蘇省教育委員会『江蘇省教育事業統計彙編』1988、90、96、98年版、『広東省統計年鑑』中国統計出版社1990、92、97、99年版。

労働力への需要に対応する管理科が1990年代以降、急速に成長している[20]。

ロ) 職業高校

　職業高校における専攻設置は地域によって大きく異なり、しかも更新の頻

第4章　江蘇省と広東省の教育発展　101

表4-12　江蘇省の職業高校募集人数における農業学校とその他の学校の割合

年	1980	1981	1982	1983	1984
募集総数(万人)	1.02	1.10	2.43	4.07	4.82
農業学校(%)	74.76	38.89	22.08	30.96	19.50
他の学校(%)	25.24	61.11	77.92	69.04	80.50

出所：江蘇省教育委員会編『教育管理信息』10期より算出。

度が非常に速いといわれ、省全体の統計資料や時系列的なデータは存在しない。ただし、江蘇省に関しては、入手した統計データから次の点が明らかである。

まず、省レベルでのデータ(表4-12)によると、農業学校(農業を専門とする職業高校)の募集人員の割合が1980年の75％から1984年の20％へと激減している。1985年以降のデータは見当たらないが、教育委員会での聞き取りによると、農業職業高校は1990年代以降さらに減少し、最近になってごく少数しか残っていず、蘇南地域では、クラスとしては少数設置しているものの、学校としてはほぼなくなったという[21]。

次に、常州市での聞き取りによると、1990年代前半では、市の職業高校において工業科が依然として最も盛んな部門であり、1992年生徒数が75％近く占めていた(表4-13)。しかし、同時に募集定員も減少し始めた。一方、経営・会計やサービス系の学生数と募集定員は工業科と比べればまだ少ないが、上り坂にある[22]。また、職業高校のコースとしては、1990年代初頭までに「コーディネータ」「セールス」「装飾デザイン」「美容」「金融」「国際公認会計」「パイプ工作」「建築管理」などが新設されてきた[23]。これらは、「パイプ工作」を除き、すべてサービス・管理という第3産業に対応したものである。

表4-13　常州市の職業高校専門別生徒数

(人)

	工業科		経済・商業科	
	1992年	1993年	1992年	1993年
常州市全体	6,485	6,092	2,185	2,926
市区	1,541	1,414	391	532
3県(市)	4,944	4,678	—	2,394

注：「3県(市)」は常州市が直轄する武進県と、溧陽市と金壇市。
出所：陳敖大「市場経済下職業教育的特点及評価」常州市職業技術教育学会『常州市職業技術教育学会首届年会資料彙編及優秀論文』1994年3月、pp.101-107の資料により作成。

当局者が「質が悪く、市場需要に対応できない学校には学生が集まりにくく、こうした新生能力のある学校が生き残っている」と述べるように[24]、職業高校の専攻設置も、とくに近年は専門学校と同様に労働需要に対応する傾向を持つものとなってきていることが想像される[25]。その意味で、専門学校の場合の工業科の割合の増大と反対の、職業高校における工業科の割合の減少は、近年の労働市場において、職業高校と専門学校の工業科卒業生が異なって評価されていることを示唆するものである。専門学校は、先の項で述べたように、職業高校に比べさらに職業的な知識や技術を持つ労働力への需要を強く反映するものであったことに対応している。この点は、さらに次章の江蘇省の事例においても確認される。

以上の結果を、本書の主題である江蘇省と広東省における後期中等教育の発展の比較という視点からまとめておこう。1980年代の初めは、他の教育段階をも含め、両省における教育発展に量的な差異はほとんどなかった。しかし、それ以降、江蘇省の後期中等教育の発展は広東のそれを凌駕し始め、1990年代にはその差も顕著なものとなった。そうした差は、江蘇省においては普通高校の停滞からの回復が広東省より早くからなされ、他方、職業関係学校の発展は、1990年代に入ってより大きかったことによってもたらされた。

また、1990年代には、両省とも職業関係学校の中心的な位置を専門学校が占めるようになり、専門学校の中でも専攻別に見た場合、工業科就学者数のシェアーが増大しつつある。とくに江蘇省では、そうした動向はよりダイナミックであり、専門学校就学者数は広東省の1.7倍、専門学校就学者のうち工業科就学者数は2.2倍に達していた (1998年)。専門学校の就学者数やその中での専門別就学者数の動向は、労働需要の動向を反映するものといえるから、江蘇省ではその工業発展が専門学校やその工業科の発展を、広東省に比べより強く引き起こしてきたと考えられよう。

注
1 広東省の1984年以前の就学率は、データの制約のため、計算できない。

2 　呉椿編『蘇南地区教育発展戦略研究』江蘇教育出版社　1994年、p.403。江蘇省では、1970年代末には小学校の学齢児童を労働力にする必要がほとんどの地域でなくなったと見られる。1970年代末〜80年代半ばに、主に農業の労働力需要の増大による全国的な小・中学校の就学の後退が生じたが、江蘇省では就学率が同水準のまま維持された（ただし、木山徹也（「現代中国における教育普及政策の問題点—"流生"の問題及び"読書無用論"を生起させたもの—」『岡崎女子短期大学研究紀要』第23号　1990年3月）によれば、小学校のドロップアウトも地域によっては一時的にあった。しかし、それは直ちに改善されたと見られる）。

3 　該当年齢を超えた生徒のことを指す。「大齢」になる理由は、たいてい就学の遅れや留年と中退復学である。また、1990年代中頃以降、留年制度は基本的に廃止された。

4 　中等教育では、1980年代半ば、江蘇省においても全国と同じように就学率が後退した（阿部洋「"蘇南モデル"下中国農村における教育の普及と向上」『現在中国における教育の普及と向上に関する実証的研究』平成7〜9年度科学研究費補助金研究成果報告書　1998年3月、p.13）。中等教育段階の学齢青少年には、地場産業や家庭副業などでほぼ大人並に稼げる環境があったためである。阿部の同書によれば、江蘇省の無錫県における中学生の中途退学状況は、1986、87、88年で、それぞれ10.0％、7.1％、3.6％となっている。その退学理由（1986年度のみ）は、「郷鎮企業就労」36.9％、「副業に従事」27.8％、「職人になる」15.7％である。

　　また、「文革」期に拡大した中等教育に対する調整・整理が1970年代末から1980年代初頭にかけて行われたことも、この時期の就学率減少の理由となっているであろう。

5 　表中の1984〜87年の就学率の大きな伸びは、全国と同様、それ以前の後退からの反動と考えられる。

6 　江蘇省の中等教育発展において、生徒総数が基本的に増えつつあるにもかかわらず、1人の専任教師が担当する学生数は減ってきていることが特徴的である（**表4-2**）。これには、行政による教育の質改善のための教員増員の努力と、普及が広がっていく中で小規模校（教師1人当たりの生徒数が小さい傾向を持つ）が配置されていったことによる面との双方が働いていることが想像される。広東省に関しては、1990年と1992年を除き、1人の専任教師が担当する学生数も14人台にあり、変化は少ない（**表4-3**）。

7 　大学生が他の省からも来ているため、その数を該当地域の就学率として計算されるのは精確ではないが、該当地域の高等教育発展の一側面が窺える。また、高等教育の就学率はそもそも非常に低く、小さい差にも意味があると考えられよう。

8 　前掲呉椿編（1994）、p.403。

9 　中学校に関しては、省政府では1991年にその普及が基本的に達成されたと発表

表4-2 江蘇省の初等・中等教育における専任教師1人当たり学生数

年	初等教育専任教師担当生徒数(人)	初等教育生徒総数(万人)	中等教育専任教師担当生徒数(人)	中等教育生徒総数(万人)
1978	32.10	868.90	23.70	390.43
1984	26.70	690.56	19.80	300.07
1987	25.10	653.48	17.80	312.71
1990	22.72	612.29	16.14	316.41
1992	21.94	585.01	16.43	335.88
1994	22.86	616.17	16.43	362.86
1996	26.89	687.82	16.31	401.03
1998	26.66	751.82	15.74	406.42
2000	24.86	718.55	11.73	433.97

出所:『江蘇四十年 1949-1989』中国統計出版社 1989年、『江蘇省教育事業統計資料彙編』江蘇省教育委員会1987年版から各年版より算出。

表4-3 広東省初等教育における専任教師1人当たり生徒数

年	初等教育専任教師担当生徒数(人)	初等教育生徒総数(万人)	中等教育専任教師担当生徒数(人)	中等教育生徒総数(万人)
1980	26.61	748.86	—	—
1985	25.04	671.25	—	—
1987	25.23	766.36	14.57	244.12
1990	26.95	747.29	12.12	197.91
1992	27.73	803.98	12.62	220.17
1994	28.19	862.21	14.19	272.72
1996	26.54	897.64	14.74	328.11
1998	26.39	918.02	14.84	364.84
2000	25.54	929.93	14.73	389.00

出所:『中国教育(事業)統計年鑑』人民教育出版社各年版、『教育年鑑・地方編』湖南教育出版社 1983年、『広東統計年鑑』中国統計出版社各年版、『中国教育成就1980-85』人民教育出版社 1986年、p.119。

された(前掲呉椿編(1993)、p.403)。また、1999年の現地調査では、該当人口の8割以上の後期中等教育進学が数年のうちに達成されてしまう勢いが見られた。ここでも、武進市は省全体よりも高い数値が見られている。

10 これは調査地の武進市においても同じである(表4-6)。
11 江蘇省の普通高校の拡大は、全国に先んじたものであり、その普通高校就学率は、それまでの全国平均水準(三大直轄市を含む)を1990年に脱し、1990年代中頃に全国のトップ(三大直轄市を除く)となり、1998年時点では全国平均(三大直轄市を含む)を10%も上回る水準にある(表4-7を参照)。
12 江蘇省における1980年代半ば頃の学校数の増加は、1970年代末から1980年代初頭の学校数の過度な削減に対する調整と見られる。
13 ただし、教師1人当たりの生徒数については、前期と後期を合わせた中等教育全体では、それほど大きな増加はなかったことを前節の注で述べた。

表4-6　江蘇省武進(県)市の後期中等教育の各種学校在学者数

(人)

年	普通高校	職業高校	専門学校	技工学校	職業学校計	後期中等教育計
1984	10,284	1,669	1,300	200	3,169	13,453
1986	11,065	2,722	2,000	360	5,082	16,147
1990	8,344	2,803	2,600	680	6,083	14,427
1992	10,153	5,061	4,199	800	10,060	20,213
1995	11,023	6,153	8,500	2,100	16,753	27,776
1998	14,421	4,430	13,245	3,100	20,775	35,196

出所：『武進五十年』武進統計局　1999年、pp.308-309、常州市教育委員会編『常州市各類教育事業基数統計資料』1984年版から各年版、『江蘇省武進県1990年人口普査資料』中国統計出版社　1992年、p.204、常州市教育委員会と武進市教育委員会での聞き取りより算出。

表4-7　江蘇省の普通高校就学率と全国平均普通高校就学率

(%)

年	1978	1984	1987	1990	1992	1994	1996	1998
江　蘇	31.2	8.2	11.4	14.1	14.5	15.8	23.0	27.3
全国平均		9.3	10.4	11.5	12.1	12.6	15.6	17.8

出所：『江蘇四十年 1949-89』中国統計出版社　1989年、『江蘇省教育事業統計資料彙編』江蘇省教育委員会1987年版から各年版、『教育管理信息』第12期江蘇省教育管理信息中心編　1994年6月、『江蘇統計年鑑』中国統計出版社1985年版から各年版、『人口統計年鑑1993』、pp.207-208、『中国教育事業統計年鑑』人民教育出版社各年版、『中国教育成就1980～85』同　1986年、『中国教育成就1985～90』同　1991年より算出。

14　詳しく見ると、広東省の職業高校の1校当たりの生徒数は1990年から1994年で減少している(**表4-9**)。これは、国策に沿って、普通高校から職業高校への転換が進められた割には、人々の間で人気がなかったことを示唆するものである。

15　江蘇省における1990年までの専門学校学生数には、全体のおよそ5分の1を占める高校卒の再入学者が含まれている(教育委員会の委員の推測値)。それは、専門学校の持つ就職への有利性をよく示すものといえよう。しかし、その数は1990年以降、抑制措置により大幅に減少し、1999年には完全に入学者の募集が中止されたという(1999年11月の江蘇省教育委員会での聞き取り)。理由は個人にとっても卒業後他の専門学校卒業生と同等の待遇しか与えられていず、重複教育をするのが浪費であり、メリットがないということである。仮に、こうした抑制がなければ、1990年代以降の専門学校就学者数の拡大は、さらに大きいであろう。

16　技工学校は基本的に技術労働者を養成するところであるため、基本的に工業科のみである。

17　江蘇省では、1990年前後に、普通専門学校に設置された各種コースは200以上に達している（江蘇省教育管理信息センター『'91江蘇教育統計分析』(非公刊)、p.154）。ただし、それらの詳細に関するデータは揃わないため、ここでは大分類である専攻を単位として分析する。

表4-9 江蘇省と広東省の後期中等教育段階における1校当たり学生数

(人)

	普通高校		職業高校		専門学校		技工学校		職業関係学校計		後期中等教育総計	
	江蘇省	広東省	江蘇省	広東省	江蘇省	広東省	江蘇省	広東省	江蘇省	広東省	江蘇省	広東省
1978	346	—	0	—	413	—	140	—	314	—	345	—
1984	393	—	360	—	696	—	185	—	404	—	396	—
1987	434	407	479	397	615	411	272	241	475	380	450	395
1990	401	432	419	413	717	540	344	411	486	445	436	439
1992	436	424	507	355	766	576	425	454	558	425	489	424
1994	453	421	546	344	1,160	754	552	602	705	494	569	459
1996	578	532	588	393	1,924	1,011	629	690	943	621	748	578
1998	775	656	516	435	2,207	1,108	603	763	970	700	870	678
2000	—	766	—	513	—	1053	—	831	—	741	—	754

出所:『江蘇四十年 1949-1989』中国統計出版社 1989年、『江蘇省教育事業統計資料彙編』江蘇省教育委員会1987年版から各年版、『中国教育(事業)統計年鑑』人民教育出版社各年版、『教育年鑑・地方編』湖南教育出版社 1983年、『広東統計年鑑』中国統計出版社各年版。

表4-11 常州軽工業学校の専門・専攻コース設置の変遷

1980年の専攻コース	1985年に増設した専攻コース	1993年に増設する専攻コース
工業科 軽工業機械製造、工業電気自動化、プラスチック模型と設備	工業科 模型設計と製造、電気機械、皮革加工、計量 管理科 企業管理、文書・秘書 経営科 国際貿易	工業科 高分子加工、家電、オフィス自動化(化学工業工芸と分析、パルプ製紙、食品加工技術) 管理科 国際文書・秘書、企業管理

注:( )内は新設検討中の専攻コース。
出所:王栄生他「改革専業結構、建立適応機制」常州市職業技術教育学会『常州市職業技編術教育学会首届年会資料彙』 1994年3月、pp.21-27より作成。

18 1999年11月の江蘇省教育委員会職業教育科での聞き取り。

19 管理科とは、マネジメント関連の各種コースが含まれる。一般の企業管理や社員管理、1990年代以来の流行りのホテル管理、文書秘書、財務管理、オフィス自動化管理などの新設と増設も学生数急増の理由である。

20 このような動向を、個別的な学校レベルで示す資料として、常州軽工業学校の専攻設置の変遷に関するものがある。表4-11は該当学校1980年以降10数年間の専門・専攻設置の変化を示している。まず、当校は工業学校として、工業類の多くの専攻コースを新設し続けてきたが、さらに第3次産業に属する専攻コースも設けるようになった。こうしたコースの増設・新設の理由は、省が配布した統一計画を完成するとともに、社会的な需要に応じて社会が欠けている専門人材を育

てることだとされている (王栄生他「改革専業結構、建立適応機制」常州市職業技術教育学会『常州市職業技編術教育学会首届年会資料彙及優秀論文』 1994年3月、p.23)
21 1999年11月の常州市教育委員会での聞き取り。
22 陳敖大 (当時常州市教育委員会職業教育科係長) による。部分的であるが、こうした動向を**表4-13**が反映している。
23 陳敖大「市場経済下職業教育的特点及評価」常州市職業技術教育学会『常州市職業技術教育学会首届年会資料彙編及優秀論文』 1994年3月、pp.101-107。
24 1999年11月の常州市教育委員会での聞き取り。
25 1980年代の農業高校の激減は、そもそも農業高校の設置が国策としての職業高校の設置が優先されたが、実際には農業に関する専門的知識を持った労働力に対する需要は少なかった可能性を示唆するものである。したがって、現実の募集数や就学者数はつねに需要の存在を意味しているとは限らないが、それらの動向はだいたいにおいて需要の動向を反映すると考えてよいだろう。

第5章　江蘇省と広東省における企業の労働力の需要と調達

　江蘇省の郷鎮企業を中心とした内発的経済発展では、その技術・管理労働力が緊要なものとして求められた結果、その需要の充足は、地元での人材の調達・養成という方向によって解決が試みられてきた。これに対して、広東省の外資系企業を中心とした外発的経済発展では、同じく強い技術・管理労働力需要を発生させながらも、企業は必要人材を省外から調達するという行動をとった。本章では、両省における①省・市レベルのマクロデータ、②江蘇省武進市Ｌ郷の企業調査を中心とするデータ、③広東省深圳市SH鎮での政府および企業調査データの分析によって、このことが明らかにされるとともに、こうした企業行動の差が、後期中等教育の発展の差異をもたらす重要な一因となったことが論じられる。

第1節　両省における労働力の需要と供給

1　労働力需要の動向——労働力構造の変化——

　表5-1は、1980年以降の江蘇省と広東省における人口と労働者数を示すものである。労働者数に注目すると、その増加率が江蘇省では、1980年代は前半およそ16％、後半9％と高い水準であったが、90年代に入ると、その前半2％と急速に低くなり、その後半では、労働者数は減少すらしている。他方、広東省では、5年間ごとの増加率がおよそ15％、14％、14％、9％と高い水準を維持している。これは、両省とも経済発展の初期には、労働力として多用

表5-1 江蘇省と広東省の人口・労働力規模の推移

年	常住人口と増加率				総労働者数と増加率			
	江蘇省		広東省		江蘇省		広東省	
	(万人)	(%)	(万人)	(%)	(万人)	(%)	(万人)	(%)
1980	5,938.19		5,230.00		2,821.03		2,367.78	
1985	6,213.48	4.6	5,670.65	8.4	3,262.97	15.7	2,731.11	15.3
1990	6,766.90	8.9	6,346.22	11.9	3,569.13	9.4	3,118.10	14.2
1995	7,066.02	4.4	6,867.77	8.2	3,649.69	2.3	3,551.20	13.9
2000	7,327.24	3.7	7,706.80	12.2	3,504.87	-4.0	3,861.00	8.7

注:通常、総人口には①正規戸籍地に定住(常住ともいう)した人口、②戸籍地ではない場所に1年(2000年センサスでは半年)以上常住した人口(常住人口として見なされる)、③戸籍地から離れて1年(2000年センサスでは半年)以内の人口が含まれ、ここでいう「常住人口」は①②を指す。また、総労働力者数は各企業・部門の登録による統計(総人口の③に入る労働者も含む)であり、センサスによる労働力統計とも違う。
出所:『江蘇統計年鑑2001』中国統計出版社 2001年、p.58とp.63、『広東統計年鑑2001』同、p.151とp.161、『中国統計年鑑2001』同、p.109。

表5-2 江蘇省と広東省の産業別労働力構成

(%)

年	第1次産業			第2次産業			第3次産業		
	江蘇省	広東省	全国平均	江蘇省	広東省	全国平均	江蘇省	広東省	全国平均
1978	69.7	73.7	70.5	19.6	13.7	17.4	10.7	12.6	12.1
1980	70.4	70.7	68.7	19.4	17.1	18.2	10.2	12.2	13.1
1985	53.2	60.3	62.4	32.7	22.5	20.9	14.1	17.2	16.7
1990	48.9	53.0	60.0	33.8	27.2	21.4	17.3	19.8	18.6
1995	42.9	41.5	52.2	34.8	33.8	23.0	22.3	24.7	24.8
1998	42.1	41.1	49.8	32.2	32.1	23.5	25.7	26.8	26.7

出所:『江蘇統計年鑑1999』中国統計出版社 1999年、p.64、『広東年鑑1999』同、p.144、『広東年鑑1990』同 1990年、p.94とp.132、『中国統計年鑑1999』同 1999年、p.94より算出。

する発展方式が取られていたが、広東省では、1990年代に入っても同じ方式が続いたのに対し、江蘇省では、労働力として多用しない方向への転換、いわゆるより資本集約的な方向への産業の高度化が進められたことを示唆している。

このことをとくに、第2次産業労働力に絞って、確認しよう。表5-2は、各省の第2次(および第1次)産業従事労働力の割合を示したものである。

江蘇省では、1980年代の前半にその増大が目立つ。この時期は、労働力全体の増加率も高かったから、第2次産業労働力の増加は、きわめて強い勢いで進んだことが分かる。さらに、80年代後半以降は、割合はほぼ一定水準であるから、この時期以降は、労働力全体の増加率と同様の水準で、第2次産

業労働力者数は推移した。すなわち、1980年代後半も、前半と同様に、労働力は増加を続けたが、1990年代に入るとその勢いは弱まり、後半には減少していくのである。

これに対し、広東省では、第2次産業労働力は一貫して増加の勢いを見せてきた。すなわち、それは1980年代以降、90年代中頃まで続けて高い増加率を保持している。その後は漸次減少していく。

こうして、両省の第2次産業労働力の割合は、1980年代初めにはほぼ同水準であったが、江蘇省の割合のほうがその中頃を頂点にして10パーセントほど大きくなっていき、またその後その差は減少して、1990年代後半には、ほぼ同水準に戻っている。このことと、両省が同様の経済発展水準を見せてきたことを考慮すると、江蘇省では、1980年代には、より労働力を多用する方向での経済発展を行ってきたこと、しかし、その方向は転換が行われ、1990年代後半には、広東省と同様の労働力使用水準となったことが推定できる。

他方、90年代の第2次産業労働力割合の伸びの鈍化と減少は、労働力の第3次産業への移動が一要因であると見ることもできる。それは、とくに、労働者総数の増加率がなお高く保たれた広東省についていえることである。第3次産業は、第3章でも触れたように主に低学歴労働力を必要としている。

ここまでは、第2次産業の労働力の需要を見てきたが、それを質的水準別・学歴別に見た場合、どのようなことがいえるであろうか。利用できるデータは1990年代のもののみであり、それを**表5-3**に示す。また、データは統計年鑑からとってきているが、1990年のデータソースはセンサスであり、1996年以降はサンプリング調査によっており、異なる年の間の比較可能性には疑問がある[1]。

しかし、各年内での2つの省の比較は、より一貫性を示しており、比較的問題が少ないと思われる。「江－広」の欄に注目すればわかるように、いずれの年においても江蘇省では、広東省より教育を受けていない者の割合が高く、学歴が小学校の者の割合は低い。中学校については、符号が一定でなく、どちらの省がより高い割合にあるかは推定も難しい。また、高校・短大以上については、1996年を除けば、江蘇省のほうが広東省より低い割合を示してお

表5-3 江蘇省と広東省の学歴別労働力構成

(%)

		無教育	小学校	中学校	高校	短大以上
1990年	江蘇省	16.66	34.71	35.19	11.62	1.82
	広東省	8.38	42.25	34.13	13.32	1.91
	全国	16.92	37.83	32.31	11.07	1.87
	江-広	+8.28	-7.54	+1.06	-1.70	-0.09
1996年	江蘇省	13.40	30.20	40.10	12.80	3.50
	広東省	7.30	39.10	41.80	10.00	1.90
	全国	13.00	35.30	37.50	11.30	2.80
	江-広	+6.10	-8.90	-1.70	+2.80	+1.60
1997年	江蘇省	13.70	29.40	41.10	13.20	2.60
	広東省	4.60	35.70	39.80	14.90	5.10
	全国	11.60	34.80	37.90	12.10	3.50
	江-広	+9.10	-6.30	+1.30	-1.70	-2.50
1998年	江蘇省	14.80	28.00	39.00	14.30	3.90
	広東省	4.00	34.00	42.40	14.50	5.10
	全国	11.50	34.20	38.90	11.90	3.50
	江-広	+10.80	-6.00	-3.40	-0.20	-1.20

注:「江-広」は江蘇省の該当学歴の割合から広東省のそれを引くものである。
出所:『中国統計年鑑』中国統計出版社1993、1997、1998、1999年版、それぞれp.88、p.135、p.171、p.170。

り、そのように推定するのがより自然だろう。つまり、その差はおそらく高校・短大以上に関して、ともに1、2パーセント程度のものと考えられるが、1990年代においては、江蘇省より広東省の方が、高校・短大以上の学歴を持つ質の高い労働力に対するより高い需要を持っていたと推定される。

以上、両省における労働力需要を見てきたが、とくに、1990年代の高校以上の学歴の労働力に対する需要が江蘇省より広東省の方が高かったという推定は、先に見たこの時期の両省の教育発展のあり方と矛盾するように見える。この問題を解決するには、両省で需要された労働力がどのように調達されたかを検討する必要がある。そのため、次節では、まず両省への労働力の流入状況を検討する。

2 省外からの労働力調達——流入人口と流入労働力の利用——

以下では、両省の経済発展の過程で急速に拡大した労働力需要が満たされ

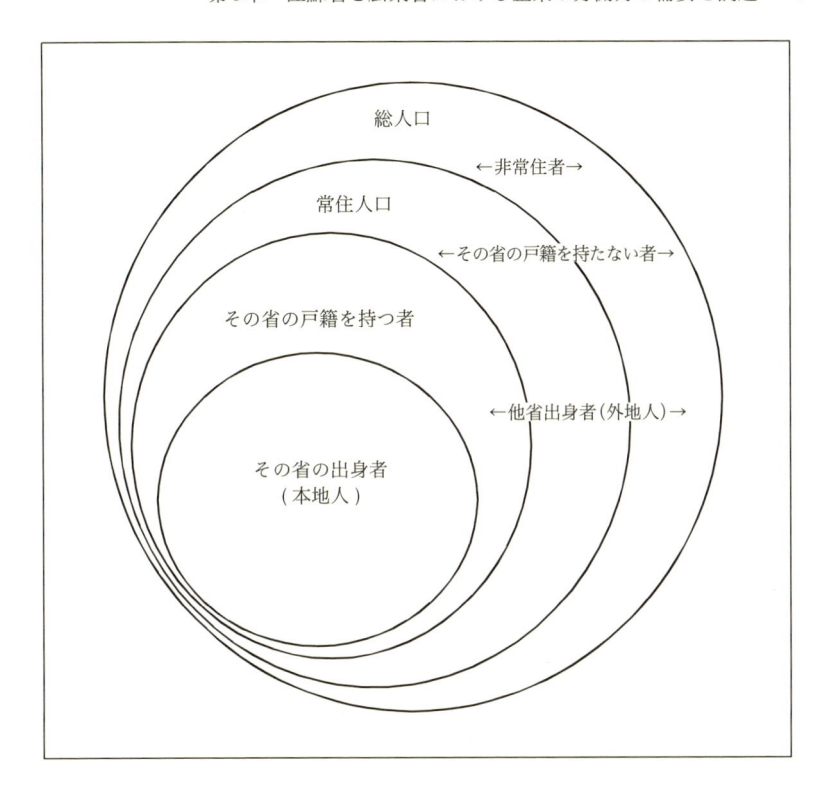

第5章　江蘇省と広東省における企業の労働力の需要と調達　113

図5-1　中国の省人口の統計カテゴリー概念図

出所：筆者作成。

る際に、省内からの供給に加え、省外からの供給がどの程度あったかを、先に掲げた表5-1と表5-2に戻って、議論する。

　ややテクニカルな推論になるので、ここで用いられる人口概念の各カテゴリーを簡単に説明しておこう（図5-1）。「総人口」は、「常住人口（その省の戸籍[2]を持つ人口およびそこに戸籍を持たず1年[3]以上在住する人口）と「非常住人口（その省の戸籍を持たず、かつ1年より短期に在住する人口）」からなる。あるいは、「総人口」は、「その省の戸籍を持つ者」と「その省の戸籍を持たない者」からなるということも、「地元出身者」と「外地出身者」からなるということもできる。外地出身者は、「非常住人口」「その省に戸籍を持たず1年以上在住する者」「その省の戸籍

に切り替えた外地出身者」からなる。戸籍の切り替えの可能性を持つ者は、都市戸籍を有する者のみであり、それは、他省からやってきたホワイトカラー・専門職・中級以上の技術者などとその家族によって占められる。この切り替えの可能性を有する者の多くは、実際に切り替えを行うと考えられる[4]。したがって、他方、「その省に戸籍を持たず1年以上在住する者」と「非常住人口」に注目すると、そこでは、外地人の農村戸籍者、すなわち他の省から流入してきた単純労働力とその家族が大部分を占めていると考えられる。

まず、**表5-1**の常住人口に注目しよう。その増加は、人口学でいう省内人口の「自然増」によるものと、外地出身者(1年以上滞在する者とその省の戸籍への切り替えた者)の流入がもたらした「社会増」によるものと考えてよい[5]。人口の5年ごとの自然増は、江蘇省で4.5%前後、広東省で7.5%前後なので[6]、これらの比率を超える江蘇省の1980年代後半、広東省のこの表のすべての時期において、外地出身者の流入があったものと推定される。

次に、労働力データを見よう。ここでの「労働力」は、当然非労働力人口は含まれないが、上記のカテゴリーでいうと、「総人口」に対応するものであり、そこには非常住者も含まれている。したがって、労働力の増加には、非常住者に起因する「社会増」も含まれる。また、労働力の増加は、産業の発展による省内人口の労働力参加率が高まることによっても生じる。1984年に人口移動の規制緩和が行われた。そこで、それ以前では人口移動があまり生じていないとすると、1980年代前半の労働力の大きな増大は、両省とも、省内人口の労働力参加率の増大が重要であったと推定される。そして、1980年代後半以降については、人口移動の影響を考える必要がある。

その際、まず、広東省について見ると、1980年代後半以降、高い労働力の増加が続いており、省外からの非常住労働力の流入の重要性も増加してきたと考えられる。したがって、定住人口に関して行った推論と合わせれば、この省では、1980年代以降、外地出身の労働力全体(常住および非常住)の重要性が増大してきたと推論される[7]。

他方、江蘇省について見ると、まず1980年代後半は、同様に省外からの非

常住流入労働力の重要性が増大していったと考えられ、定住人口に関する推論と合わせ、外地出身の労働力全体の重要性が増大してきたと推論できる[8]。

ただし、江蘇省では、1990年代前半には、その労働力増加は人口増より低い水準にあり、また、1990年代後半には労働力は減少すらしていた。したがって、これらの時期の省外からの非常住労働力流入の重要性の増減はこれらのデータだけからは判別できない[9]。

そこで、工業先進地である調査地、武進市の人口データを見よう（表5-5）。ここでは、1990年以来の8年間に、武進市戸籍以外の居住者は2.58％から9.89％に(約9万人)増加している[10]。市当局によれば、その9割以上が他の省の者である[11]。したがって、1990年代以降も、他の省出身で江蘇省戸籍を持たない者(1年以上居住する者および非常住人口)が増大しつつあると推定される。

武進市のような工業発展を牽引する地域の労働力需要の動向が、江蘇省全体の労働力の動向を規定する要因となっているとすれば、江蘇省において、1980年代後半に引き続き1990年代も、省外からの単純労働力の流入が続いていると推論することが許されよう。

以上、両省において、1980年代の後半以降、省外からの労働力流入がその重要性を増大させてきたと要約することができる。このような流入労働力(常住および非常住の労働力)の多くは、一般的に、農村戸籍の単純労働力によって占められることはすでに述べた。

しかし、他方、入手可能なマクロデータにもとづく、ここで行ったような推論からは、技術者などの高学歴労働力者（都市戸籍者）が流入労働力の中にどの程度含まれていたか、あるいは含まれていなかったか、時期によってそれがどう変化したか等を知ることは困難である。次節で、郷レベルの調査データにもとづいて、この問題を扱うことになるが、その前に、両省での経済発展の過程において、技術者などの労働需要が非常に高いものであったこ

表5-5 武進市の人口構成

年	1990	1998
総人口(万人)	128.85	120.82
外地人数(万人)	3.33	11.95
外地人割合(%)	2.58	9.89

出所：『武進県人口普査資料1990』中国統計出版社1992年、p.7、『武進五十年』武進市統計局1999年、p.29、および、武進市委員会郷鎮企業弁公室での聞き取りより算出。

とを見ておこう。

3 中級技術者・中級管理者の需要——江蘇省の職業関係学校卒業生の就職状況を中心に——

　両省の工業発展の過程において、中級技術者、管理者の労働力の調達は重要な位置を占めていた。例えば、江蘇省の郷鎮企業労働力に関するある研究によれば、江蘇省では、およそ55％も占める中卒の郷鎮企業従業員は過剰状態にあるのに対し[12]、「最も不足している労働力が高卒レベル」とされており、そのため企業内における「従業員の学歴による賃金の格差が相当に大きい」[13]と指摘されている。こうした中級技術者・管理者の重要性は、その量的拡大や職業関係学校卒業生の就職状況、また、賃金の問題や雇用主側の意識などの各側面から確認することができる。

　次節でも、インタビュー調査のデータにもとづきこれらについての検討を行うが、ここでは、中級レベル労働力の量的拡大に簡単に触れた上で、職業関係学校卒業生の就職状況を若干詳しく見ておくこととする。

　まず、中級技術者・管理者の量的拡大を見るために、両省の学歴別農村労働力数を検証しよう(表5-6)[14]。基本的に中級技術者・管理者に対応すると考えられる「後期中等教育」卒業者は、1990年から2000年の間に両省とも100万人以上増加しており、増加率も約50％にのぼっている。数と率の双方を考慮すると、このような増加は他の学歴の労働力に比して、企業が「後期中等教育」卒に対して強い需要を示してきたことを反映するものと考えてよいだろう[15]。

　続いて、職業関係学校の卒業生の就職状況を、データのある江蘇省武進県について見よう。武進県における後期中等職業教育関係学校全体の卒業生の追跡データによると、1993年時点で、1988年までの卒業生の90％以上が、県・郷および村の企業に就職しており、その他は、兵役に応じた者あるいは自営業従事者となっている[16]。このように、後期中等職業教育関係学校の卒業生の就職率は、平均すれば非常に高く、卒業時すぐに就職できないものも

表5-6 江蘇省と広東省の学歴別農村労働力
(万人)

		無教育	小学校	中学校	後期中等教育	短大以上
1990年	江蘇省	641.82	886.51	1023.07	228.53	7.25
	広東省	325.15	1047.75	778.14	209.36	2.60
	蘇−広	316.67	-161.24	244.94	19.16	4.65
1992年	江蘇省	504.59	920.64	1102.47	266.44	7.56
	広東省	241.92	1055.41	891.44	245.34	2.19
	蘇−広	262.66	-134.77	211.03	21.11	5.37
1994年	江蘇省	413.77	873.46	1182.61	301.91	10.85
	広東省	207.68	1021.67	977.05	282.22	4.49
	蘇−広	206.10	-148.21	205.56	19.69	6.36
1996年	江蘇省	260.40	842.72	1326.01	317.23	12.14
	広東省	160.58	967.82	1128.40	282.93	9.18
	蘇−広	99.82	-125.10	197.61	34.30	2.96
1998年	江蘇省	180.30	825.97	1376.16	337.88	15.32
	広東省	133.22	914.93	1246.94	325.95	11.85
	蘇−広	47.07	-88.96	129.22	11.93	3.47
2000年	江蘇省	174.99	776.03	1385.40	332.51	19.35
	広東省	119.20	921.03	1363.58	337.28	16.15
	蘇−広	55.79	-145.01	21.81	-4.77	3.20

出所:『中国農村統計年鑑』中国統計出版社1991、93、95、97、99、2001年版、それぞれ p.239、245、p.233、242、p.64、68、p.48、52、p.42、46、p.30、33より算出。

いるが、卒業後1年以内に全体の就職率は9割台に達していたという[17]。

　さらに詳しく学校種類別に見ると、とくに就職率が高いのは専門学校と技工学校で[18]、職業高校の場合、年度と専門によって低いことがあったとされる。このような差は、工業化が進展していく過程でとくに需要が高かったのが、一定水準以上(いわゆる「中級」)の技術水準や職業的知識を持った労働力であったことによろう。職業高校卒業生は、基本的にはこのような水準に満たない(あるいは、このような水準に達するのにさらなる時間や教育投資がかかる)者とされ、専門学校や技術学校の卒業生が水準に合う者として選好されたのである。これらの学校の卒業生間に見られる評価の差異は、就職後の職階の差に如実に顕れている。武進県の職業高校卒業生に関するデータでは、5年以上勤務者中3～5割が中級技術・管理職であった(表5-8)。これに対して、常州紡績学校の卒業生はほとんどが中級技術・管理職以上の地位にあった(表5-9)。

表5-8 武進県職業高校1988年までの卒業生の職階(1993年)

専攻	卒業生数(人)	中級職階	人数(人)	中級職階割合(%)
機械	401	工場中級技術・管理職、ライン長以上	128	32
建築	395	工程技術隊長、郷政府建築業管理幹部	198	50
会計	495	郷・鎮・村企業主任会計	182	39

出所:何志清「直面市場経済、加快職教発展」常州市職業技術教育学会『常州市職業技編術教育学会首届年会資料彙及優秀論文』1994年、pp.48-52。

表5-9 常州紡績工業学校、1980～90年の卒業生の現職(1991年)

現職分類	割合(%)
第一線技術・管理・設計担当*	85.5
中堅管理職	13.5
トップ管理職	1.0

注:*初級・中級・高級各レベルを含むが、初級は少数。
出所:常州紡績工業学校「主動適応社会需要、為企業培養合格人材」李歩闘編『経済発達地区職業教育研究』江蘇教育出版社 1991年、pp.275-286。

　職業高校卒業生が要求される技術、管理能力の水準に見合うかどうかについての評価は、1990年代にはさらに低くなっていったと推定される。例えば、武進県L郷のL郷中学校の高校部(職業高校に当たる課程)では、1983～88年の間に水産養殖コースと機械コースの生徒を募集していた。そして、1992年の時点では、その機械専攻の卒業生はすべて郷・鎮・村の機械関連企業に入って現場の技能労働者や技術労働者となり、その一方で、水産専攻卒業生の延べ87人中62人は水産養殖の自営業を営んでいた[19]。しかし、こうしたコースは、1988年を最後とし、それ以降は学生の募集を行っていない。水産コースでは水産業労働力への需要減少の影響を受ける一方、機械コースではより高度な機械専門知識・技術を持つ労働力への需要に対応できなかったからである。

　このように、一般的に江蘇省における工業化の先進地域である武進県では、職業教育を受けた労働力への需要が高く、それに応えるべく卒業生の供給がなされた。とくに、中級以上の技術や職業的知識を持つとされる専門学校および技術学校の卒業生については強い需要があり、供給が追いつかないほどであったと推測される。

このような強い需要の存在は、江蘇省の郷鎮企業の発展にともなうものであったことは、卒業生の就職先の地理的特性という点からも指摘できる。すなわち、1980年代までは、非都市地域の職業関係学校卒業生は郷鎮企業に就職し、都市部の卒業生は都市企業に就職していたが、1990年代以降になると、都市部の学校の卒業生も郷鎮企業の立地する非都市地域へも吸収されていくようになってきた[20]。郷鎮企業の発展は、よりよい仕事環境と待遇、そして優良企業としてのイメージをもたらし、一部の都市戸籍の専門学校卒業生をも惹きつけ始めた一方で[21]、農村戸籍の生徒を受け入れる専門学校の拡大も、その卒業生の郷鎮企業への就職を促進するものとなった[22]。

　広東省についてはデータが入手できず実証的な議論ができない。しかし、以上の検討から、そこでも江蘇省と同様に、工業発展の担い手として、中級技術者・管理者レベルの労働力を強く需要する企業にとって、省内の職業関係学校の卒業生がその重要な調達源であったと推測するのは自然なものといえよう[23]。ただし、広東省においては、経済発展を牽引する外資系企業が同時に省外からの人材調達というオプションをも併せ持っていたため、省内における人材養成を行う職業教育の発展を求める圧力は、相対的に弱いものとなったと考えられることはすでに述べた。

　以下、次節において、郷レベルや企業レベルまで下りて、これまで推測にとどまった点などの実証に努めつつ、両省における労働力需要とその調達の実態を明らかにしていこう。

第2節　江蘇省の郷鎮企業の労働力の調達と養成
――S公司の事例を中心として――

　江蘇省では、1980年代に郷鎮企業による発展が始まった当初から、中等技術・管理人材がきわめて欠乏していた[24]。この欠乏の基本的な理由としては、当時の中国では技術・管理人材が普遍的に欠けていたことの他、郷鎮企業を擁する非都市部が、もともと内部にはそれらの人材を欠き、しかし外部から

表5-10　江蘇省と広東省における雇用者平均賃金(年収)

(元)

年	江蘇省		広東省	
	省平均	常州市平均	省平均	深圳市平均
1980	667	—	789	—
1985	1,135	—	1,393	—
1990	2,129	—	2,929	—
1991	2,302	2,423	3,358	5,014

出所:『江蘇統計年鑑1993』中国統計出版社　1993年、p.87 と p.95、『広東統計年鑑1992』同　1992年、p.390 と p.399。

人材を調達することは困難であったことによる。すなわち、合法化される1984年までは、郷鎮企業は非合法な組織として批判され抑制された存在であり、また、その後も経済的ないし地理的な理由で、少なくとも1990年代前期までは、専門学校の新卒でさえ就職したがらなかった。経済的な面を見ると、省外の人材を惹きつけられる給料を提供していなかったし(**表5-10**を参照)、また、省内の高学歴者にとっても非都市部のポストは、江蘇省内の都市部のポストに比べて魅力的ではなかった。

人材調達の窮地に陥った企業は、郷鎮政府とともに「永久ブランド」の人材(長期的に地元に貢献できる人材)を地域内で養成する方針を打ち出すのである。

ここでは、江蘇省の内発的発展を担ってきた企業による、このような中等技術・管理人材の調達、あるいはそうした人材の育成がどのようなものであったか、同省武進市L郷の優良企業であるS電子集団公司(以下S公司)の場合について見よう。S公司は、電子関係部品の製造から組み立てを行っており、本社雇用者数約2,800人の規模を持つ[25]。以下はその人事課幹部とのインタビューデータにもとづくものである[26]。

1　S公司発展の概略

1976年に地元の需要に応じて、L郷[27]政府は、従業員十数人の船修理の「社隊企業」[28]を興した。これがS公司の前身である。企業のまとめ役はそれまで大工であったが、彼の学歴は当時では抜きん出たものである高卒であった[29]。従業員の中で高卒相当の学歴を持つ者は2人のみであった。企業は、当初木製の船の修理を行っていたが、まもなく、コンクリート船の普及とともにそ

の修理へと変わっていった。また、そのコンクリート船は手動からエンジンを使うものに変化してきたため、エンジンの修理も業務に加えられていった。この過程で従業員たちは対応する専門知識や技術を勉強し、応用していた。また、個別の難問に対しては、造船工場などから「師傅」(技術のある労働者や技術者に対する敬称)を招いて解決していた。

1980年代の初頭、中国ではラジカセが市場に出始め、ブームになりつつあった。工場はこうした市場の流れを見込んで、1983年前後ラジカセ生産工場に変身した。最初は、部品を購入して組み立てていたが、まもなく、外観のデザインから内部設計まで、自社で行い、自社名による生産を始めた。S公司が電気・電子製品製造の道を歩みだしたのは、それからであった。その後、多くの大企業や海外の有名企業(日本のソニー、東芝、松下を含む)から技術を学び、設備を更新し、市場の需要に応じて次々に国内市場向けの新製品を出してきた。同時に生産領域も広がり、製品種類も多様になった。

1990年代に入ってから、企業としての輸出入許可も得、東南アジア、南アメリカ、北アメリカに進出した。1990年代半ば以降、品質の良さや値段の手ごろさ、また、フターサービスの良さといった点で、全国的な電気製品ブランドの名声を獲得するにいたった。

主な製品は、デジタル・ステレオ、VCD、DVD、TV、エアコン、全自動洗濯機などとなっている。なかでもステレオの生産量は1993年以来5年連続国内1位、VCDは1995年以来販売量の1位を保持しており、DVDは中国国内だけではなく、国際的にも生産量の上位5位以内のレベルにある(1999年現在まで)。

S公司は外国資本を利用しなかった。そのため、経営や管理、また、企業の発展や地元との関係などにおいては、外資による束縛がなかった。しかし、外資の参入によるメリット、例えば、より豊富な資金、海外における販売ルートや先進的な技術・管理に関するノウハウの直接な指導ないし獲得などは享受できないわけである。ところが、「だからこそ私たちは、自分の力でそれらのものを獲得しなければならなかったのです。そして市場競争の戦いの中で私たちは強くなり、大きくなったのです」とS公司の総裁はいう[30]。

S公司の発展史は、内発的な農村工業の発展の縮図といえるが、そうした

発展の核となった郷鎮企業の自主的かつ自立的な経営方針は次の言葉に集約されよう。「私たちにとって重要だったのは、自分の目で見たことを、自分の頭で思考し、選択し、そして自社ブランドで市場に出したことです」[31]。

2 S公司の人事の現状

S公司の現行の人事管理制度をまとめた表5-11に明らかであるが、S公司の社員の採用、待遇、人事において、学歴や学歴によって決まる職種や職階が以下のように重要性を持つ。

まず採用に関しては、単純労働者を除いて高卒以上であることが要件として明記されている。雇用の期間・身分・待遇等を基本的に規定する制度とし

表5-11 S公司の労働人事管理

①採用	
労働者	採用の主な条件：地元者ではない(安徽省等から集めてくる)＋22才以下＋中卒以上
技術者、管理者	採用試験：ペーパー試験＋書類審査 採用の主な条件：高卒、短大、大学 採用試験：卒業成績(特に高卒)＋書類審査＋面接試験
②人事制度—契約制／入れ替え制／終身雇用性	
労働者	1年契約制＋(20代後半より)入れ替え制
技術者	1年契約制、2年契約制、3年契約制
管理者	1年契約制、2年契約制、3年契約制
中核的技術者	終身雇用制
社長、副社長	郷政府との契約制
③賃金上げ条件	
労働者	仕事評価＋勤続年数
技術者	仕事評価＋学歴・資格＋職階＋勤続年数
管理者	仕事評価＋学歴・資格＋職階＋勤続年数
④主な訓練・教育	
労働者	新規採用者の社内訓練(延べ2ヵ月)＋OJT
技術者	他の企業での訓練・研修、高等教育機関での専門教育、外国企業での訓練・研修
管理者	他の企業での訓練・研修、高等教育機関での専門教育、政府による講習

注：「中核的技術者」は技術の面において企業から頼られる存在の技術者を指す。表中の「＋」は「且つ」、「、」は「または」を表す。また、すべての者には健康診断が必要。
出所：1994年および1999年のS公司での聞き取りによる。

て、単純労働者には「入れ替え制」[32]、技術者・管理者には「契約制」[33]と中核技術者には「終身雇用制」が適用されている。

賃金も上の**表5-11**が示すように、学歴や職業・職階などが考慮されて決まるが、その実態は**表5-12**に示される。エンジニアや技術者一般や中間管理職は、単純労働者と比べれば2～3倍の収入を得ており、企業にとっての技術的能力・知識・管理能力を持つ人材の重要性を反映している。また、技術者や管理者に与えられる訓練や教育の機会は質的にも量的にも単純労働者と比べものにならない。

表5-12　S公司従業員の年収（1999年）　　(元)

単純労働者	8,000～13,000
技術労働者	12,000～18,000
技術者一般*	15,000～28,000
エンジニア*	28,000～43,000
初級管理職	13,000～20,000
中堅管理職*	28,000～43,000
トップ管理職	―

注：これは各職階における収入の上下ラインを示すものである。同じ職階にも学歴、経験、能力、仕事達成度、勤続年数によって収入格差がある。また、これらの収入には特別貢献者に対する奨励金は含まれていない。
＊はすべて高卒以上の学歴を持つ。
出所：1999年のS公司での聞き取りによる。

そこで、さまざまな後期中等教育機関の卒業者が、それぞれどのように扱われているのか、少し詳しく見よう。

まず、企業幹部は各種学校の卒業生を異なった評価や期待の上で採用している。**表5-13**はこれを示している。おおよそ専門学校、技工学校、普通高校、職業高校の順で専門学校卒の評価が最も高い。幹部によれば、この評価の順に給料、研修機会、職種などに、当初から差がつけられる。**表5-14**は入社7年後のこれらの学校種別の職階を示すものである。専門学校卒は技術者だけではなく、管理者にもなっている。技工学校卒はほとんど技術労働者となっている。職業高校卒は過半数が技術労働者、4分の1は技術者、残る4分

表5-13　S公司幹部による後期中等教育卒業者への期待度

	職業高校卒		専門学校卒		技工学校卒		普通学校卒	
期待	94年	99年	94年	99年	94年	99年	94年	99年
即戦力	○	△	○	△	○	○	×	×
専門能力	△	△	○	○	○	○	×	×
一般能力	△	△	○	○	△	△	○	○
潜在能力	△	△	○	○	×	×	○	○
中核的存在	×	×	○	○	×	×	△	△

注：○は「期待する」、△は「何とも言えない」、×は「あまり期待しない」を表す。また、外地からの出稼ぎ労働者は含まれていない。
出所：1994年と1999年の二度にわたるS公司の経営者や人事管理者に対する聞き取りによる。

表5-14 S公司従業員の入社時学歴と現在の職階

(人)

1999年現在の職階	1992年入社時の学歴			
	職業高校卒	専門学校卒	技工学校	普通高卒
現場労働者				
単純労働者	2	0	0	2
技術労働者	5	0	2	3
中級技師*1	0	0	5	0
技術労働者兼組長・ライン長	2	0	0	4
技術者				
初級技術員*2	2	0	0	12
中級技術員	1	3	0	4
技術員兼管理職	0	3	0	2
アシスタントエンジニア	0	1	0	0
その他*3	0	0	1	1
計	12	7	8	28

注：＊1「技師」は技術労働者の中でレベルの順で一般技術労働者、中級技師、特級技師がある。＊2 技術員とは技術労働者とエンジニアの間に位置づけられる技術系専門職。＊3「その他」は退職者や休職者、あるいは不明など。また、外地からの出稼ぎ労働者は含まれていない。
出所：1999年のS人事統計資料および管理者に対する聞き取りによる。

の1弱は単純労働者となっており、現場労働者が絶対多数であった。普通高校卒は、3分の1が現場労働者、3分の2が技術者、少数の管理者になっている。すなわち、後期中等教育を卒業した者で、現場労働者となった者は半数以下にとどまり、とくに単純労働者となったのは約4％であった[34]。

3　S公司における技術労働力の調達と形成──「永久ブランド人材」の養成──

　以上、S公司において、中級技術者・管理者が重要な位置を占めていること、それは主として後期中等教育卒の者によって担われていることを見た。ここで、強調すべきなのは、これら中級技術者・管理者といった人材が、省内の後期中等教育機関の新卒者の採用や、さらに採用後の教育を通じて、安定的に確保できるようになったのは1990年代半ばに入ってからのことであるという点である。それまでは、他の企業からの一時的な招聘技術者等に依存するという形をとりつつも、なお強い人材不足に悩まされていた。このこと

表5-15　S公司従業員採用時の学歴・前職

発足期(1983〜86年)	
労働者採用	技術者採用
①中学新卒、高校新卒	①主に都市の企業から短期借用
②農民	②定年技術者や定年エンジニアの招聘
成長期(1987〜95年)	
労働者採用	技術者採用
①中学新卒、高校新卒	①短大新卒、4年制大新卒
②農民	②後期中等段階各種学校新卒
	③経験者の中途採用
	④他の企業からの短期借用
	⑤定年技術者や定年エンジニアの招聘
飛躍期(1996年〜　)	
労働者採用	技術者採用
①中卒	①短大新卒、4年制大新卒
②普通高卒、職業高卒、技工卒	②後期中等段階各種学校新卒
	③経験者の中途採用
	④他の企業からの短期借用
	⑤定年技術者や定年エンジニアの招聘
	⑥大学院生新卒

注：1994年と1999年の二度にわたるS公司管理者に対するインタビューより整理。

を以下で、具体的に見ておくこととしよう。

表5-15は、S公司の職員の採用方法を学歴や採用以前の職歴という観点から、ラジカセ生産を始めて以降を3つの時期に分けて整理したものである[35]。表5-16は、それぞれの時期に対応する年の労働需要（新規採用に当たっての各職種の最低必要人数）、その充足の見込み（内定者数プラス見込み者数）およびそれらの差（不足）を示したものである。差がマイナスの符号を持つことは、その職種の労働力が不足すると認識されていることを意味する[36]。

1980年代、とくにその半ばになると、消費者の要求も高くなり、競争が激化し、技術とそれを支える人材の質が企業の存亡に関わる問題となってきた。そのため、1980年代より、周辺都市や大都市の企業の技術者を一時的に招聘したり、その定年退職技術者を採用したりすることによって、人材不足の解消に努めた。1990年代以降は海外の一流企業（日本から最も多いのはソニーからの

表5-16　S公司の新規労働力の需要と調達

仕事種別	1985年8月の状況			1994年7月末の状況			1999年8月の状況		
	必要人数（人）	内定＋見込み	不足	必要人数（人）	内定＋見込み	不足	必要人数（人）	内定＋見込み	不足
単純労働者	65	65	0	180	180	0	160	160	0
技術労働者	20	9	-11	30	25	-5	40	40	0
初級技術員	10	4	-6	20	15	-5	20	20	0
中級以上技術員	6	2	-4	15	12	-3	20	18	-2
エンジニア	4	2	-2	7	5	-2	6	7	1

注：単純労働者は、1985年の場合、主に地域内の元農民また中・高新卒から人間関係絡みの選考を通して採用。他の年は、地域内外の中卒・高卒に対する選考結果による。技術職の労働供給源については上記の表を参照。
出所：S公司管理者に対するインタビューおよび社内人事資料より整理。

退職技術者）からも技術者の招聘が行われている。

　しかし、そうした人々を迎えても、1985年8月時点では、人材が極端に不足しており、「技術労働者」で3分の1近くが、「技術員」と「エンジニア」では半分以上足りなかった（表5-16）[37]。

　このような状況は、S公司ばかりではなかった。打開策として、郷政府は郷内の企業とともに、「永久ブランド」の人材（長期的に地元に貢献できる人材）を地域内で養成する方針を打ち出した。それは、地元で後期中等教育を振興し、郷鎮企業がその卒業者を採用しては訓練や教育を施し、技術労働者や技術者、また、管理者へと養成していく（地元の学校教育＋企業の職業訓練・人材養成）という方式であった。

　S公司の場合、採用した地元高卒者に受けさせる再教育と訓練は、主に2種類ある[38]。一つは、S公司と契約を結んだ楊州大学で専門的教育を受けさせ短大レベルの学歴を取らせることであり[39]、1980年代後半より始まった。これは、採用した地元新規高卒者のなかから優れた者を選び、省内の楊州大学に電子技術係の学生（2～3年の短大相当の教育）として「代培」[40]の形で派遣するものである。1990年代以降、この方式は一層活用されるようになり、1992年から、S公司専用のS公司クラスが設けられるようになった。

　もう一つは、L郷成人教育センター[41]で行う技術・専門教育と訓練である。専門学校と技工学校の卒業者も必要に応じて再訓練させている。教育・訓練

を終えた後、とくに前者には技術管理職が約束される。彼らには、各自の実績や能力による昇進チャンスが設けられている。

また、単純労働者を含め、さまざまな訓練や研修が展開された。1970年代より、選んだ労働者・熟練労働者・技術者に対する都市の工場での計画的な訓練や見学が、1980年代初頭より、招聘技術者を講師とした各レベルのOJTが開始され、1990年代初頭より、各種労働者や新規採用の一般単純労働者を、それぞれの必要に応じ3〜6ヵ月間、L郷の成人職業教育訓練センターで訓練を受けさせることが始まった。現在、この訓練センターには、S公司専属のクラスが複数設けられており、不定期講座に並んで、年間を通じての各種定期訓練コースが開催されている。

こうした努力は実を結び、都市企業からの招聘者や定年退職者に依存していた技術労働力は、とくに1990年代半ば以降、市内の専門学校、技術学校、さらに郷内の普通高校からの新卒者の採用が増え、「永久ブランド」の人材養成という地元子弟を企業自ら育てる方法による人材調達・養成が軌道に乗り、必要な需要を満たすようになってきている。表5-16および表5-17にはこうし

表5-17　S公司の人材調達源の変化

(人)

		都市企業からの短期招聘	定年退職者	中途採用（招聘）	L郷高卒の職業再訓練者	L郷高卒S公司で短大学歴	社内昇進	技工・専門・職業学校新卒	短大以上新卒
1985年	技術労働者	3	2				3	1	
	初級技術員				4				
	中級以上技術員	1		1					
	エンジニア		2						
1994年	技術労働者						19	6	
	初級技術員				10		5		
	中級以上技術員	1		1		6	2		2
	エンジニア		1	2			2		
1999年	技術労働者				18		10	12	
	初級技術員				20				
	中級以上技術員					11	3		4
	エンジニア		1	2			4		

注：「社内昇進」者は基本的に地域(常州市)内の後期中等教育卒業者に再訓練・再教育を受けさせ、または、短大以上の学歴を取らせた上で相応した実績があった者。ただし、技術労働者の場合、中卒で職業訓練を受けさせた者も含まれる。いずれにしても、地域内の養成による。
出所：S公司管理者に対するインタビューおよび社内人事資料より整理。

た過程が示されている。1985年には、技術労働者および中級以上技術員に都市企業からの短期招聘や定年退職者が計6人いたが、1994年には1人、1999年には0人となり、極端な人材不足から生じた特殊な採用形態は姿を消している。

ただし、中途採用は、中級以上技術員については1999年時点ではいないものの、エンジニアについては、1994年と1999年にそれぞれ2人存在している。彼らは、他の市や他の省から来た高学歴者である。彼らには高度技術の即戦力が求められている。「永久ブランドの人材」養成方針が打ち出される前には、郷鎮企業の技術面の柱であり、この時点でもなお、量的には少数とはいえ、高等レベルの技術者としての重要な位置を維持しつづけているといえよう。今後、「永久ブランド」の方針がこのレベルにも拡大していくのかと興味深いところである。

また、1999年には技術労働者も多くが後期中等教育以上の学歴を持つ者よって占められるようになってきたことに注目できる。スキルを有していることが重視される技術労働者も、学校で後期中等レベルの教育を経た者の再訓練という形で供給されるようになりつつあるのである。

ところで、表5-16において、新規最低必要人数が、単純労働者では1985年〜1994年には3倍近く増大しているが、その後の1999年には減少しているのに対して、それ以外の労働者は、一貫して増大傾向にある。1990年代後半には、技能・技術知識の重視や学歴の上昇傾向は、低賃金の労働力多用から、より技術集約的な方向への生産方法のシフトに沿ったものでもあり、こうした中での「永久ブランド人材」養成の成功は、さらなる企業成長にとってクリティカルな意義を有するものとなろう[42]。

4 「外地人」[43]出稼ぎ労働力と地元出身労働力——2つの労働力市場の形成——

これまで、工業発展における中級技術者・管理者の需要の強さ、重要性を強調し確認してきたが、それはこれらの労働力の供給状況が絶対的に不足していたことや賃金が高水準であったこと、そのため企業にとって労働力調達

が困難であったことを意味する。これに対して、単純労働力は、その供給が豊かであり、賃金は低い水準であるため、中級技術者・管理者に比べ、その獲得ははるかに容易といえる。しかし、これは単純労働力が不要、もしくは意義の低いものであることを意味しない。江蘇省の工業発展においても、広東省あるいは多くの途上国の経済発展の場合と同様に、低賃金の単純労働者の豊富な存在は、不可欠の前提ともいえるものであった。

江蘇省の郷鎮企業を中心とする経済発展において特徴的と考えられるのは、このような単純労働力は外地の出稼ぎ労働者によって担われ、他方、熟練労働者、中級技術者、管理者などの労働力は地元の者によって担われるという、二つの労働市場が形成されてきたことである[44]。すなわち、郷鎮企業の発足期や初期段階では、単純労働力は、その多くが地元の人によって担われていた[45]が、しだいに省外からの出稼ぎ労働者に取って代わられていくのである。

江蘇省の農村に、いつ頃から、地域外や省外からの出稼ぎ労働者が現れたのかは明確ではない。しかし、先行研究によると、すでに1980年代前期において、江蘇省の無錫市の郷鎮企業では、およそ9％の労働者が省外から来ていた[46]。農村工業発展が開始され、盛期を迎えた1980年代半ば以降、出稼ぎ労働者も多くなってきた。L郷においても、表5-19に示されるように、1988年の増大を例外として見れば、労働力に占める外地戸籍者の割合の一貫した増大が見られ、1998年時点では、労働力全体の3割が、外地労働力となっている。

そして、最近では、こうした出稼ぎ労働力が単純労働を担う一方、地元出身者が熟練技術労働や中級技術・管理労働を担うという分化、また、労働市

表5-19 武進市L郷の郷鎮企業における外地人労働力の割合

年	1986	1988	1990	1992	1994	1996	1998
L郷労働力総数(人)	17,184	17,489	17,786	17,868	17,991	17,942	17,848
外地労働力割合(％)	5.1	13.6	7.5	9.3	15.8	21.1	30.9

注：単純労働者としてその使いやすさのため、外地人は各工場や企業で急速に増えてきているが、実際の人数は企業側が意図的に隠すため、政府では正確に把握できないことがある。というのは、大量に外地人を雇うと郷政府に地元人を雇うように干渉されてしまう。また、正規に外地人を雇うと、相応する福祉や職業訓練を与えなければならなくなる。多くの企業はこれらの不利益から逃すために、外地従業員を隠したりするという。したがって、ここでは政府統計データを参照しつつ、聞き取り結果によって算出したものを示している。
出所：L郷政府工業公司での聞き取りおよび『武進五十年』武進市統計局 1999年、p.34、39、41より算出。

表5-20 S公司本社従業員の諸特性

従業員数	
従業員総数	2,800人
内外地従業員数(割合)	1,200人(42.86%)
地元従業員学歴	
大学・短大	7.75%
後期中等教育	72.75%
中学校以下	19.50%
外地従業員学歴	
大学・短大	4.11%
後期中等教育	14.31%
中学校以下	81.58%
平均年齢	
地元従業員	36.1才
外地従業員	21.8才
主な職種(仕事内容)	
地元従業員の場合	管理、技術、セールス、熟練労働、雑務
外地従業員の場合	ライン上作業、組み立て作業
賃金格差	
同職種従業員間の差	(本外地問わず)差があまりない
職種間の差	差が大きい
職階間の差	差が大きい

出所：S電子集団有限公司(本部)での聞き取りによる。

場の分断（セグメンテーション）が半ば制度化されつつある。その実態を、調査データや先行研究によって明らかにし、地元における後期中等教育の発展への影響について触れておこう。

調査したS公司では、1998年時点で従業員の42.9％が出稼ぎ労働者に占められていた(表5-20)。その中で、単純労働者は98％以上も占めているといわれている[47]。

先行研究によれば、こうした江蘇省等の郷鎮企業への出稼ぎ労働者は次のような特性を持つ[48]。

① 出稼ぎ労働者の出身地は主に、安徽省、四川省、河南省といった内陸かつ農業依存度の高い低所得地域である。彼らはたいてい数年稼いでから故郷に帰っていく。

② 出稼ぎ労働者の多くは労働強度の強い職種や仕事についている。とくに1990年代初頭以降には、広東省などでは80年代以来すでに多く見られた外資系主導の労働集約型企業も当地域に現れ、そこで若年女性の出稼ぎ労働者を多く雇用する形態も現れた。女性労働者のほとんどが、比較的長時間の単純労働を強いられる。
③ 郷鎮企業労働力の学歴一般から見れば、江蘇省への出稼ぎ労働者のそれは比較的に低く、とくに高卒以上の者が少ない。
④ 郷鎮企業では、地元出身者の雇用を配慮する特徴がある。このため、出稼ぎ労働者の雇用は景気変動への対応の際に、優先的な雇用調整の対象とされてきた。

実際、S公司では、**表5-11**に示されるように、単純労働者の採用(1994、1999年)は、安徽省などの経済発展の遅れた地域の者(基本的に他の省の者)が対象とされ、地元出身者は、基本的に採用していない。単純労働者に関しては年齢制限が厳しく、とくに女性労働者は20才以下が望ましいとされる。必要とされる学歴は中卒である。彼らの入社後の教育機会は、配属される部署の作業のための短期訓練のみである。賃金は専ら仕事の能率、業績によって決定される。また彼らは、「入れ替え制度」によって、20代後半に入ると雇用契約が解除されていくことになっている。

また、企業自身による外地出稼ぎ労働者を単純労働者として採用し、地元出身者を単純労働者としては採用しない理由は、次のとおりである[49]。
① 外地人の出稼ぎ労働者のほうが、単純労働に必要な忍耐力がある。
② 外地人の出稼ぎ労働者は学歴が低く、より高いレベル訓練や教育を受けられる基礎ができていない。
③ 外地人の出稼ぎ労働者は流動性が高い(「永久ブランドの人材」養成には適しない)。
④ 単純労働に必要なのは若さである。したがって、「入れ替え制」によって、20代後半以降になる労働者は解雇されていく。外地人では、この制度を承知した上で、何年間か稼いだ後帰郷 (とくに女子労働者の場合には帰って結婚) する者が多いが、地元の子弟に対しては、この制度の適用および実

施は現実上かつ人情上できない。

⑤ 景気や市場に合わせた従業員(とくに単純労働者)の増減がつねに必要である。出稼ぎ労働者は、都合に応じて解雇できる。しかし、地元の子弟はそうはいかない。

これらから、外地人の単純労働と地元子弟の熟練、また、中級技術や管理労働という分化は、低廉で使い捨て可能な労働力と中級人材の養成・確保という郷鎮企業の経済的な必要性や都合と、地元の人々に対して、よりよい雇用条件を提供しつつその雇用を優先するという地元社会の要請がミックスされたものであることが分かる。

この分断化された労働市場において、この分断を支える基本的な要因は、学歴、すなわち後期中等教育以上の学歴を持つか否かということになっている。しかし、より根底には地元の者か外地人かという区別がある。例えば、表5–11に示した単純労働者採用の条件に、「地元出身ではない」と記されているが、これは対外的に明文化されたものではないものの、周知の事実である。1990年代前期以来、S公司の単純労働力の採用試験などは、会社(地元)で行わず、主に上記の単純労働力源と見なされる安徽省などのみで行われており、地元の低学歴の者が単純労働者として採用されることを希望しても事実上かなわないことである。あるいは、少数ながらいる高卒の出稼ぎ労働者には、地元高卒のような教育訓練の機会を与えず、終始単純労働力として使うのが普通である。また、彼らには当該地の正規の戸籍は与えられず、地元住民が享受する福祉を得ることができない。

企業は、この2つの労働市場の分離と維持に関して厳格であり、そのため、労働者の私生活にまで関与する。S公司では、若い女性の出稼ぎ単純労働者に関しては、彼女らが地元に留まらないよう、技術者や管理者は彼女らとの交際が事実上、禁止されているのである。

ところで、単純労働者としては地元の子弟を受け入れないというS公司のような例は増加しつつあり、地元出身新卒者は単純労働市場から事実上、締め出されつつある。地元の人々の後期中等教育進学は、中卒と高卒以上学歴の者の就職、昇進、収入、将来性など、あらゆる側面における大きな格差に

よって動機づけられているのはいうまでもないが[50]、ただ魅力的な選択としてばかりでなく、余儀なくされるものにもなってきているのである。こうした事情が、江蘇省における後期中等教育発展の重要な要因となっている。

第3節　SH鎮の労働需給——3つの労働市場の形成——

1　外資系企業の労働需要と調達

1979年より開放の優遇政策の下で外資による発展を進めてきた広東省デルタ地帯は、中国人の憧れの地となり、また、高学歴者を優遇できる経済力が早い時期よりあった（表5-10）。そのため、技術者や管理者などの人材も、他省あるいは海外の本社から調達するのが通常のやり方となった。

この外発的経済発展の典型地域である広東省深圳市宝安区のSH鎮の事例を見よう。

SH鎮は、1998年時点で戸籍登録人口約2万6千人で、全鎮で831社の企業のうち「三来一補」企業を含めた外資・輸出関連企業を827社を擁する。

表5-21は、当鎮の労働力需給に関するデータを整理したものである（比較しやすいよう、江蘇省のL郷やそのS公司のデータを合わせて掲載した）。

ここで明らかなのは、高学歴層の多くが省外出身者であるということである。戸籍人口2.6万人のSH鎮では、21万人の労働力を有し、その中で、約9,000人が企業の高学歴者層である管理職・技術職であり、また、その中の約9割の8,000人に当たる者が外地人（主に広東省外の者。広東省籍で開発地域外の者も含む）が担当している。また、第3次産業に入る小学校の教師、中等学校の教師、鎮政府職員の3種類の仕事は、それぞれ60％、90％、90％という割合で外地人が担う（ただし、彼らの多くは高学歴のため、地元戸籍を獲得している）。技術管理職の収入は、概して江蘇省の同レベルの労働力をかなり上回る収入が提供されている。

他方、単純労働需要の20万人もほぼすべて外地人であるが、ここでは、広

134　第Ⅱ部　江蘇省と広東省における後期中等教育の拡大と経済発展パターン

表5-21　深圳市宝安区SH鎮と常州市武進市L郷の社会経済的諸特性(1998年)

	SH鎮	L郷
戸籍人口	25,680人*	常住人口[#2]：32,451人*
総人口	213,573人*	
面積	60平方キロメートル*	32平方キロメートル*
国内総生産	23.4億元*	5.6億元
産業		
産業別総生産分布	(宝安区) 第1次産業5.1%、第2次産業58.2%、第3次産業36.7%	第1次産業8.6%、第2次産業67.7%、第3次産業23.7%*
第1次産業	総産値1.5億元、うち9割が水産業*	総産値4,864万元*
工業	総産値39.8億元、企業831社、うち「三来一補」[#1]	総産値25.1億元*、内電子工業1978年0%、1998年20.2%*。(武進市)工業企業10,068社、うち集団制企業約95%、外資、外資関連企業9%の923社*
	企業を含め、外資・輸出関連企業827社*、大・中型企業1%以下*	
	鎮内工場面積550万余りm²(宿舎を含まない)*	
サービス業	飲食小売の業総産値4.9億元*	
	自営小売約4,600店舗、自営飲食住業約6,000社	
総労働力者数	約21万人*	約1.8万人
地元戸籍労働者数	約11,088人(1995年)*	約13,600人
	第1次産業：約1,100人	
	第2次産業：約5,270人(1次産業の兼業含む)	約1.8万人
	名目管理職：約820人	約13,600人
	関税申告役：約830人	
	企業雑役：約1,200人	
	工場労働者：約1,600人	
	運輸、建築：約720人	
	企業技術・管理職：約1,000人	
	第3次産業：約2,200人(1次産業の兼業含む)	
	飲食業：約1,300人	
	その他：約5,000人	
出稼ぎ単純労働者	約20万人(10万人余は他省農村から、10万人近くは広東省山地農村から)*	(S公司の場合、従業員の42.9%)
管理・技術職	約9,000人余り、うち約8,000人は外地出身者と外資企業本社の派遣者(中・高等学校教師、郷政府職員の9割が外地学校からの転勤者)	
地元人の収入	農村人口平均収入：9,651元*	(武進市区を含む平均)6,172.4元*
	個人貯蓄：総額25.83億元、1人当たり約10万元(総額約383億円相当)	
企業中間技術・管理職収入	1990年：約6,000〜26,000元、1999年：約20,000〜68,000元	(S公司の場合、1999年)23,000〜40,000元
単純労働者収入	1990年：平均約2,640元(寮費、一部食費天引き)、1999年：平均約6,500元(寮費、一部食費天引き)	(S公司の場合、1999年)8,000〜13,000元
教育状況	小学校10校、生徒6,252人*　中学校(中高一貫校)1校、生徒1,876人*　成人中等職業学校1校*	小学校12校、中高一貫校1校*　成人職業教育センター 1校*

注：*は下記の統計・資料の印刷物からの数字より算出。その他は、インタビューで得た数字。#1は第3章2節を参照。#2「常住人口」には「戸籍人口」と1年以上居住した本地戸籍を持たない人口の約9%が含まれる。
出所：SH鎮の場合は、深圳市宝安区計画統計局編『宝統計年鑑1996』(非公刊)、pp.34-47、パンフレット『SH鎮1999年版』(非公刊)、深圳市宝安区年鑑編集委員会編『宝安区年鑑1999』(非公刊)、pp.317-318と p.324、「SH鎮教育概況」(非公刊)およびSH鎮でのインタビューを行って得たデータ。武進市Lの場合、『武進五十年』武進市統計局　1999年、p.34、39、41、68、185、343およびインタビューによる。

東省の山地地域から来ている者がその半数近くを占めている。

2　地元者の就業状況と後期中等教育

　以上から、江蘇省の事例と比べて、次の点が再確認できよう。第1は、SH鎮の外資系企業の発展を中心とした工業化においても、中級以上の技術者・管理者の需要は高いものであり、それは彼らの高い所得水準に示されていた。しかし、江蘇省とは異なり、その需要は基本的に現状においても外地人によって満たされていた。第2は、単純労働力についても外地人が担っている。これは、江蘇省でも同様の傾向があったが、SH鎮の場合では、その量は、20万人近くで、地元人口の8倍強ときわめて大きい。一方、江蘇省L郷の場合は、地元人口約2.9万人に、外地人単純労働力が約4,500人であった。

　ところで、こうした事実は、広東省における2つの労働市場──2つとも外地人によって担われているそれ──の存在を容易に想起させる。しかし、地元の人々はどうしているのであろうか。実は、彼らは「第3番目の労働市場」（正確には一つの市場というよりも、さまざまな職業や所得機会よりなる）を構成している。この地元者の労働市場の形成過程を過去に遡って簡単に追い、それが後期中等教育という学歴を要求しなかったために、その発展を促す強力な要因にならなかったことに触れていこう[51]。

　第1に、改革開放の開始(1970年代末)から1980年代半ばまでの時期を見よう。沿海開放地域と指定された珠江デルタ地域には、多くの委託加工企業が立てられはじめ、域内の農村過剰労働力が企業の労働力源となった。この初期段階においては、学歴を要求しない単純労働力需要は、SH鎮の地元の人々にとっても生計を立て収入を増やすための良いチャンスを提供した[52]。これは、江蘇省の郷鎮企業の初期段階に相似している。

　第2期は1980年代後半である。この間に改革開放が加速され、香港の加工業をはじめとする(委託)加工企業やその他の外資関連企業の珠江デルタへの進出がさらに活発になり、域内労働力供給の不足の局面をもたらした。この時期の労働力供給源は「主として広東省の珠江デルタ以外の農村地域である」[53]。地元の人々には、いくつかのより魅力的な職を得るチャンスが広がった。

SH鎮においては、地元者としての特権で、地元に立地した各種外資関係企業の名目上の管理スタッフ（「廠長」など）の職につくか、守衛や雑役などの補助的業務に従事するか[54]、自営業を営むか、または土地や建物のリース代から労せずして収入を得られることになった[55]。こうした職の機会を提供してくれる場を「第3の労働市場」と呼ぶとすれば、それは第1の時期にも存在したが、まだ小さかったのに対し、この時期には、地元の者は、この市場に職を見出すのが多数となった。SH鎮においても、単純労働力は、珠江デルタの外から絶え間なく大量に供給されるようになった。

　第3期は1980年代末以降である。1987年に中国「沿海経済発展戦略」という長期発展構想が中央によって打ち出され、珠江デルタ地帯の労働需要が一層増大し、全国各地の農村からの出稼ぎ労働者が流れ込み、高学歴労働力もさらに多く流入してきた。この時期において、重要性を増すのは大量の流入人口を顧客対象としたレストラン営業などの第3次産業への自営的就業である。これもまた、地元の者により開かれた職であるという意味で、「第3の労働市場」に対応するものといえよう。

　ここで、表に戻って、SH鎮における、この第3の労働市場を構成する地元の人々のさまざまな職の最近の状況をとくに学歴や収入との関係という側面から検討しておくこととしよう。

　この表において示されているように、地元戸籍者の職は、第2次産業では主に、①「名目上」の管理職であるスタッフ（外資関連企業における地元政府との連絡役）、②関税申告役、③企業の警備や掃除などの雑役、④工場労働者、⑤運輸・建築および⑥技術・管理職がある。①②は、地元の政府関係との疎通を図るためのコネを持つ者としての役割が期待されている。学歴上の要求は、90年代中頃までは基本的になく、その中に多くの者は小学校卒であるという。③④⑤も低学歴者向けの仕事である。ただ⑥技術・管理者だけが、大抵高卒学歴が必要となる。しかし、①②の収入水準は高く、③は仕事が楽である。それら①②③の職に就くのは地元出身者の特権ともいわれている[56]。

　また、第3次産業を見よう。その過半数は飲食業であり、地元者の飲食業への参入は雇用された店員としてではなく、店主としてである。そのため、

そこでは学歴が問われない一方でやはり収入水準は高い。さらに、地元の人々の重要な収入源として、土地の賃貸料や建物のリース料および株主の配当など、教育と無関係のものがあることも見逃せない。

こうして、地元の人々は、教育を必要としない職や権利などを通じて、高い収入を得ることが可能となった。表によれば、農村戸籍人口のみの一人当たり平均収入は約10,000元あり、1家3人の場合30,000元の収入となり、それは、技術・管理者収入レベルに達しているのである[57]。

ところで、このような状態はまた、技術・管理職に対する高報酬が、地元の人々にとって進学へのインセンティブとなってこなかったことを意味しよう。技術・管理職のうち地元出身者は少数であり、約16分の1を占めるにすぎなかった。

以上、地元者に対する「第3の市場」の存在が、広東省における後期中等教育の発展を相対的に遅らせるものとなったことは明らかであろう。しかも、ここで付け加えるならば、「地元優先、省内優先」という地方政府の雇用に関する方針による、地元出身者の単純労働市場における有利性も、教育発展を弱める要素となった。すなわち、企業はまず地元の者、次に地元外の広東省出身者に雇用機会を開くことが求められたため、地元の者は16才になると、少なくとも単純労働については、事実上雇用が保証される状態にあった。これら単純労働者の賃金は、基本給のみでも一般農村労働力よりかなり高く[58]、地元の者にとって存在したこのような「最低保障」は、それが存在しなかったどころか、地元者を単純労働就業機会から排除しつつあった江蘇省に比べ、学歴要求を昂進させない要素となったと考えられるのである[59]。ただし1990年代、とくにその後半以降、変化が見られ、中間管理職以上では、地元出身の人に対しても学歴要求が出されるようになってきているという[60]。

また、人材の外部調達が一般化していた企業の側では、地元の学校教育や企業内人材養成に関心を寄せなくなりがちであった。筆者が、経済発展のための職業教育や一般教育に関する要求やイニシアチブに関する情報を求めて行った、1999年のSH鎮のゴム工場幹部とのインタビューにおいても、「地域政府に人材の育成を要請するとの発想を起こしたことはあまりない」との発

言や、SH鎮政府とのインタビューにおいても、企業による人材育成に関する要求はなかったという趣旨の発言しか得られなかったのである[61]。

　ここで、2つの省における経済発展パターンの相違を、労働力需要とその調達方法という観点からまとめておきたい。

　まず、低学歴労働力を含めた労働力全体の需要の動向について見よう。江蘇省では、1980年代に農村における集団制[62]郷鎮企業による内発的発展が始まった。1980年代は、豊富な労働力を利用する形での発展が行われ、とくにその前半は省内の農業労働力から産業間移動も行われ、急速に工業労働力が増大した。そして、1980年代後半には、内部だけでは不足する労働力を補うために、省外からの労働力が流入し始めた。しかし、1990年代に、全労働力の増加は緩やかになり、さらに減少さえし始め、工業労働力も同様の動きを見せた。このことは、工業における労働多用的な段階からより労働力の質を重視する段階への急速な転換がこの時期に行われたことを示唆している。他方、この時期は広東省に比べて、後期中等教育の発展が著しくなっていった時期であった。

　それに対し、広東省では、省レベルで見ると、工業化がもたらした労働力需要は、他の産業よりも相対的に高かったとはいえ、江蘇省と比べると、1980年代はゆっくりと増大した。外資主導の外発的発展は、労働集約的であり、大量の低賃金労働力を使用することが知られている。しかし、こうした特徴は、企業レベル、あるいは地理的に限定された、外資の入りやすい一部の地域（珠江デルタ地帯）にのみ当てはまるものであり、また、残された農業地域は、過剰人口を発展地域に供給することはあっても、その地域自体は一定数の農業人口を擁するまま、発展からは取り残された状態で農業を続けることになりがちであった。それゆえに、省レベルでの労働力の産業別構成は、ゆっくりと変化していったのである。また、ここで1990年代の前半まで工業労働力の割合の増加が続いたこと、そして、1990年代の後半にもその絶対数の増加が続いたことは、広東省における経済発展が基本的に低賃金労働力を多用する方向で行われ続けたこと、広東省の外発的発展は、労働力という観点から見る限り、産業の高度化を示す顕著な変化を見出すのが難しく、いわ

ば外延的な発展が続いていることを示唆していよう。

　次に、企業の労働力調達を見よう。江蘇省では、経済発展とともに後期中等教育以上の学歴を要する中級技術者・管理者の人材需要は急速に増大し、慢性的な不足状態が発生していた。ここで見た郷鎮企業の事例では、大企業の技術者や退職した技術者を招聘するなどしてその需要を満たしていたが、長期的な方針として、地元の政府と協力して後期中等教育を振興し、その卒業生を採用した後に、さらに教育機会や訓練機会を与えることを行っていた。低学歴である単純労働力としては、外地人が専らとされ、地元出身者は採用が避けられていた。

　他方、広東省の事例では、不足する高学歴の労働力が省外からの調達によって賄われることが続いており、地元や企業内での人材養成の努力や方針は見られなかった。地元出身者は、単純労働力としても優先的に採用されるばかりでなく、名目的な管理職や雑務労働者として有利な条件で採用されたり、企業からの地代収入が得られたりした。また、レストランなどの商業活動も地元の人々に収入機会をもたらす重要なものとなっていた。

　こうした、2つの省における労働市場のあり方、企業内の労働力調達のあり方を図式化すれば、表5-23のようになる。

表5-23　江蘇省と広東省の非都市地域企業の労働力調達ルート

労働市場と労働力	江蘇省	広東省
第1の労働市場 　単純労働力	主に省外からの流入労働力	省内外から流入労働力
第2の労働市場 　管理職、技術職	地元高卒採用後養成 (技術労働者には地元中卒採用後養成された者も含まれる)	全国から招聘 (トップ管理職は本社派遣、中間管理職は本社派遣および全国招聘)
「第3の労働市場(収入機会)」 　企業の名目管理職、関税申告役、雑役		地元出身者
地代収入受け取り、レストラン、旅館など、自営サービス業		地元出身者

出所：筆者作成。

このような労働市場のあり方が、両省における異なった教育発展のあり方をもたらす重要な背景の1つとなったのである。

注
1 もし、それらのデータが正確であるならば、これらの年の間における変化は、その間に生じた学歴別の労働力需要の変化を反映していると考えられる。ところが、実際にデータを検討すると、受け入れ難い結果が生じてしまう。例えば、江蘇省と広東省のいずれにおいても、1990年から1996年の6年間の「高校」および「短大以上」の労働力の増加をその絶対数に換算して、先に見た後期中等教育就学者数に比べると極端に少ないのである。1997年の広東省の「高卒」と「短大以上」の割合も、前年と比べそれぞれ一気に約4.9ポイントと3.2ポイントも上昇している。サンプリングによる誤差があるか、各カテゴリーの取り方、また推計の仕方などについて差異があるのであろう。
2 第1章を参照。
3 2000年センサスでは半年と定めるようになった。また、常住人口には、少数の戸籍取得の待機中の者、戸籍を持ち長年海外にいる者も含まれている。
4 都市戸籍は、さまざまな有利な福祉条件を提供するが、省によって異なる。一般に、都市戸籍を有する者の移動は、より有利な省へ向かってなされるのである。
5 厳密にいうと、各省内出身者で、省外に流出する人口がある。したがって、この想定は、実際よりも、流入人口を過小に評価していることになる。
6 『江蘇省統計年鑑』各年版と『広東省統計年鑑』各年版より算出。
7 厳によれば、1987年までは広東省内の単純労働力は概ね省内の農村剰余労働力に担われ、他省からの単純労働力が流入し始めたのは中央による「沿海経済発展戦力」が発表された翌年の1988年からである。つまり、省内の労働力の稼働率が1987年頃に限界に達したとされている。したがって、それ以降の労働力の増加には基本的に流入労働力がその重要性をきわめて増してきたと考えられる（厳善平「華南経済における労働市場の形成」『アジア経済』34巻6号 1993年6月）。また、孟建軍「中国の改革・開放と人口流動」『アジア経済』36巻1号 1995年、若林敬子「中国における近年の人口流動をめぐる一考察」『アジア経済』32巻4号 1991年も参照。

また、表5-4からは、広東省省外から流入した労働力の多さが窺える。次に見る江蘇省に関しては、同様なデータが統計年鑑にないため、江蘇省の外地労働力の状況を全体的に把握できない。広東省ほど外地労働力の影響が強くないため、統計作成や発表がなされていない可能性もある。
8 厳は、1987年の江蘇省経済発展地域の現地調査にもとづいて、農村剰余労働力が郷鎮企業という非農業部門への移行が1970年代末から徐々に実現されたこと、

表5-4 広東省の外地人労働力
(万人)

年	省外から流入	内新規流入	省内の外地から流入	内都市部への流入	内農村部への流入
1994	343.64	66.38	301.53	63.61	237.91
1995	359.79	76.14	255.68	60.45	195.23
1996	360.31	61.95	213.94	41.98	172.05
1997	410.13	113.30	245.69	73.78	171.91
1998	431.69	91.88	226.85	56.89	169.96
1999	464.00	93.00	225.00	54.00	171.00
2000	534.60	120.80	234.10	65.80	168.30

注:外地労働力は、とくに「省内」などとつけない場合は、省外の外地を指す。
出所:『広東統計年鑑』1998年版 p.108、99年版 p.126、2001年版 p.142より作成。

季節的な過剰就業の存在などを明らかにしたが、江蘇省農村労働市場における省外からの出稼ぎ労働者の出現についての指摘はない(厳善平「中国「蘇南地区」における農村労働力の就業構造」『アジア経済』29巻11号 1988年11月)。大島の調査データから推定すれば、江蘇省の発展地域において、1988年前半の省外からの労働力は郷鎮企業の総労働力者数の約9%を占めた。

9 労働力需要の充足に、一度外部より流入する労働力も加わり始めれば、生産の外延的な拡大があることによる労働力需要の増加は、さらなる外部労働力の流入を呼び起こすと推定される。広東省の例がこれに対応するであろう。しかし、江蘇省の例のように、労働力需要の減少が、産業の高度化によって生じている時、内部労働力と外部労働力のいずれがより影響を受けるかは明らかではない。なお、次節では、江蘇省における企業調査により、新規の単純労働力の雇用を省外に限定している事例が示される。

10 武進市の戸籍を有する人口は減少している。これは、他地域への流出によるものとも考えられる。

11 次節において、郷レベルで同様の傾向を再確認する。

12 江蘇省教育管理信息中心編『江蘇省教育管理信息17期』 1994年による。こうした状況は、他のいくつかの労働市場に関する実証研究によっても指摘されている。例えば、厳善平「郷鎮企業内の労働市場の研究」『アジア経済』33巻5、6号 1992年、大島一二「中国農村工業地域における出稼ぎ労働者」『アジア経済』35巻1号 1994年等がある。

13 前掲厳(1992)。

14 工業化は農村で行われ、農村は郷鎮企業の根拠地であり活躍の現場であるとともに、外資系企業が最も多く立地する重要なところでもある。とくに高学歴の農村労働力は、それらの企業の労働力に対応していよう。

15 江蘇省武進市の郷鎮企業従業員の場合、学歴が「後期中等教育」の者は、1985年

表5-7 武進市工業の郷鎮企業学歴別従業員数と構成

	1985年		1995年		1998年	
	人数(人)	割合(%)	人数(人)	割合(%)	人数(人)	割合(%)
短大・大学	846	0.58	3,563	2.04	4,468	1.85
後期中等教育	20,830	14.23	38,707	22.15	64,852	26.82
内専門学校	1,150	0.79	3,810	2.18	6,742	2.79
内技工学校	382	0.26	3,886	2.22	4,325	1.79
内高校	19,298	13.18	31,011	17.75	53,785	22.25
中学	82,544	56.39	106,355	60.87	146,657	60.66
小学校以下	42,162	28.80	26,114	14.94	25,790	10.67

出所:『武進五十年』武進市統計局 1999 p.38より作成、『武進市郷鎮工業統計資料1998』武進市統計局 1998年、p.21より算出。

から1995年の10年間に、約18,000人(およそ倍化)、1995年から98年の3年間に、約26,000人(またおよそ倍化)と急増している(表5-7)。

16 何志清「直面市場経済、加快職教発展」前掲常州市職業技術教育学会 1994年、pp.48-52。
17 1994年の江蘇省教育委員会と武進県の企業へのインタビューによる。
18 学校レベルのデータとして、常州紡績工業学校(専門学校)に関するものがある。その1980〜90年の10年間の卒業生のほぼ全員が就職しており、その95%以上が江蘇省各都市の工業企業に就職し、5%弱が行政部門に入った(常州紡績工業学校「主動適応社会需要、為企業培養合格人材」李歩闘編『経済発達地区職業教育研究』江蘇教育出版社 1991年、pp.275-286)。ただし、常州紡績学校は専門学校の中でもランクの高い学校であることを付言しておく必要がある。
19 武進県教育委員会編『武進県教育綜合改革資料選編』 1993年3月、p.193。
20 1994年の江蘇省教育委員会・武進県教育委員会のS公司での聞き取りによる。
21 S公司での聞き取りによる。
22 専門学校の発展の中で、国の就職配分ルートに載らない、自費生や企業の「代培生」(企業や機関・団体が人材需要に対応して自ら人を選び、専門学校に彼らを所定専門を履修するように委託した生徒)を多く受け入れるようになった。とくに県レベルの専門学校では、それらの生徒は、農村戸籍の者が多い。
23 『珠江三角洲教育戦略論』高等教育出版社 1993年、p.64によれば、2000年の広東省の経済発展水準に対応して、最も大量に必要とする専門人材は中等・初等の技術者と管理者であると予測されていた。
24 前掲厳(1992)。
25 1990年代後半以降、本社雇用者全体の構成は、おおよそ武進市出身者約6割(少数の省内他地域出身者を含む)、省外出身者約4割となっている。
26 この節の記述は、基本的に1999年11月のS公司に関する企業調査による。

27　当時 L 人民公社。1980年代半ばに国の政策によって人民公社を改め、「郷」と称するようになった。また、1999年に郷から鎮に更新された（行政的なレベルは変わらない）が、ここでは概して L 郷と記す。
28　「社」は人民公社、「隊」は人民公社に管轄される生産隊の略。人民公社が郷に改められた後は「郷鎮企業」と呼ぶ。
29　この彼は現在 S 公司の総裁となっている。
30　S 公司総裁の話によれば、アメリカの有名な会社による技術・ブラント提携の誘いが数回もあったが、断ったという。
31　S 公司総裁。
32　次の単純労働力の部分を参照。
33　技術者(技術労働者を含む)、管理者は1年ないし3年の契約制となっているが、とくに問題を起こさない限りはほぼ終身雇用ともいう。
34　ただし、この表には外地からの出稼ぎ労働者は除かれている。
35　S 公司の経営管理者による時期区分にしたがった。
36　中国では、7月は各種学校の年度末であるため、6～8月は企業にとって人事採用の決定的な期間である。また、表にはとくに管理者といった職務が出ていないが、しかし、管理者を必要としていないことではない。たいてい、企業の管理者は、技術者の中から管理能力のある者を登用されることが多い。
37　S 公司の管理者によれば、こうした技術者の不足状況のために、「製品の質、品種、生産量などに影響を与え、一時的に企業の伸びが遅くなった」という。
38　S 公司総裁は、「永久ブランド人材」養成策を、「来年、再来年、5年後、10年後には、こうした状況が改善されるように、また、我が企業に合った人材があるように、煮詰められた検討」が進められた結果として語る。
39　この求人・人材養成方法は、1990年代後半以降高等教育への進学風潮が高まる一方、高等教育のための自己負担の増加を背景として、地元の人々にとっては魅力的なものとなっている。
40　教育機関が、企業やある地域政府の委託の下で、その従業員などを養成することを「代培」といい、その学生を「代培生」という。教育費用はすべて委託側が負担し、卒業生は該当地域や企業に戻る。また、場合によって、「代培生」の修了証書は、「代培」の依頼主の企業でしか実質的効果はない。前述の「代培生」には後期中等教育レベルと高等教育レベルがある。ここでは高等教育レベルのそれであり、教育費用だけではなく、生活費も基本的に企業が負担するが、専修する専門コース、科目まで規定され、修了後は企業に服務する義務がある。
41　郷の成人職業教育センターについては、次章を参照。(在職者の)成人の再教育・再訓練を主に行う機関であるが、高卒を受け入れて職業教育訓練をさせたり、資格を取らせたりする教育も行われており、また、職業高校クラス、専門学校ク

ラスや技工学校クラスを付設すること（中に正規学校教育として認められているのも）も多い。江蘇省の後期中等教育の展開の部分を参照。これらが通常の正規の中等教育と助け合いながら、地元の中等教育、とくに後期中等教育の全体をなしているというふうに理解することができよう。

42　ここで見てきた人材の採用や養成の方式は、とくに1990年代に入ってから優良郷鎮企業を中心に形成されてきたものであり、S公司のみでなく、あるいはL郷のみにおいてばかりでなく、他の郷においても広く見られるものである。例えば、L郷の小企業であるW玩具工場の場合（表5-18）、中間職や技術職以上の者は地元出身者のみとなっている。

43　「外地人」は原語。地元ではない、他所の地域出身の人を指す。狭義では、とくに最近では、出稼ぎ労働者に対する差別的なニュアンスを帯びた表現でもある。ここでは、調査地の住民の用法に従い、主に省外から来た者を指し、省内の他県、市から来た者の場合もそのように記すこととする。

44　前掲厳（1992）、p.216は、江蘇省の農村労働市場における地元出身者による労働市場と外地人労働市場の二重構造の存在を指摘している。また、王振「中国郷鎮企業企業の労働力需給と賃金変動」（『東瀛求索』第9号　1998年）は、外地人労働

表5-18　W玩具工場従業員の諸特性

従業員数	
従業員総数	168人
内外地従業員数(割合)	94人(55.95%)
地元従業員学歴	
大学・短大	1.19%
後期中等教育	24.16%
中学校以下	74.65%
外地従業員学歴	
大学・短大	0%
後期中等教育	11.7%
中学校以下	88.3%
平均年齢	
地元従業員の平均年齢	34.7才
外地従業員の平均年齢	23才
主な職種(仕事内容)	
地元従業員の場合	装丁、裁縫、管理、技術指導、セールス
外地従業員の場合	裁縫などきつい仕事
賃金格差	
同職種従業員間の差	(本外地問わず)差があまりない
職種間の差	差が大きい
職階間の差	差が大きい

出所：1999年11月のW玩具工場での聞き取りによる。

市場が当地農家労働の就業機会(地元者労働市場)に影響を与えないと論じている。ただし、地元出身者が地元者の労働市場に入るためには、後期中等教育卒といった学歴を要求されていることを忘れてはならない。

45 前節を参照。
46 大島一二『現代中国における農村工業化の展開』筑波書房　1993年、第6章の調査データより推定。
47 前記の中小企業であるW玩具工場では、外地戸籍労働者の割合はさらに高く56％となっている。彼らの学歴も、全体的にさらに低く、仕事はよりきつい単純労働である。
48 前掲大島(1994)等による。
49 以下はS公司の副総裁に対するインタビューによる。
50 本書が割愛したアンケート調査による中学校生徒の進学意識の分析はこの点を実証することになるが、その分析結果については終章を参照しよう。
51 以下の3つの時期区分と叙述は、前掲厳(1993)と、他の先行研究および筆者の現地調査による。
52 1999年の宝安市SH郷での聞き取りによる。また、徐名滴・周国賢主編『珠江三角洲教育戦略論』(広東高等教育出版社　1993年、p.58)からもこうした側面が窺える。
53 厳善平「華南経済における労働市場の形成」『アジア経済』34巻6号　1993年、佐藤宏他「華南地域における出稼ぎ労働者の実態」『アジア研究』第40巻1号　1993年。
54 これらの職だけでも、地元人の就職問題を解決してしまうとして、前掲佐藤(1993)には筆者が調査した宝安県布吉鎮の場合が次のように述べられている。地元人口は約1万5千人に対し、名目スタッフは約2,100人おり、委託加工工場数700で割ると、1社およそ3名となる。また、雑役は基本的に広東省出身者が当てられ、その3分の1が地元出身者であった。その調査企業(従業員365人)では、地元人の雑役は5名にのぼった。
55 前掲大島(1993)、pp.184-185。
56 量的に見ると、①②③を合わせると地元戸籍労働者数の3割近くに達している。
57 そうした環境の中で、学校の勉強だけではなく、とくに90年代半ばまでは「四不青年(学校にも行かず、農業もせず、就職もせず、商売もせず、ぶらぶらするだけの若者)」が大勢現れるほどであった。
58 例えば、1990年代初頭のある深圳市宝安県のある外資企業では、税金、寮費、食費などを天引きされた後の基本給は月およそ220人民元(ボーナスと残業代は含まない)であった(前掲佐藤(1993))。これは広東省農村労働力平均収入よりおよそ4～5割高い。
59 本論文の主題ではないが、両省における単純労働力の学歴構成や出身も興味深

表5-22 全国郷鎮企業社員の学歴構成と技術労働力の割合
(%)

学歴構成					
	小学校以下	中学	高校	専門学校	短大以上
1992年	29.8	52.5		17.0	0.7
1996年	21.0	55.6	20.1	2.1	1.2
技術労働力の割合					
	技術者	技術労働者	内初級レベル	内中級レベル	労働者、他
1992年	3.0	—	—	15.0	—
1996年	4.9	3.4	67.2	32.8	91.7

注:1992年の専門学校にはその他の後期中等段階学校卒も含まれている。
出所:『中国郷鎮企業年鑑』中国農業出版社1993、97年版、それぞれ pp.216-219、pp.130-131より算出。

　い研究課題である。すでに引用したように、江蘇省の郷鎮企業では、中卒が過剰とされていた(前掲厳(1992))。また、中国全体における郷鎮企業の労働力の学歴構造は、**表5-22**のようになっている。これに対し、広東省では、外資系企業における単純労働力の教育レベルの低さについての指摘がある。「大量の青少年(主に15～19才)が社会労働に参入することは、広東省の中等教育発展の妨げとなっている」(広東省人口普査弁公室編『広東人口状況分析与予測』中山大学出版社1985年、p.122)。また、同研究によれば、広東省の女性労働力が全就業者に占める割合が45.44%(1982年現在)、全国平均より2ポイント高い。工業部門の中では女性の割合がさらに高くなり、男女半々となっており、さらに製造業の中では女性労働力が男性を上回り53%にも達している。一方、男女の学歴の格差は歴然と存在し、中学卒の男女比は6.4：3.6、高卒のそれは6.7：3.7、大学卒のそれは7.9：2.1となっている。このように、広東省では、とくに工業部門、なかでも製造業においては、低い学歴労働力を大量に吸収しており、低学歴者が就職しやすくなっているのである。こうした状況は先行研究を見た限りでは、少なくとも90年代前半まで続いた(前掲厳(1993)の研究でも依然として「広東省では高度熟練ではない労働者が大量に需要されている」と見ている)。しかし、両省の単純労働力の系統的な比較研究はなされていない。

60　しかし、実際には本格的な管理や技術の仕事をこなすのは基本的に外地出身者の高学歴者であるという。ところが、郷・鎮・村の幹部といったポストにおいても、それまでは政治的な条件や人脈があれば小学校卒でもよかったが、90年代末に入ると、基本的に高卒以上の学歴を要求するようになった。こうした地域政府教育重視の姿勢が地域の人々に大きな影響を与えている。これについては次章を参照。

61　それは、経済合理性にもとづく判断や外地人技術者達に高級を支払う経済力があったという条件によるばかりでなく、外資系企業の組織秩序の維持といった問

題と関係しているかもしれない。これは、本論文の課題を超えたテーマである。
62 第1章1節のより詳しい説明を参照。中国の所有制セクターには国有制、集団制、個人性および開放以来の外資所有制などがある。非都市地域における郷・鎮・村は、集団制の主な部分である。とくに江蘇省の郷鎮企業は、このような非都市地域の集団(郷は当時「人民公社」といった)下で指導された。一方、広東省の郷鎮企業では個人所有の割合が大きい。

第6章 江蘇省と広東省における教育財政と後期中等教育政策

江蘇省と広東省の省、市、県、郷鎮の各レベル政府は、1980年代以降、経済発展とともに職業教育普及や職業高校拡大の政策を展開した。また、1990年代の半ば以降、両省において普通高校の拡大策も推進されることとなった。本章では、こうした両省の後期中等教育政策の共通性と相違を、財政面と政策実施面から見ていくことによって、後期中等教育発展における各レベル政府の役割を明らかにする。

第1節 地方政府の教育投資と地域格差

1 全地方政府の教育財政[1]

地域総人口を分母に算出した1人当たりの財政教育費で見ると、両省とも1980年代には全国平均より下回っていた[2]が、経済発展とともにその地位は

表6-1 江蘇省と広東省の省レベル政府財源による教育支出状況

年	1995		1996		1997		1998	
	江蘇省	広東省	江蘇省	広東省	江蘇省	広東省	江蘇省	広東省
政府財源教育支出(億元)	83.06	—	124.58	139.12	138.70	154.12	152.25	172.25
1人当たり政府財源教育支出(元)	118		175	200	193	219	212	241
総財政支出(億元)	253.49	—	310.94	601.23	364.36	682.66	424.90	825.61
政府財源教育支出対財政支出比(%)	32.8	—	40.1	23.1	38.1	22.6	35.8	20.9
政府財源教育支出対GDP比(%)	1.6		2.1	2.1	2.1	2.1	2.1	2.2

出所:『中国統計年鑑』中国統計出版社1996年版から各年版、『江蘇教育年鑑1996』江蘇教育出版社、p.365、『江蘇統計年鑑』中国統計出版社1997年版から各年版、『広東統計年鑑』同1997年版から各年版。

改善していき、90年代後半以降は全国平均より江蘇省で2～3割、広東省で3～4割上回るようになっている(表6-1)[3]。

江蘇省と広東省の教育政策を教育財政という側面から比較する上でまず理解しておくべきは、両省における財政規模の大きな違いである。両省はすでに述べたように、人口規模、経済水準は同様の位置にあるといってよいが、

表6-2 江蘇省と広東省の財政収入(決算)税別構成(2000年)　　(万元)

		江蘇省	広東省	江－広
1	付加価値税	1,086,395	1,321,309	-234,914
2	営業税	960,024	2,724,229	-1,764,205
3	企業所得税	886,525	1,674,188	-787,663
4	企業所得税払い戻し	0	-13	13
5	個人所得税	332,823	847,976	-515,153
6	資源税	9,514	9,702	-188
7	固定資産投資方向調節税	15,274	21,122	-5,848
8	都市維持保護建設税	266,210	299,973	-33,763
9	不動産税	118,332	248,071	-129,739
10	印税	32,734	329,418	-296,684
11	都市・鎮土地使用税	15,133	43,320	-28,187
12	土地付加価値税	1,478	26,728	-25,250
13	交通道具使用と登録税	17,393	47,176	-29,783
14	家畜屠殺税	19,710	20,617	-907
15	宴会税	0	0	0
16	農業税	104,674	72,941	31,733
17	農業特産税	35,324	32,677	2,647
18	牧畜業税	0	0	0
19	耕地占用税	30,340	36,638	-6,298
20	契約税	159,564	230,025	-70,461
21	国有資産経営収益	5,230	76,485	-71,255
22	国有企業計画損失補填	-75,362	-59,686	-15,676
23	行政的料金収入	48,458	410,541	-362,083
24	懲罰、没収収入	219,647	407,084	-187,437
25	海域、場所、鉱区の使用料金収入	1,103	43	1,060
26	特殊項目収入	162,162	210,140	-47,978
27	その他	30,412	74,856	-44,444
	年間収入計	4,483,097	9,105,560	-4,622,463

注：ここでの財政収入は予算内のみと考えられる。
出所：『中国財政統計2001』中国統計出版社　2002年、p.302とp.314。

表6-3 江蘇省と広東省の財政支出(決算)と上位10位項目の構成(2000年)

(万元)

	江蘇省			広東省	
1	教育事業費	1,174,255	1	基本建設費	1,533,503
2	行政管理費	557,050	2	教育事業費	1,447,466
3	企業合理化、効率化改革資金	523,863	3	行政管理費	1,009,542
4	都市維持保護費	470,433	4	公安、検察、法廷支出	944,016
5	基本建設費	457,956	5	税務部門事業経費	550,512
6	公安、検察、法廷支出	403,569	6	都市維持保護費	534,781
7	衛生経費	325,667	7	衛生経費	477,313
8	行政事業部門年金支出	205,180	8	行政事業部門年金支出	429,525
9	税務部門事業経費	203,468	9	農林水利気象等の部門事業費	333,980
10	分化、体育、放送事業費	170,500	10	企業合理化、効率化、改革資金	292,549
	総支出	5,912,810			10,803,189

注:ここでの財政支出は予算内のみと考えられる。「教育事業費」では、江蘇省:広東省は約1:1.23である。
出所:『中国財政統計2001』中国統計出版社 2002年、p.302とp.314。

例えば2000年の財政収入規模は**表6-2**に示されるように、広東省は江蘇省の倍を上回る。この差は、同表が示すように、営業税、企業所得税、個人所得税において、広東省における外資系企業を中心とした経済活動に対する場合のほうが、江蘇省における郷鎮企業を中心とする経済活動に対する場合より、圧倒的に高い徴税収入が得られていることによる。

しかし、このような財政規模の大きな格差にもかかわらず、教育財政(支出)についての格差は、江蘇省対広東省の比は、例えば2000年については**表6-3**に示されるように、1:1.23となって両省の水準はなかり近づいている。これは、この表に見られるように、江蘇省が教育を最重要項目とし、他の項目の支出を広東省と比べれば大きく削りながら、そこに財源を振り向けた結果と理解することができよう。

また、各省はこのような一般的な予算からの配分過程によって得られる「予算内財源」とは別に、目的税たる各種の教育附加税、その他(**表6-4**のⅠ.2.②「国営企業経営学校の経費」以下)を財源として有している。同表の「各種教育附加税」を見ると、2000年および2001年のいずれも、江蘇省の方が高い額を徴収している。

表6-4 江蘇省と広東省の総教育収入財源別構成 (万元)

		2000年		2001年	
		江蘇省	広東省	江蘇省	広東省
総計		2,617,051.4	3,144,558.4	2,905,677.2	3,609,720.5
I	政府財源による教育経費	1,697,212.6	1,868,329.5	1,821,456.7	2,157,814.8
1	予算内政府財源による教育経費	1,341,304.3	1,574,511.7	1,458,663.5	1,821,597.7
	①教育事業費	1,153,731.1	1,258,667.1	1,276,362.6	1,444,629.8
	②建設費	80,118.1	157,691.3	64,116.5	186,594.3
	③科学研究費	22,477.4	21,300.4	27,618.4	22,295.0
	④その他	84,977.7	136,852.9	90,566.0	168,078.6
2	予算外政府財源による教育経費	355,908.3	293,817.8	362,793.2	336,217.1
	①各種教育附加税	274,336.9	209,293.6	284,865.5	236,111.7
	イ　都市教育費附加	65,025.9	99,262.8	69,238.2	102,568.7
	ロ　農村教育費附加	163,918.1	102,771.0	162,922.8	129,524.7
	ハ　地方教育費附加	45,392.9	7,259.8	52,704.5	4,018.3
	②国営企業運営学校の経費	45,555.9	49,081.7	42,655.8	59,917.1
	③教育機関の産業からの収入	36,015.5	35,442.5	35,271.9	40,188.3
II	非政府財源(民間)による教育経費	919,838.8	1,276,228.9	1,084,220.5	1,451,905.7
1	社会団体、個人運営学校の経費	39,844.9	111,354.0	51,512.6	146,424.4
2	寄付金・募金による経費	127,053.1	175,376.7	161,112.9	160,269.3
	うち農村部	27,856.9	59,526.6	23,029.3	50,259.9
3	事業収入	640,912.0	852,643.2	745,153.9	984,354.2
	うち学費・雑費	340,528.2	615,607.7	407,901.1	724,698.7
4	その他	112,028.8	136,855.0	126,441.1	160,857.8

出所:『中国教育経費統計年鑑2000』中国統計出版社　2001年、pp.60-78、『同2001』同　2002年、pp.61-79。

　こうした結果、政府財政の総支出に占める教育財政支出は、江蘇省では**表6-1**に示されていたように近年30％台後半の水準で、全国1位に誇る高さとなっている[4]。ただし、広東省も、20％の水準であり、これは全国平均よりも高い。

　このように、教育のための財政的な努力は、江蘇省に際だったものがあるといえるが、先に述べたように、その額は広東省のほうが上回っており、したがって、住民1人当たりの財政教育費は、広東省のほうが高い[5]。

　客観的には江蘇省の教育条件（教師の質や施設条件）は広東省より不利なもの

第6章 江蘇省と広東省における教育財政と後期中等教育政策 153

表6-6 江蘇省と広東省各種学校別教師1人当たり予算内政府財源による年間報酬

(元)

年	1988		1989		1990		1991	
	江蘇省	広東省	江蘇省	広東省	江蘇省	広東省	江蘇省	広東省
職業高校	—	—	1,664.9	2,690.8	2,059.7	2,796.0	2,000.2	2,851.5
中等師範専門学校	1,787.9	2,009.9	1,965.8	2,342.6	2,081.7	2,796.6	2,162.6	2,660.1
普通中等教育学校	1,682.9	1,998.5	1,710.7	1,710.7	1,993.5	2,485.9	2,135.0	2,683.4
小学校	1,742.1	1,717.0	1,773.8	1,773.8	2,086.0	2,507.5	2,562.7	2,930.3

注:「普通中等教育学校」には中学校と普通高校が含まれている。
出所: 国家教育委員会財務司・上海市知力開発研究所『中国教育経費発展報告』高等教育出版社1989、91、92年版。

であった。例えば、教員給与にも歴然とした差が見られる。両省の「教師1人当たり予算内報酬」を学校種類別に見ると(**表6-6**)、1988年の「小学校」と1989年の「小学校」「普通中等教育学校」がほぼ同水準であることを除けば、すべての学校で、広東省のほうが高い報酬を得ている。これは広東省のほうが教員に要請される学歴水準を満たしていることが多く、それは時には外地人であることが多いことを反映していると考えられるのである[6]。

したがって、江蘇省では先の章で見たような強い教育需要の中で、相対的に限られた財源を教育に集中するという形での努力が見られた。しかし、なお用いられる資源としては広東省に比べれば不利な状態の中で、就学率や経済界の人材需要に応える卒業生の供給というパフォーマンスにおいて、広東省をしのぐべくさらなる努力が行われてきたと考えられる。先に、江蘇省のほうが、学校当たりの生徒数が大きいことを見たが、これも資源の効率的利用の努力と考えられよう。

2 市レベルおよび郷鎮レベル政府の教育投資と地域格差

今まで見てきたデータは、省、市、県、郷鎮すべての政府財政を集計したものであった。しかし、**表6-7**に示されるように、両省における非都市地域の教育財政は、実質的にかなりの部分が市レベルと郷レベルの財政によって支えられている[7]。このような財政構造においては、同一の省の内部でも、市や郷の教育財政の大きさは、それらの経済力や財政力を反映するものとならざるを得ない。

表6-7 江蘇省と広東省の非都市地域における学校教育経費の負担者

	経常費・教師の給料	設備の更新・施設の増設・教師の福祉
普通・職業高校	（県レベル）市政府、県政府	郷鎮政府
中学校	郷鎮政府	郷鎮政府
小学校	村と郷鎮政府	村と郷鎮政府

出所：1994年および1999年　江蘇省常州市教育委員会・武進市(県)教育委員会・L郷政府関係者、1999年の広東省深圳市宝安区教育局・宝安区SH鎮政府関係者に対するインタビュー。

例えば、**表6-8**に示されるように、江蘇省の武進市では近年は教育財政は全財政の40％台という高いシェアを占めている。そして、またその財源の半分が、**表6-9**に示されるように、予算外財政教育費である。予算外教育費は本来、予算内教育費の補足としての性質があったが、地域によっては予算内のそれと同様の重要性を有するものとなっている[8]。他方、先に**表6-4**において江蘇省全体について見たときは、予算外教育費は財政全体の2割を占め

表6-8 江蘇省武進市と広東省海南市の市レベル政府財源による教育支出

年	総教育支出（万元）		政府財源教育支出（万元）		1人当たり政府財源教育費（元）		政府財源教育支出対GDP比（％）		政府財源教育支出対財政総支出比（％）	
	武進市	海南市	武進市	海南市	武進市	海南市	武進市	海南市	武進市	海南市
1980	—	—	857	—	6.6	—	1.3	—	36.6	—
1981	—	—	968	—	7.4	—	1.4	—	39.6	—
1982	—	—	1,073	—	8.2	—	1.3	—	34.5	—
1983	—	—	1,217	—	9.3	—	1.2	—	36.4	—
1984	—	—	1,508	—	11.5	—	1.2	—	30.5	—
1985	—	—	1,813	—	13.8	—	1.0	—	30.7	—
1991	—	—	3,747	—	29.0	—	1.0	—	22.9	—
1992	—	—	4,868	—	37.7	—	0.8	—	25.9	—
1993	—	—	5,520	—	42.7	—	0.6	—	18.0	—
1994	28,261	—	9,861	—	76.3	—	0.7	—	28.3	—
1995	25,700	—	22,455	—	184.8	—	1.4	—	43.0	—
1996	27,919	—	21,914	—	180.7	—	1.2	—	40.6	—
1997	32,947	—	26,664	—	220.0	—	1.4	—	40.3	—
1998	37,978	—	30,427	—	251.8	—	1.6	—	40.2	—
1999	43,889	61,494	18,847	23,226	156.7	214.1	1.8	0.7	27.6	14.2
2000	47,979	90,930	21,531	35,687	179.1	319.7	1.9	1.1	23.8	18.0

注：武進市1991、92、93、94、99、2000年は政府予算内教育支出のみ。海南市の財政教育費は予算内のみ。
出所：常州市教育委員会『常州市教育誌1986』、pp.288-289、常州市教育委員会編『常州市各類教育事業基礎統計資料』1992、95、98年版、武進市統計局『武進五十年』1999年、p.51とp.72、1999年10月武進市教育委員会が提供した資料、『中国教育経費統計年鑑2000』中国統計出版社　2001年、『同2001』2003年より算出。

第6章 江蘇省と広東省における教育財政と後期中等教育政策

表6-9 武進市年間総教育支出およびその内訳
(万元)

年	1994	1995	1996	1997	1998
総額	28,261	25,700	27,919	32,947	37,978
政府財源による教育支出計		23,850 (92.8)	25,742 (92.2)	30,124 (91.4)	35,878 (94.5)
予算内政府財源による教育支出	9,861	10,410 (40.5)	12,941 (46.4)	14,839 (45.0)	15,978 (42.1)
予算外政府財源による教育支出	－	13,440 (52.3)	12,801 (45.9)	15,285 (46.4)	19,900 (52.4)
市維持費から	－	35	48	48	48
市属教育費附加徴収から	－	400	402	470	500
農村教育費附加から	－	5,929	6,323	8,947	11,700
内農家個人から	－	－	－	2,131	3,700
学費、雑費から	－	1,395	3,828	3,460	5,451
うち自費生学費、雑費から	－	－	－	1,275	3,050
学校産業から	－	1,133	1,235	1,174	1,351
市人民教育基金から	－	460	460	460	410
その他	18,400	4,088	505	726	440
民間、個人支出計	－	1,850 (7.2)	2,177 (7.8)	2,823 (8.6)	2,100 (5.5)
援助、募金から	－	1,850	2,177	2,823	2,100
その他	0	0	0	0	0

注：年間教育費総額＝政府予算内財政教育費＋政府予算外財政教育費＋財政外教育費。（　）内は教育総支出に占める割合である。
出所：データは武進市教育委員会総合室から提供されたデータによる。

ていた。これらの数値の差は、同じ江蘇省の中でも、経済的に先進的な地域ほど、絶対額ばかりでなく、財政規模に対する比率という点でも、より大きな教育附加税という教育財政のための収入を有していることを示すものである。

表6-10は、市レベルとその市内の郷レベルを合わせた1人当たりの教育経費総支出[9](1999年)について、江蘇省と広東省に関してそれぞれ上位3位と下

表6-10 江蘇省と広東省の上位および下位各々3(県)市の
1人当たり総教育支出(1999年)
(元)

上位3位の(県)市				下位3位の(県)市			
江蘇省		広東省		江蘇省		広東省	
錫山市	420.9	江門市	879.9	撲陽県	117.5	恵来県	113.7
混山市	369.5	番愚市	701.8	灌雲県	118.2	化州県	115.9
武進市	365.7	順徳市	617.9	新圻県	124.2	懐集県	133.1

注：ここでの市は県レベルの市のみを含む。省の直轄市の市区は除かれている。江蘇省は65の(県)市、広東省は78の(県)市を含む。
出所：『中国教育経費統計年鑑2000』中国統計出版社、pp.412-414およびpp.450-454。

表6-11 江蘇省と広東省の上位および下位各々3市と県の1人あたり地域内総生産

(元)

1990年							
上位3位の(県)市				下位3位の(県)市			
江蘇省		広東省		江蘇省		広東省	
太倉市	3,726	深圳市	10,706	銅山県	514	五華県	622
無錫市	3,699	佛山市	9,588	杯県	734	龍川県	702
混山市	3,579	広州市	7,346	濱海県	739	豊順県	704
1995年							
上位3位の(県)市				下位3位の(県)市			
江蘇省		広東省		江蘇省		広東省	
張家港市	22,483	佛山市	27,595	漣水県	1,823	平和県	1,391
錫山市	20,320	珠海市	23,681	撲陽県	1,823	五華県	1,736
太倉市	18,943	広州市	23,410	濱海県	1,900	陸豊県	1,893
1999年*							
上位3位の(県)市				下位3位の(県)市			
江蘇省		広東省		江蘇省		広東省	
太倉市	30,215	深圳市	39,745	準寧県	2,776	五華県	2,026
混山市	29,197	広州市	38,568	四陽県	3,152	平和県	2,339
錫山市	28,784	恵州市	37,101	撲陽県	3,269	東源県	2,552

注:*「1999年」は、広東省の場合は2000年である。
出所:『江蘇統計年鑑』1991、2000年版、『広東統計年鑑』1992、2001年版。

位3位までの市を示したものである。両省とも上位の市と下位の市の格差はきわめて大きい。また、1人当たりの予算内教育支出について見ると、格差はかなり縮まっている。同一の省内における大きな教育財政格差の存在と、そのような格差をもたらすメカニズムとして各地の経済力を強く反映する教育附加税や非政府教育経費などの制度が機能していることが見て取れるのである。

また、2つの省を比較すると、明らかに広東省のほうが江蘇省より大きな格差を有している。これは、**表6-11**に見られるように、基本的に広東省内にある、江蘇省内より大きな経済格差の存在を反映しているものといえよう。すなわち、いずれも格差をともなったとはいえ、江蘇省の内発的発展は、広東省の外発的発展の場合よりも、省内における経済格差を、また教育財政格差を、より少ない形でともなうものであった。

東信堂愛読者カード

　ご愛読ありがとうございます。本書のご感想や小社に関するご意見をお寄せください。今後の出版企画や読者の皆様との通信に役立たせますので、お名前、ご住所をご記入のうえ、ご返送ください。

┌─ ご購入図書名 ──────────────────────────┐
│   │
│   │
└──────────────────────────────────────┘

■ご購入の動機
1. 店頭　　　　　　　　　　　2. 新聞広告（　　　　　　　　）
3. 雑誌広告（　　　　　　　）4. 学会誌広告（　　　　　　　）
5. ダイレクトメール　　　　　6. 新刊チラシ
7. 人にすすめられて　　　　　8. 書評（　　　　　　　　　　）

■本書のご感想・小社へのご意見・ご希望をお知らせください。

■最近お読みになった本

■どんな分野の本に関心がありますか。

哲学　経済　歴史　政治　思想　社会学　法律　心理　芸術・美術　文化　文学
教育　労働　自然科学（　　　　　　　　）　伝記　ルポ　日記

郵 便 は が き

料金受取人払

本郷局承認

354

差出有効期間
平成17年 6月
14日まで

113-8790

240

（受取人）

東京都文京区向丘1-20-6

株式会社 **東信堂** 読者カード係行

ふりがな お名前				（　　　歳）男・女	
（〒　　　） ご住所	市区郡	（TEL　　－　　－　　）			

ご職業　1.学生（高 大 院）2.教員（小 中 高 大）
3.会社員（現業 事務 管理職）4.公務員（現業 事務 管理職）
5.団体（職員 役員）6.自由業（　　　　　　　）7.研究者（　　　　　）
8.商工・サービス業（自営 従事）9.農・林・漁業（自営 従事）
10.主婦　11.図書館（小 中 高 大 公立大 私立）

お勤め先
・学校名

ご買上　　　　　　　市　　　区　　　　　　　　書店
書店名　　　　　　　郡　　　町　　　　　　　　生協

3 江蘇省武進市L郷と広東省深圳市SH鎮の政府財源による教育支出

表6-12は、両省におけるそれぞれの調査地L郷とSH鎮の政府財源による教育支出を示したものである。L郷では1998年に1戸籍人口当たり183元、SH鎮では1戸籍人口当たり398元となっている。対財政支出は、それぞれ27.2％と14.5％であり、2つの省の全体的傾向（1人当たりの政府財源による教育支出が広東省で高く、対財政支出割合は江蘇省で高い）と一致している。

L郷では、1987年から11年の間に、名目で18倍以上の教育支出の成長があった。1998年の1戸籍人口当たりの政府財源による教育支出183元は、表6-10で見た江蘇省も最下位である撲陽県の総教育支出117.5元の1.5倍の水準にある。L郷の数字には、市からの財政部分は含まれていないことに注意する必要がある[10]。同様に、SH鎮の場合には、表6-10の広東省の最下位である恵来県総教育支出113.7元の3.5倍の水準にある。

すなわち、教育財政において、市・県レベルだけでなく、末端の行政レベルである郷・鎮の占める割合も大きく、そのため、郷や鎮の経済発展の水準

表6-12 江蘇省L郷と広東省SH鎮の政府財源による教育支出

年	L郷 教育支出（万元）	L郷 対財政支出比（％）	SH鎮 教育支出（万元）	SH鎮 対財政支出比（％）
1987	30.65	—	—	—
1988	69.44	—	—	—
1989	64.05	—	—	—
1990	69.15	—	—	—
1991	80.02	—	—	—
1992	100.17	29.3	—	—
1993	266.71	37.2	—	—
1994	350.00	38.9	—	—
1995	400.00	30.8	—	—
1996	500.00	26.3	—	—
1997	650.00	32.5	—	—
1998	550.00	27.2	—	—
1999	—	—	1000.00	14.5

出所：1994年9月および1999年11月のL郷政府関係部門での現地調査資料、1999年10月のSH鎮政府関係者に対するインタビュー、パンフレット『SH鎮』。

が、それらのレベルでも教育財政に大きく影響することが見て取れよう。

調査地であるL郷やSH鎮は、経済発展によって、それぞれの省内でも豊かな財政水準や教育水準を持っているのである。

第2節　両省における職業教育政策

1　職業高校拡大の問題

1980年代の両省における職業教育拡大や職業高校拡大政策は、単に中央政府の方針にしたがっただけではなく、同時に、両省の経済発展にともなう強い中級レベルの技術者需要に応えようとするものでもあった。1990年代に入ると、このような需要に応える職業教育機関は、両省ともに職業高校よりも専門学校へと定まっていく傾向にあったことは、第4章1節や前章第1節で触れてきた。このような職業高校の不振の一因は、その財政的な基盤の弱さであった。

まず、江蘇省の場合を見よう。江蘇省においては、経済の外向的な発展や産業構造の高度化への転換を図るために、1988年に中央政府の方針に呼応して「科学技術立省」という戦略を打ち出した。武進県も1989年にこれに並んで、「科学技術興県」を謳い、「農村地域のける科学技術研究・開発に関する推進事業」を行っている[11]。こうした方向が、省や県における後期中等教育の振興策を進めるものとなったのは容易に想像できよう。

また、1992年の「鄧小平南巡講話」(深圳市特別開放区の実験への肯定と改革開放の全国的推進)によって、改革開放の方向が一層明確化されたことを背景として、1990年代に入ると、常州市を含めた五つのハイテク工業開発区という形で、江蘇省全体としてのハイテク工業の建設が進んだ。武進市は、こうした産業発展の高度化戦略と高度化に即応して、「1996〜2000年人材プロジェクト企画」(表6-13)を定めている。そこで専門学校以上の学歴を持つ者あるいは高級技術労働者以上の職階のある人材需要の予測が行われている。2000年まで

表6-13 武進市1996～2000年人材需要予測表
(人)

専門分野	95年既存人材数	新規需要人材数
Ⅰ 工学類	11,071	7,700
1 機械	3,205	2,500
2 電子	1,143	700
3 冶金	257	450
4 化工	972	700
5 紡績	895	500
6 軽工業	681	400
7 食糧	301	200
8 建築	2,928	1,800
9 交通	201	200
10 農機、水利	488	250
Ⅱ 農業の多種類経営	1,771	1,000
Ⅲ 経済総合	7,379	5,000
Ⅳ 会計、統計	7,878	1,200
Ⅴ 教育	11,959	3,000
1 専門学校	73	250
2 小中学校	11,886	2,750
Ⅵ 医療衛生	4,234	1,000
Ⅶ その他	708	1,100
1 翻訳	13	150
2 弁護士、行政書士	33	150
3 メディア	77	200
4 図書館、情報	485	200
5 芸術、体育	97	100
6 科学研究	3	200
7 観光、飲食	0	100
計	45,000	20,000

注：ここでいう「人材」は専門学校以上学歴の者を意味する。
出所：武進年鑑編集委員会『武進年鑑1997』中国書籍出版社　1997年、p.249。

に総計2万人の人材需要が見込まれるのに対し、1万人は大学新卒や外地からの招聘により、残る1万人を企業や団体・機関の「委託養成」によって満たす計画となっている。また、このため、2000年までに、後期中等教育段階における就学率を90％にするという目標を定めている。

　しかし、江蘇省にあっても職業高校の拡大は問題を抱えていた。まず、職業高校は文化期の政治路線のためにほぼゼロの状態にあった。すなわち、そ

れは15年ぶりの再スタートを切ることとなったが、省内に1980年だけで一度に126校も作り出された。武進市では1984年時点で、職業高校3校があり、さらに9校の普通高校に各1から2個の職業コースが設けられていた。

職業高校の卒業生は、就職先が保証されておらず、したがって、その良好な就職状況を得るためには、職業高校の設置場所、時期、授業内容などを労働需要に合わせたものにする必要があった。しかし、長期間にわたり計画経済になれた地方政府当局や学校にとって、経済発展や市場経済に対応した職業教育はどのようなものなのか、そして、それをどのように運営するのかということが困難な課題であった。少し時期が後になるが、職業教育が盛んに行われた1980年代末に、江蘇省教育委員会と江蘇省教育研究所によって、職業教育研究会が組織されている。そして、その成果たる『経済発達地区職業教育研究』[12]には、次のような記述がある。「職業教育はとくに、社会の各業界が必要とする労働力の職業資格への需要を満たすことに特徴がある」[13]、「職業教育は新しい科学、新しい技術、新しい工芸の内容を絶えずに吸収することが重要である」[14]。また、職業教育の専門・科目設置の原則として、社会経済発展が要求する水準、地域や農村と都市の違い、学校の養成目標、学習年限の長短等を考慮することが指摘されている。これらは、職業教育が労働市場の要求に柔軟に応えるものとして構想・運営されることが必要であるという市場経済では当たり前のことを論じているともいえるが、当時としては新しいものであり、江蘇省の政策関係者にとって強調されるべき事柄であった[15]。

しかし、何よりも大きな問題は財政であった。急激な学校や学生数の増加は、通常であれば大きな通貨的な投資を必要とするが、実際には普通高校を職業高校に改編することが多かった[16]。一般に、職業教育には普通教育の数倍のコストがかかるといわれているが[17]、実際にはほぼ同様な予算しか当てられなかったと推定される[18]。

財政的な困難は、職業関係の教育の不備や教員の質の低さとして現れた。地域や学校によっては、専門科の教師がいない場合には普通科の教師が代替するか、普通科目に変更されたり、校内における実習が完全になかったり、実習のある学校でも形だけにとどまったり、校外実習も見学で終わったり、

表6-14　珠江デルタ地帯における1980年代後半期の教育事情

1. 労働力の学歴	1987～90年、地元労働力の中に小学卒40％、周辺地域からの出稼ぎ労働力の学歴レベルはさらに低い。有名企業の経営者でさえ一部中卒の学歴であった。
2. 企業協力の職業高校の後退	広州市教育委員会と工業部門の連携で設立した職業高校は、1984年に25校、その後、工業部門の連携撤回で1990年に13校しか残らなかった。
3. 個人の教育レベルと収入	教育と個人収入との間には「倒掛（負の相関）」という現象がある。例えば、深圳市教師の平均年収は企業に勤める労働力のそれより11.7％も低い。
4. 政府の教育投資	広州市の国民総生産に占める教育投資の割合は1985年に1.18％、1986年に1.20％しかなかった。中小学校における教育器具との設備は、国家教育委員会が所定する基準に達した学校は15％足らず、1987年に216校の職業高校＊に、実験設備が優であったのは0校、良は29校、合格は63校、不合格は46校、無しは81校。
5. 個人の教育投資	個人の教育投入が非常に少ない。デルタ地帯の人々の生活支出に占める学・雑費や新聞・文具などの教育支出は2.1％、広東省の平均の2.8％を下回る。
6. 教師陳の動揺	教師の「流失（他の職業に転職）」は1985～87年の2年間に、全デルタ地帯1.5万人にも上る。深圳市では、1988年の「流失」は333人、教師総数の8.1％を占める。
7. 教育の質の問題	1983～86年、広州市の高校卒業合格者は高3生の55％にとどまる。
8. 生徒のドロップアウト	生徒の中退やドロップアウトは、経済発展の進んだ市や県ほど顕著。また、中学校、特に中2生の中退が多い。広州市は1985年に中退やドロップアウトをした中学校生は3,413人に上る。
9. 進学意欲	受かっても高校進学しない現象が多く見られた。B市4,000人の生徒に高校合格通知を出したが、入学したのは800人足らず。同市の某鎮では54人高校合格者のうち、入学したのは7人。

注：＊普通高校に設けた職業クラスも含む。
出所：徐名滴等編『珠江三角洲教育戦略論』（国家社会科学基金研究援助プロジェクト）広東高等教育出版社。

実習というより単なる下働きをさせるだけに終わったりした[19]。また、良い教師を集めるための十分な給与も用意することはできなかった。表6-6によれば、職業高校教師や小学校教師のそれよりも低くなったりしている[20]。

こうして、「実際の職業教育の効果もないまま、3年経てば卒業させる」[21]職業高校は、その送り出す人材への信用を欠き、評判を落とし、したがって、入学希望者もしばしば不足し、職業高校の定員割れが生じることもあった。例えば、武進県の隣の無錫県では1988年の職業高校の新入生定員は1,383人であったのに対して、実際に入学したのは735人しかなく、充足率は53％にとどまっていた。翌1989年の充足率も68.4％に過ぎなかった。そのため、まず

一部の普通高校に附設した職業高校クラスが募集停止に追い込まれた[22]。

こうした状況は、広東省でも基本的に同様であった。例えば先駆的発展地域の珠江デルタ地帯にある広州市は、1984年まで市の工業部門の協力の下で25校の職業高校を設立・運営してきた(表6-14)。しかし、それらの経済協力部門は、教育投資の見返りであるその卒業者に満足できず、80年代の後半より市教育局との連携を取りやめていき、80年代末期には半数以上の職業高校が姿を消すこととなった[23]。

2　専門学校の成長

しかし、職業高校が場合によっては閉鎖されたりするような人気を失ったのは、技術者の需要がなかったからではなく、問題はその教育の質、したがって卒業生の質にあった。このことは、より高い質の職業教育を行い、卒業生を需要に応える形で送り出した専門学校の成長が物語っている。

江蘇省の場合を見よう。まず、専門学校の場合、1980年以前からの基盤があった。1975年から80年までの各年の専門学校数はそれぞれ、86校、82校、83校、93校、111校と116校となっている(第4章表4-5、表4-6、表4-8も参照)[24]。また、1980年以降、学生数の上昇はあったが、学校数の増加は比較的少なかった。財政的にも、前節や上記の表に示されるように、職業高校のそれよりずっと良い状況があった。また、1980年代の拡大が緩やかなものであったことも幸いした。すなわち、「学校自身の基礎的な建設が可能になり、専門設置の改善、資源利用の合理化も図れた。その結果、より適切な人材を市場に送り出すことができた」[25]のである。

広東省においても、専門学校の成長は江蘇省と同様な傾向を示している。専門学校は、1966年に219校あった。文化大革命の政治的影響により70年に8校まで減少したが、その後少しずつ回復し、84年に134校[26]、87年に227校となっていた。その後、学生数は増加したが、学校数は200校のレベルにあった。財政的にも、例えば、師範学校の生徒1人当たりの政府予算内支出は、前述の江蘇省と同じ、職業高校のそれの3～5倍となっている(表6-5)。これらは、江蘇省と同様に順調な専門学校の成長をもたらしたのである。

3 江蘇省における政府と企業の協力にもとづく職業教育の推進

先に、財政的な弱点を抱えた職業高校がさまざまな形で問題を露呈してきたことを述べた。しかし、そのような問題の存在から、すべての職業高校を一律に否定的に評価するのは正しくない。あるいは、改廃の存在それだけから職業高校が無駄であり、失敗であったかのようにいうのは間違いであり、学校やコースの改廃も、それが需要に即応している限りむしろ好ましいことであろう。また、中級レベルの技術者需要が両省で実際に強く望まれたことも確かであり、それに応えるための努力が少ない財源の中で行われてきたことも正当に評価する必要があろう。

ここでは、職業教育発展の実験を、農民自身による資本蓄積を通じて下からの急速な発展を見せてきた、したがってまた、技術者養成のための自助的な努力が真剣に進められてきた江蘇省の非都市地域に焦点を当てて検討していくこととしよう[27]。そこでは、企業との協力的な関係の下に進められた各レベル地方政府の施策が特徴的なものとして浮かび上がってくるであろう。

江蘇省では、省や県政府は1984年郷鎮企業が合法化される前から郷鎮企業を保護してきた。また、郷鎮企業は郷鎮政府の支援の下に作られ発展してきたものである[28]。したがって、企業が省外からの人材を招く経済的な余裕が不十分な中で、各政府と企業が協力的な関係を持って、企業の要求する人材を供給するための職業教育促進を行ってきたことは当然といえよう。

そうした実態を武進(県)市の場合について見よう。表6-15は武進(県)市で営まれている後期中等教育レベルの職業教育を、設置主体別に整理したものである。こうした職業教育の体制は、1980年代初頭から形成が始まり、1990年代初頭に基本形が構築されてきた。教育委員会が所管する諸学校は量的にも大きく、質的にも模範的な存在とされ、他の諸学校や附設コースに対して指導的な役割も果たしていると見なされている[29]。以下、設置主体別に、政府側の職業教育政策と郷レベルにおける企業や住民の要求との関係を述べていこう。

表6-15 江蘇省武進市における中等職業教育の展開

設置主体	学校種類	1998年時の規模*1	
(1)(県)市政府部門			
(県)市教育委員会	職業高校	7校	3,017人
	専門学校	1校	337人
	職業高校コース(普通高校附設)	18クラス	523人
	専門学校コース(普通・職業高校附設)		2,803人
	技工学校コース(普通・職業高校附設)		
	普通高校「2+1」型コース		
市(県)労働局	技工学校	1校	368人
(2)郷鎮政府	職業高校コース(郷鎮成人教育センター附設)		1,308人
	専門学校コース(郷鎮成人教育センター附設)	90人	
	技工学校コース(郷鎮成人教育センター附設)		
(3)企業	技工学校*2	1校	
	職業高校	1校	105人
	専門学校コース(武進市を含む常州市全域内の諸学校附設)		155人

注：表に示したのは正規の学校教育として認められた部分のみであり、成人教育部分は含まれていない。常州市以外の都市に設置された場合もあるが、この表に含まれていない。
*1 学生数またはクラス数を示していないのは、その数が不明の場合である。
*2 企業による技工学校は1992年に設立され、当初100人の生徒がいた。98年現在の状況は不明。
出所：常州市教育委員会編『常州市教育事業基数統計資料』(非公刊)1990、92、95、98年版、何志清「直面市場経済、加快職教発展」常州市職業技術教育学会編『常州市職業技術教育学会資料・論文集』1994年、pp.48-52および常州市教育委員会・武進市教育委員会・企業でのインタビューより作成。

1)　(県レベル)市・県教育委員会所管の諸学校および附設コース

　これらの職業教育機関は、専門学校を除き基本的に各鎮に設置されており、郷・鎮の経済的支援は不可欠な経費源となっている(表6-7)。学校側と教育行政部門の関係者へのインタビューによれば、後期中等教育、とくに普通高校と職業高校においては、(県)市財政から経費が支給されているが、郷鎮財政からの支出はそれと匹敵するほどであり、ときには、その数倍に達している[30]。

　それらの学校における職業教育の専門の設置に関しては、最終決定権は市県教育委員会にある。しかし、武進市教育委員会関係者によれば、市全体の需要やバランスを考慮したうえ、基本的には、学校所在地の郷鎮の需要や郷鎮政府の意見と希望を重視するということである。このため郷鎮政府と教育

委員会の協議のための会合が年に1～2回開かれる。郷鎮政府による財政的支持ゆえに、地元郷・鎮の発言が重要性を持っているのである。

他方、郷鎮政府に対しては、企業や学校が、随時郷鎮政府の教育課に意見・要請などを述べる機会を有している。

イ）正規の職業高校

教育委員会による正規の職業高校は、1984年3校、1986年4校、1995年6校、1998年7校と次第に増えてきた。このような数の増大は、先に述べたメカニズムを通じた各郷鎮の労働需要に合わせた専門の変更をともなったものであり、この結果、卒業生の就職状況は良好であり、通常8割強が地元の企業に就職してきたという[31]。

ロ）附設の職業高校コース

これに対し、職業高校コース（普通高校附設）は、増減の変動が大きかった。このコースはとくに非都市地域の普通高校に多く設置される。郷鎮内の少人数の職業教育需要へ迅速に対応するため、普通高校の施設・設備を有効利用するものである。武進市では、郷鎮企業が中等レベルの労働力の最も欠乏した80年代半ばから1990年代初頭に、100クラス（学生数3,000人）前後にも達していた。しかし、これらの附設コースは、その教育の質に限界があり、地域企業の労働力への質的な要求の高まりにつれて、労働市場において卒業生に対する需要が減少し、1998年にその規模は18クラスの523人となった。

ここで、L郷における職業高校コース（中高一貫校の高校部へ附設）決定の事例を見よう[32]。1980年代初期、教育委員会ではL郷中高一貫校に職業教育コースを2つ設置する意向があり、郷の意見が求められた。郷政府は、水産養殖コースと機械コースの設置を求めた。当時、L郷では、まだ8割前後の者が第1次産業に携わっており、農民がより早く豊かになるために、彼らの間で養殖事業を広めていくことが有効と考えられた一方で、L郷機械・電子・化学工業などの関連工場があり、熟練工や技術者を求めて工場長らによる数回にわたる陳情を受けていたのである。郷は県教育委員会に書面と口頭による報告と説明を行い、教育委員会はそれに沿ってコースの決定を下した。1983年～1988年の間に、それぞれ2回と4回の3年制コースがL郷中高一貫校に

附設され、実施された[33]。機械専攻の卒業生はすべて郷・鎮・村の企業に入り現場の技能労働力や技術労働力となっており、水産専攻卒業生の8割は水産養殖の自営業を営んでいるという[34]。しかし、労働需要の減少[35]と普通高校への進学要求の増大にともない、90年代初前半期にこれらの職業コースは取りやめとなった。

このように、とくに附設コース専攻の変更、開設・廃止は郷の需要を第1の基準とされ、それに素早く対応するものとなっている。本来、1980年代初頭において、附設コースは、財政的な裏づけがないままに中央の職業教育拡大の方針に促されて、臨時的かつ応急的な措置として編み出されたものという側面を強く持っていた。実際、武進市の附設タイプの職業高校コースは、教師と実験場に関して、しばしば教育委員会の求める基準に達していないことが関係者に指摘されている。しかし、それは職業教育として失敗に終わって消えていったというものではなく、むしろ、郷レベルの需要と密接に結びつくことによって、厳しい財政制約の下で財政効率的であり、また、労働市場においてそれなりに実効的であった職業教育が試みられてきたと考えることもできよう。

ハ) 専門学校

もともと中等レベルの技術・管理人材を養成する専門学校と技工学校は、1990年代初期までは都市のみで設置され、卒業生も都市部の国営企業や機関に配属されていた。しかし、1990年代以降、郷鎮企業の発展が非都市地域においても、大量の中等技術者や管理者の労働需要をもたらすようになると、これに対応するものとして専門学校や技工学校が主要な位置を占めるにいたる。また、それと同時に専門学校教育等を施す場所が拡大し、武進市における専門学校卒や技工学校卒の人材は、①武進市所在の専門学校や技工学校、②常州市の専門学校や技工学校[36]に加え、さらに新しく設置されていった③武進市内の郷鎮の専門学校コースと技工学校コース（普通高校や職業高校に附設）によって賄われるようになった。

③に対応する専門学校コースの学生数は、1990年代初頭においては100人前後であったが、1998年現在2,803人となっている。この数値は、①に対応

する武進市所在の専門学校337人の8倍を上回っており、①②③の総計である武進市出身者の専門学校生総数の約4分の1に当たる[37]。

これらの附設専門学校コースの多くは、常州市の正規の専門学校と連携し、その援助の下に教育の改善を図っている。コース運営の経費は、通常、附設される学校所在の郷鎮政府がその半分以上ないし全部を負担している。その卒業生は、都市に設置される専門学校の卒業生のような都市産業に入るルートを持たず、地元に残るのが普通であり、また、それが期待されているのである。このような附設コースもまた職業高校附設コースの場合と同様、限られた財政の中での効率的で迅速な人材需要への対応を図ったものと評価することができよう[38]。

ホ）普通高校総合制（「2+1」型）コース

総合制（「2+1」型）コースは、母体を普通高校とし、それを改造することによって、一般教育機能と職業教育機能をともに備えた総合高校を作ろうとする試みである[39]。一定の基礎的な知識と汎用的な技術を身につけた労働力を準備するという発想の下に、とくに1990年代前期まで、多くの郷の高校で実施された。1990年代半ば頃には、蘇南地域だけで、こうした総合高校の実験が40校で行われていた[40]。しかし、1990年代後半以降になると当初より勢いが衰えてきた[41]。L郷中学校では、1993～94年に、「進学コース」と「職業コース」の「2+1」型コースを普通高校部の一部で試行したにとどまった。

この総合高校コースは、試行的かつ実験的な要素が強いように思われる。

2) 郷鎮成人教育センター附設の各種コース

郷鎮成人教育センターは、1980年代に、各郷・鎮政府によって、企業の協力の下に、後期中等教育の各種コースを提供するものとして設置された。それは、都市の高等教育機関と連携して教育を施すなど、郷鎮内の教育資源を集中することによって職業教育のための本格的な教育環境となっている。それらのコースでは、往々にして、普通高校附設の職業コースより充実した教育が提供され、とくに職業高校のない郷鎮で活用されてきた。

センターは、本来、社会人の教育を行う場所とされたが、先に見たS公司

のような郷鎮企業における人材養成の場として成長していき、現在では企業との関わりがきわめて強いものとなっている。郷鎮成人教育センターで行われる後期中等職業教育を受ける生徒の多くは、企業によって派遣されている。したがって、卒業後は企業に戻る。このシステムは、1) 生徒個人が教育費用を負担しないこと[42]、2) 専門設置に地元の企業の意見が反映し、また、すでに雇用されているので、学んだことが卒業後に直ちに職場で役立つという特徴を持つ。

　附設コースの各学校の内、職業高校コースが重要性を持ち、1998年現在のその職業高校コースの学生数は1,398人に上り、普通高校のそれの2倍を上回るものとなっている。

　調査地L郷の成人教育センターの事例は、地元企業（より具体的にはS公司）との結びつきを端的に示すものである[43]。1983年の設立時より、企業の人材需要に応えることが目的とされ、コースの専門の選択や講師（主に大学、短大、専門学校教員）のリクルートは、企業が行ってきた。学生は、約8割が企業に雇用され、企業から送られてきた者であり、一般の個人的利用者は残る2割程度である。運営経費は、1980年代には、郷政府6割、利用企業4割の負担であったが、1990年代には、企業負担が8割に増え（S公司は毎年50万元から60万元負担）、さらに、その末からは、全経費が企業負担（S公司はその9割負担）となった。L郷成人教育センターは、センター長として公務員を配置しており、その下で教務管理が行われていることになっているが、とくに1990年代末以降は、経費ばかりでなく、その運営も郷政府ではなく、企業が行うものとされており、今や事実上、次の項で述べる企業による学校と考えてよい。

　そこでは、企業の要求にもとづき、これまで機械、電子、車修理、電気機械などの9つの専攻コースが設けられ、短大、専門学校、技工学校、職業高校といった多様なレベルの正規職業教育が、都市のY工学院や常州鉄道機械学校との連携の下で、行われてきた。1993年のデータでは、それまでの卒業生は318人おり、160人がL郷企業の中級以上の技術・管理的職位にあり、1,994人が技術職として勤めているという[44]。S公司は、1991年に専属コースを設けている。

3) 企業による職業教育の学校と職業教育コース

これは民間の財力を活用して職業教育を発展させようという狙いの下で展開されたものである。1990年代に入ってから、大手郷鎮企業をはじめ多くの企業では、自らの需要に合った労働力を育てる、または従業員を訓練する必要性と同時に、そのための経済力も持つようになってきている。こうした考慮の下に、政府は「先培訓、後就業。先培訓、後上岡（訓練を受けてから働くこと）」を原則として、企業に職業教育を行うことを推薦した。その一部は、上述のように郷鎮成人教育センターの財政的支援、運営参加の飛躍的強化やそこでの企業専属コースの開設という形をとるが、連携の大学・短大・専門学校で教育が行われる場合も多い[45]。L郷S公司も楊州大学と連携して、楊州大学内にS公司短大コースを設けている[46]。

以上のように、郷における企業の労働需要や人材養成の要求は、郷政府との密接な協力関係や企業自らの経済的な負担を前提に、郷に設置されている職業高校や専門学校などの附設コース、成人教育センターなどを通じて、あるいは企業による、郷を越えた都市に位置する大学・短大・専門学校との直接的提携を通じて満たすことが目指された。武進市の職業教育政策の形成と発展は、このような企業の労働力調達や人材調達の方式に促されてきたものであった。

4　広東省における政府と企業の協力関係の弱さ

では、広東省やその下にある郷鎮では、職業教育の展開において、このような企業と政府の協力的な関係にもとづく試み、企業の労働需要や人材養成に直結した試みは見られなかったのであろうか。例えば、先に述べた広州市における工業部門との協力による職業高校設置は、その設置数が後に半減するとはいえ、このような試みとして評価すべきものであろう。

しかし、調査地SH鎮政府におけるインタビューによれば、1980年代、企業は地元の教育に対して消極的な態度を示していた。鎮政府の側からの職業教育に関する話には興味を示さず、企業自らの要請はなおさらなかったとい

う[47]。実際、SH鎮では1990年代初頭まで、後期中等教育の発展の低迷が続いた。また、SH鎮での企業インタビューによれば、S公司で見たような「代培」や企業内教育制度は、この時期ではきわめて少なかったという。必要の専門人材は大抵招聘などで賄えていた。そのため、企業が地元の学校に寄せる労働力養成への期待も小さかったのである。

また、SH鎮の成人学校[48]も、上で見たL郷などの成人教育センターとは様相を異にしていた。そこでは、具体的な企業の人材需要というよりも、「地元社会の人材需要」に応えることが目指され、鎮政府が、コースの専門の選択、講師のリクルート、運営を行っている。利用者は、8割が個人であり経費も郷や企業ばかりでなく、個人によっても負担が担われている[49]。コースはL郷のように製造業に集中することなく、コンピューター、会計、秘書、電機、機械など、多様なものとなっている。

深圳市やSH鎮においても、企業が職業教育のあり方について市や鎮の政府に対して意見を述べたりすることは当然あったであろう。しかし、管見したところ、先行研究によってもそのような事例は報告されておらず、現地のインタビューにおいても、関係者により積極的に言及されることは全くなかった[50]。広東省深圳市などの発展地域においても企業は、経済発展の中で強い人材需要を持っていたはずである。ただし、企業にとって他の人材調達のオプションがあるとき、政府や個々の企業による職業教育をめぐる努力の事例[51]があったとしても、省全体として概して言えば動機づけや意気込みにおいて弱い者となる蓋然性は否めないであろう[52]。

ただし、確定的な結論を出すにはより実証的な研究の積み重ねを待つ必要があるということまでもない。

第3節　両省における普通高校政策

1　江蘇省

江蘇省では、中央政府が指針を緩めた1995年に先駆け、1994年頃より普通高校就学者数の加速的な拡大が見られた。これは拡大以前の時期における普通高校の制度的強化や質的改善と、拡大期におけるそれまでの潜在的に高まりつつあった普通高校教育への需要への積極的対応策とが相俟ってもたらされたものと考えられる。

1) 普通高校教育改革

まず、1980年代末から始まった普通高校教育改革について簡単に触れておくこととしよう(**表6-16**を参照)。

第1に、後の全省レベルでの普通教育発展にとって重要な意味を持ったのは、1980年代末より進められた、すべての郷鎮に普通高校を設けようとする政策である。普通高校のない郷では新たに設置され、複数ある郷では合併するといった調整が行われ、1995年頃にまず「蘇南」地域で、そして1990年代末になるとほぼ全省の郷や鎮において、普通高校1校が存在するという体勢が作られた[53]。

表6-16 江蘇省普通高校の改革・改善措置

Ⅰ 設置・運営に関して
  イ 1980年代末期より、県と郷鎮による「合弁」で郷ごとに普通高校1校という態勢作り
  ロ 1990年代初頭より、「三制」(校長責任制、教師招聘制、教諭職務担当責任制)の推進
  ハ 1990年代半ばより、「政府のマクロ的な指導と社会全般の参与」の方針
Ⅱ 教育活動に関して
  イ 1984年、教育内容と手法の改善のため、15の実験校を設け
  ロ 1989年、「普通高校の環境改善専用経費」を設置
  ハ 1990年、15の実験校の実験成果に基づき、普通高校の教育計画に調整
  ホ 1992年、「普通高校改革の強化」の方針を打ち出し
Ⅲ 教師陣のレベルアップ
  イ 1980年代半ばより、教師に学歴アップを要求
  ロ 1988年より、校長による学校見学会、教育・管理経験交流会の結成
  ハ 1990年より、すべての普通高校の校長の再教育・再訓練を実施
  ホ 1995年より、「青年校長研修班」による2年の訓練コース実施
Ⅳ 総合制高校の実験と実行
  イ 1980年代末より、「2+1」型コース
  ロ 1990年代半ばより、芸術コース
  ハ その他、教養教育と技術教育混在型、学校間協力・結合型

出所:江蘇省教育委員会『江蘇教育年鑑』江蘇教育出版社 1996年、武進県教育委員会編『武進県教育綜合改革資料選編』 1993年、福岡大学現代中国社会・文化調査団『現代中国における社会的・文化的変動に関する実証的調査研究』1996年、阿部洋代表『現代中国における教育の普及と向上に関する実証的研究』1999年および現地におけるインタビューより作成。

第2に、1990年代半ば頃より、省政府によって、普通高校自身の管理権限強化が進められた[54]。1985年の体制改革により、普通高校の設置・管理に関する主な権限は、省から市や県に下ろされたが、同時にその管理権も市や県の管理・監視の下におかれ、人事や学生募集を含めた重要事項のほとんどについて、学校は無力であった。それが改められたのである。

これらの措置は、郷と普通高校の結びつきを強めたという意味で重要なものである。普通高校の設置・管理は、基本的に県・市政府の教育部門（教育委員会）がなお担うことになっている[55]。しかし、この改革は県・市側から見れば、財政的な支持を制度的にも実質的にも確保するものであったが、郷の側から見れば、普通高校の実際の運営面においても、このような財政的支持を背景に、郷政府による地元の普通高校への積極的関与を可能とするものであった。そして、当然そうした郷政府の関与は、郷における企業や住民の要求をより反映するものとなった[56]。

これらの措置は、省による普通高校制度の運営の大枠や評価基準決定という間接的なコントロールを導入していく過程で実施されていった。すなわち、各学校においては、「校長責任制（校長の管理責任、権限の明確化）、教師招聘制（終身雇用ではなく、定期的再契約）、教諭職務担当責任制（教師の職務・責任の明確化）」が導入され[57]、省政府が定めた各種職務の範疇と達成基準に沿った定期的評価を行い、その結果を教師や職員の給与に反映するための仕組みが作られていった。この「三制」の制度が推進されていく過程で、学校のさまざまな側面で実質的な変化が始まったという[58]。

このような方式は、一般の民間企業の管理や人事運営に見られるような競争的な制度に類するものであり、それは、郷の財政的役割の増大という条件の下で、各郷にある普通高校の間の財政的格差や教育の質の格差を生み出す。このため省は、とくに財政基盤の弱い「虚弱体質」の普通高校に対し、1989年より、その改善のために、年500万元（「普通高校環境改善専用経費」）の支出を行っており、各市・県政府もこれに従い、相応な行動をとるようになってきている。

以上のような仕組みを整えつつ、1992年から、既存のすべての普通高校に

表6-17　江蘇省の普通高校専任教師中4年本科以上の学歴を持つ者の割合
(%)

年	1987	1990	1996	1998
江蘇省全体	46.00	50.74	60.89	64.71
常州市	55.69	57.80	68.19	79.71
武進市	—	58.30	65.81	77.33

出所：前掲『江蘇省教育事業統計資料彙編』該当各年版。

対して検査が行われ、評価や質の悪い高校の廃止・改編・合併が進められた[59]。こうして、1990年代末には、先に述べたように、基本的にすべての郷に普通高校が設置されることとなったのである[60]。

この過程で、学校数は減少したが、その質は改善されている。とくに教師の質について見ると(表6-17)、4年制本科大学卒業の教師の割合は、1990年代初頭には全国平均(第1章表1-3)とほぼ同じ水準であったが、1990年代後半にはそれを数％ほど上回っている。常州市と武進市では、全国平均より約10％高い水準にある。

2) 1990年代半ば以降の普通高校の拡大

1995年5月の中央政府による普通高校拡大容認策を受けて、同じ年、江蘇省は教育担当副省長王珉の名前で「弁好普通高校」(優良な普通高校を作ろう)という政策を発表している。そこでは、中等職業教育拡大政策が維持されると同時に、都市と経済発展地域における普通高の拡大方針が示され、数値目標として、その在学者数を1995年の約43万から2000年の55万人まで増やすことが記されている[61]。また、そこでは、民間の財力の活用が述べられており[62]、その後、普通高校における学費の徴収が次第に導入され、また、募集定員の2割が「私費学生」枠[63]に充当されるなど、個人負担の手段による財政強化策も講じられるようになった[64]。

このような普通高校拡大策は、経済発展が進んだ、また、すでに改善がなされた高校を有する郷において、積極的に受け止められた。そこでは、高い学歴を持つ労働力への需要も、そのため自らが経済的なコストを負担する能力も高まっており、省の政策が明確化する以前から普通高校拡大の動きがあったのである。

武進市L郷の事例はこのことを如実に物語っている[65]。ここでは、普通高校施設の建設は、すべて郷政府による投資で行われた。表6-12によれば、L郷中高一貫校の高校部の建て直し期に当たる1993～95年(1996年以降は中学校部の建て直し)の間に、郷財政による教育支出がとくに大きいことが分かる。その時期の郷財政による普通高校への投資額は、武進市政府から支給された経費の約3～5倍という。

郷政府による普通高校建設を推進する力となったものの一つは、地元の優良企業であるS公司の強い要請であった。S公司による高校教育の拡大要請は、80年代後半からのものであり、1985～1993年の間にそのための助成金を寄せている。

前章で見たように、L郷において企業は高卒者を採用し、訓練や再教育を与えるシステムを有しており、学校への期待は直接的なものであった。S公司は地元高校教育拡大要請の際に、その卒業生を採用することを郷政府および学校側と約束している。

さらに、経済発展はその核たる工業分野を支える技術者や管理者需要に対応する教育への要求ばかりではなく、サービス産業従事者のための教育を求めるものともなっており、あるいは家族は多様な教育機会の中から選択を行うことがより多くなってきた。

このような中で、学校もまた住民の要求に積極的に応え、あるいはより魅力的な教育内容を提供することによって、学校間の競争に立ち向かっている。L郷においては、1995年以降、高校に普通科教育コースと並んで芸術科コー

表6-18 武進県L(郷)鎮中学校の後期中等教育への進学率

(％)

年	進学率	年	進学率
1986	46.2	1993	59.9
1987	47.0	1994	63.3
1988	51.4	1995	65.2
1989	52.2	1996	69.5
1990	54.4	1997	72.0
1991	55.6	1998	76.0
1992	59.2	1999	82.0

出所：1994年のL(郷)鎮中心中等学校教務室が提供した資料および1999年の同校校長に対するインタビュー。

スが設置された。そこでは、武進市全体の郷・鎮から集められた生徒に対し、芸術大学進学のための進学教育が徹底的になされている[66]。

L郷における普通高校の量的発展は**表6-18**(L郷一貫校の中学卒業生の進学率)に示されるように、1980年代後半以来の持続的な増加や1990年代半ば以降の5年間で20ポイント近くの急速な発展が見られた[67]。

2　広東省

1)　経済発展地域──デルタ地帯──

広東省においては、前章で見たような事情を背景として、発展地域の郷鎮レベルでの普通高校の教育機会を求める企業や住民の声は弱いものであった。徐銘滴他『珠江三角洲教育発展戦略論』[68]によれば、1980年代末、珠江デルタ地帯の某市では、普通高校への入学者数を4,000人という枠を設けた。しかし、実際に入学したのが800人足らずであった。同地域の某鎮では、同年普通高校への合格者54人であったが、実際に入学したのは7人であったという。

こうした状況に対し、省は1993年2月、その普通教育会議で、「教育の遅れ、人材の欠乏、労働力の質の低さおよび科学技術による経済への貢献の弱さが、今後の経済発展を妨げる重要な要因となる」[69]として、教育財政強化を含む教育発展策を打ち出した[70]。しかし、後期中等教育の就学率はすぐには改善されず、1990年代半ば以降に、デルタ地帯を中心としてやっとその上昇が見られるようになった。

地方政府による改善策が末端の鎮レベルでどのようなものであったか、それが住民にどのように受け止められたのか、調査地の深圳市SH鎮の例を見よう。SH鎮には1957年に設立された古い中高一貫校があった[71]。鎮政府は、1995年と1996年の2年間に、2,000万元余り[72]の資金を投じ、老朽化した校舎の建て直しと拡大を図った。さらに、その後、LL教室の完備やコンピューターの導入などの投資も行われ、筆者の調査時(1999年)には、これらの設備は利用されていた。

また、教師の質の向上に関しては、1992年より高報酬による外地教師の招聘が始まった。1999年現在では、SH鎮中等学校では他の省のからの教師が

90%を占めている[73]。高校教師の年収はさまざまな手当てを合わせると約45,000元[74]と推算され、これは、中国全体はもちろん広東省の賃金の平均水準からみても非常に高く[75]、さらに当地の住民(戸籍ある者)の年収水準と比べてもより高い。他省から来た教師には、宿舎が用意されるばかりでなく、当鎮に長期にわたり正規勤務した場合、鎮が建設・購入したマンションが提供されるなど、厚遇が与えられてきた。正規教師360人に対し、1996年までに提供されたマンションは166戸にのぼるという[76]。

学校の物理的環境や先生の質を改善するばかりでなく、学生や住民に対する直接的な奨学政策として、成績優秀者(期末テストの成績がクラスの上位3位まで)に、奨励金数百元を与えることも始まった。また、高等教育機関への合格者にも、重点大学は10,000万元、一般大学は6,000元、省レベルの短大は3,000元、市レベルの短大は2,000元が与えられることとなった(2000年の規定)。

さらに、1990年代末には、子弟を後期中等教育へ進学させない家族に対して、村や鎮の配分金[77]を与えないという罰則までが作られている。また、村(鎮の下位の行政レベル)や鎮の幹部というポスト[78]を占める者に対しては、90年代後半より、徐々に高卒以上の学歴を要求する方針がとられていった[79]。それらのポストは、名誉や権限、収入や実利をもたらすものであり、以前は小学卒でもなれた、地元人の社会生活にとって重要なものである。

以上のような就学奨励策あるいは就学強制策は、デルタ地帯の多くの郷鎮でみられるものであり、1997年アジア経済危機が経済発展のあり方に反省をもたらし、広東省の政府関係者が、将来の経済発展のための教育の重要性を痛感した結果であるといわれている[80]。しかし、それは政策側の熱意や危機感を表わすものであるが、同時に、鎮レベルの教育関係者がそろって指摘するように、家族の側での教育への熱意がまだ十分には強くなっていないことを示すものでもあろう。

とはいえ、こうした1990年代に入って以来の政府主導の強力な後期中等教育拡大策は、大きな効力を発揮してきており、進学率は、**表6-19**が示すように、相当高くなっている[81]。そして、経済発展地域においては、専門学校、技工学校への進学要求は増大の勢いが弱まり、普通高校進学、そこからの高

等教育進学が徐々に選好されるように なってきたという。成績優秀者は、普通高校や大学へと進むのが普通になりつつあり、1995年以降、広東省においては、専門学校の経費は基本的に個人負担(私費)によって賄われるものとされ、お金さえ払えば、成績に関係なく入れるようになった[82]。

表6-19　広東省デルタ地帯 SH 校と N 校の後期中等教育への進学率

(％)

	SH 校	N 校
1992年	20～30	30
1999年	90	70

注：学校には卒業者の行方の統計がなく、この数字は大体の推算であり、インタビューによる。
出所：1999年の宝安区の SH 校および南海市の N 校への聞き取りによる。

興味深いのは、SH 鎮においても、江蘇省 L 郷と同様に、SH 中高一貫校の高校部では、第3学年に美術、音楽、体育のクラスを設け、「特色ある高校づくり」が行われていることである。高い収入水準を持つにいたった住民の間で多様な教育需要が発生していることが示されており、また、学校の側でもこれに積極的に答えてきていることを意味しよう[83]。

2) 低発展地域——山岳地帯——

すでに述べたように、県や郷鎮の経済発展の格差は、教育財政格差をもたらす。したがって、経済発展の遅れている山地地帯では、経済発展の進んでいるデルタ地帯と比べ、後期中等教育発展も大きく遅れている。

しかし、山岳地帯も経済発展、教育発展の遅れは歴然としているものの、デルタ地帯の発展や省政府などの影響をさまざまな形で受けて、就学率の増大傾向を示している。また、大枠において、デルタ地帯と同様の後期中等教育の発展構造と同様の傾向が見られる。

山岳地帯における後期中等教育の就学率を示す公式のデータは入手できなかったが、例えば、1999年に現地調査を行った曲江県では、県全体平均的に、30％程度の就学率だといわれている[84]。そこでは、後期中等教育に進学を希望する者のうち、高等教育まで進むことを視野に入れられる者について、学校や教育行政側は普通高校進学を勧め、生徒もそれを選択する傾向がある。他方、後期中等教育卒業後のさらなる進学を考えていない者の間では、職業高校より専門学校や技工学校が選ばれるために、職業高校は後退の傾向を表

している。
　山岳地帯の電白県や連山県における同様の現象が、馬戎らの調査[85]によって報告されている。電白県では、1995年時点で、かつて造られた8つの職業高校は、入学者10人以上の学校は3校のみで、他の学校は、閉鎖または普通高校に戻されている[86]。
　また、同じく山地に位置する連山県は、貧困県であるが、改革解放以来、教育発展に力を注いできた。1982年、90年、93年、94年における教育支出が県財政総支出に占める割合はそれぞれ20％、23％、21％、25％であり、これは広東省平均よりもやや高い割合である。ここでも、職業関係学校の中では、職業高校より専門学校や技工学校が選好されている。職業高校は1つだけ設置されたが、その在学者数は1992年に436人であったが、93年に300人に減り、94年にさらに126人まで減少した。一方、就職状況の比較的良い専門学校と技工学校は増大傾向にあり、とくに、90年代半ばに、専門学校と技工学校への入学条件が緩んだことをきっかけに[87]、これらを選ぶ学生が目立つようになっている。
　連山県では、普通高校の学生数の増加は緩やかであり、県当局の熱意が十分な成果を見せていない。1992年以来、入学者定員に満たない状況が発生している。例えば、当地域で最もいい学校とされる連山民族中学校では、1994年度募集定員178人に対し、68人しか入学してこなかった。
　本書の主眼は、2つの省それぞれの経済的発展のある地域での比較であり、また、これら山岳地帯における後期中等教育発展や普通高校発展の事例は、データ入手や調査の困難もあり、上に述べてきたことは、ごく断片的なものであった。
　しかし、広東省における外発的経済発展は、より大きな経済格差を持ち、経済発展の遅れる農村地域（山岳地帯）を抱えている。したがって、この省の教育発展を捉えるには、こうした地域における教育発展のあり方にも迫る必要がある。
　そこで、ここでは、ごく断片的ではあるとはいえ、以上から示唆される点を、今後の研究のために書き留めておくこととしたい。

第6章　江蘇省と広東省における教育財政と後期中等教育政策　179

　第1に、非発展地域においても、人々は労働市場の動向に敏感であり、そこを旧来の観念が支配しているという意味で「古い」ないしは「遅れた」世界と把握することは、避けたほうが正しいと思われる。例えば、すでに注釈で述べたように、曲江県の教育局長は、人々の間にある職業高校に対する専門学校や技工学校の選好を「専門学校や技工学校が職業教育の"正規軍"であり、待遇もいいという従来の観念が、都市から遠く離れた農村の人々の意識にあるから」と説明していた。しかし、これは経済発展のある地域でも見られたものと同様の傾向であり、一度はある程度の拡がりを見せた職業高校が減少していくのは、基本的には労働市場での評価の低さという現実に対する合理的な反応であると理解されよう[88]。

　第2に、その結果、経済発展の影響がさまざまな形で及んでいく過程においては、それと併行した現象がつねに直線的に進むわけではないことに注意する必要がある。例えば、比較的デルタ地帯に近い曲江県では、近年出稼ぎ者が減少している。これは地理的に近く、出稼ぎに有利であったために、早くからデルタ地帯の経済圏とのつながりを強めてきた結果、出稼ぎと地元での収入格差が縮小してきた結果だといわれている。また、このような変化がすぐに、強い教育要求に結びつくわけではない。農業というそれなりの収入や生活水準を保証する選択肢があるとき、人々が教育投資に積極的になるためには、さらに収入がある水準にまで到達する必要があるように思われる[89]。

　第3に、一般に、政府は教育発展において主動的な役割を果たすことが可能である。しかし、そのことは、人々による社会経済、あるいは教育に関する客観的条件の認識、そしてその結果としての選択、というメカニズム自体を変えられることを意味するのではない。したがって、このメカニズムを把握した上で、人々の行動を誘導する政策を考えていく必要がある。例えば、普通高校拡大策においては、その教育機会を量的に増やすばかりでなく、その教育の質を高めることも視野に入れた政策が必要である。連山県のように教育投資に熱心な県が普通高校定員を増やしても、高等教育機関への合格率が低いというその質的現実の前には、「高校に行くことは冒険と等しい」[90]「早いうちに沿海地域に出稼ぎに行ったほうがよい」とする選択は合理性を持つ

ことになってしまう。もし、質的な向上に成功すれば、曲江県の学校や行政が示したような「高等教育までを見越した普通高校への教育投資が有利である」という勧誘が、説得力を持ち、人々の間にもそうした認識が広がっていくであろう。

　この章を概括しよう。両省において、1980年代の経済改革以来、省、市、県、郷鎮の各政府は、後期中等教育発展において重要な役割を果たしたが、それは、それぞれ異なった形を通してのものであった。
　江蘇省では、財政条件が厳しい中で、教育への投資が重視された。そして、郷鎮企業を中心とする経済発展が著しい地域においては、職業教育関係学校と普通高校のいずれの拡大政策も、郷鎮企業誕生以来の郷政府との密接な関係を基礎に進められた。すなわち、政府は、地元の企業の財政的協力を得ながら、その労働需要や人材養成のための要求を積極的に取り入れ、それに沿った学校・学校コース・専門の設置・運営に努めてきた。また、こうして政府の教育施策は、労働需要に沿ったものとなり、住民もまた提供された後期中等教育の機会に積極的に反応してきた。
　広東省では、財政的に豊かであることを背景に、教育にもより多くの資金が当てられた。しかし、経済発展のあった地域でも、教育政策をめぐって、企業と政府の江蘇省のような密接な協力関係は形成されなかった。このため、地方政府が実施した積極的な後期中等教育の拡大策は、しばしば労働力需要への適切な対応や企業による支えを欠いていた。こうした事情や教育を必要としない収入機会の存在ゆえ、しばしば入学者の不足という事態に遭遇することとなった。また、省内の大きな経済格差は、教育格差をもたらした。しかし、住民のさらなる収入増加や時間の経過とともに、さまざまなレベルでの政府による努力は効を奏しつつある[91]。

注
1　省、市、県、郷鎮全政府レベルの教育財政の計。中国の統計では、一般に、下位の行政単位の財政が含まれている。

2　国家教育委員会財務司『中国教育経費発展報告』高等教育出版社1988、1989、1990、1991、1993年版。
3　『中国教育事業統計年鑑』人民教育出版社1998年版から各年版。ただし、**表6-1**によれば、江蘇省および広東省における省内総生産に占める財政教育支出の割合は、1990年代後半以降においても、全国平均の約2.5％(第1章の**表1-7**を参照)よりやや低い状態となっている(ただし、南京大学のような全国的な重点大学は基本的には中央教育部門による経費で運営しており、ここの全地方政府支出に含まれない)。国際水準から見てもこの割合は低い。人的投資が経済発展と比例的に進まないのは、経済発展の初期的段階における厳しい財政的制約の下における投資選択の結果と解釈できよう。
4　前掲『中国教育経費発展報告』1992年版 p.10および1993年版 p.34によると、1980年代末より江蘇省のこの比率の高さは全国1位であったが、当時広東省のそれは全国平均を下回っていた。
5　このような広東省の江蘇省に対する1人当たり財政教育費の相対的な高さは、ここで見てきた財政構造を考慮すれば、より古くからいえることと推定されるが十分なデータはない。例えば、1988年については次のような推定が可能である。**表6-5**が示す「生徒1人当たり予算内支出」によれば、1988年の「職業高校」と「中等師範」のみ江蘇省が広東省を上回るが、他の年ではすべての学校で、広東省がより大きい値を示している。全学校で考えると、就学者数は「小学校」や「普通中等教育学校」(中学プラス普通高校)のほうが「職業高校」や「中等師範」よりもはるかに大きい。すなわち、全教育段階で考えれば、江蘇省より広東省のほうが、生徒1人当たりの予算内教育支出は大きいと推定される。

表6-5　江蘇省と広東省各種学校別生徒1人当たり予算内政府財源による教育費支出

(元)

年	1988		1989		1990		1991	
	江蘇省	広東省	江蘇省	広東省	江蘇省	広東省	江蘇省	広東省
職業高校	391.9	281.6	358.3	460.6	473.4	418.2	413.3	472.7
中等師範専門学校	1262.5	1130.6	1401.1	1406.8	1305.1	1574.0	1379.7	1584.4
普通中等教育学校	168.8	193.3	197.4	251.0	229.5	276.7	233.6	296.4
小学校	81.9	164.1	99.8	120.3	119.4	132.5	130.3	140.5

注：「普通中等教育学校」には中学校と普通高校が含まれている。
出所：国家教育委員会財務司・上海市知力開発研究所『中国教育経費発展報告』高等教育出版社1989、91、92年版。

6　前章のSH鎮の事例でも、外地から教員も雇用しており、その給与は高かった。
7　江蘇省教育委員会編『江蘇教育年鑑1996』江蘇教育出版社　1998年、p.17。
8　武進市教育委員会の関係者へのインタビュー(1994年9月6日および1999年11

月)。武進市においても、経費の調達は難問であり、多くの手段が講じられた。それまでの農民に対する教育費附加税の徴収のほか、県直轄企業に対しても2%の教育費附加税が徴収されることとなった。また、県・郷・鎮の都市建設費の中から10％を捻出し小・中学校の学校設備やその他の環境改善にまわすこと、学費・雑費の1989年より値上げすることなどが決定された。

9 教育財政と同様な傾向を持とう。

10 L郷は経済的に武進市の平均水準にある。そして、**表6-10**によれば、1人当たりの総教育支出は、365.7元であった。

11 これは、郷鎮企業のさらなる発展を図って郷鎮企業の技術更新や設備改善を促し、推進するものであり、計画通りに実施された。また、武進県は、1989年の全国「星火計画」(農村地域における科学技術の普及と研究開発の推進を中心内容に、進められた全国規模のプロジェクト) 成果博覧会で、金メダル8個と銀メダル5個という全国県レベルのメダル獲得数の1位の優秀な成績を収めている。

12 江蘇教育出版社 1991年。この研究会には、省や市の教育委員会の職業教育担当官僚や職業教育機関の教育者および無錫市教育研究所が参加している。

13 李錦明・左人瑞「職業技術教育培養目標研究」李歩闘編『経済発達地区職業教育研究』江蘇省教育出版社 1991年、pp.104-109。

14 睦平「職業技術教育課程設置研究」前掲李歩闘編 1991年、pp.110-117。

15 1999年11月の常州市教育委員会職業教育科での聞き取り。ただし、より具体的な認識もある。例えば、鄒俊福は、「これまでの職業高校における教育は、まだ20世紀初期から半ばまでの間の機械化・電気化生産の要求に対応したものにとどまっている。しかし、電子技術を代表とする第4世代技術革命はすでにわが国の各領域に進入してきている」とし、労働者が技術転換能力を持つ必要性を強調して、中国の職業教育が、現代の科学技術進歩や産業の高度化状況の中で、大きく立ち遅れていると指摘している(鄒俊福〈江蘇省溧陽職業高校〉「対当前職業高校発展的幾点思考」常州市職業教育学会『常州市職業技術教育学会首届年会資料彙編及優秀論文選編』 1994年3月、p.97とp.100)。

16 職業高校の拡大の方法として、普通高校を職業高校に変えるか、普通高校のなかに職業コースを設置することが多く見られた。1994年江蘇省教育委員会関係者へのインタビューでは、「昨日はまだ某普通高校の看板が掛けていたのに、今日は某職業高校との校名に切り換えられている」といったように、十分な準備がなく、中身のともなわない切り替えもかなりあったという。

17 例えば、前にも触れた関維方・曾満超の計算では、1990年前後に、普通高校の学生1人当たりの年平均コストは250元であったのに対し、職業高校の場合になると1,000元であった(侯風雲(1999)を参照)。

18 **表6-5** 中学校も含めた普通中等教育の生徒1人にかかった政府予算内教育費と

職業高校のそれとの差額が約3割にとどまっていることが示されている。さらに、職業高校と師範学校と比べると、職業高校は師範学校の5分の1から3分の1となっている（師範学校は専門学校の1種類であるが、一般的に他の専門学校よりも高いコストを持つ）。

19　1992年に、江蘇省教育委員会は、「職業高校の主要な専門に関する教育計画」を公布している。しかし、ここでも地域的には統一した基準の設定は行われていない。

20　途上国の職業教育が、往々にして投入の不足による設備や教師などの客観的な条件の悪さが失敗の原因となっているという指摘がよく当てはまる（金子元久「発展と職業教育」米村明夫編『教育開発：政策と現実』アジア経済研究所　2001年3月、pp.31-64）。

21　前掲鄒俊福(1994)、p.99。

22　無錫県教育局編『無錫県教育誌』 1992年、p.134による。

23　徐名滴・周国賢主編『珠江三角洲教育発展戦略論』高等教育出版社　1993年。

24　江蘇省教育管理信息センター『教育管理信息』第9期、p.3による。

25　常州市教育委員職業教育科C氏への聞き取りによる。

26　ここまでのデータは、『中国教育年鑑1949－1984(地方教育)』湖南教育出版社　1986年、p.934による。

27　都市地域における職業高校は、一般的に言えば非農村地域より強い財政的基盤を持つ一方、経済や家族の要求に対し敏感に反応する特徴を持つ。経済自体もさまざまな分野が先端を切り開く形で展開し、学生の側も多様なレベル・種類・コストを持つ教育機会を選択し、あるいは逆に学校側によって選抜される。このようななかで、江蘇省の都市地域の職業高校は、「コミュニケーション科」「セールス」「インテリ・デザイン」「美容」「金融」「対外会計」「タイプ技術」「建築管理」などの新しい専攻・科目が設置されてきている。そうした動きの評価は興味深いテーマであるが、ここでは扱わない。

28　市場経済がまだ敵視されがちであった時代には、企業にとって地域政府の保護を欠かせなかった。とくに販売ルートや原材料購入ルートなどを開拓するには、政府部門のサポート抜きには可能ではない。ただし、80年代後半以来、行政改革や企業改革の進行につれて、企業と政府との関係はいくつかの側面において、より独立的なものとなってきた。武進市S公司の場合、企業内部人事に政府はタッチしなくなった。また、資本の45％も企業自身のものとなった。

29　何志清（武進県教育委員会）「市場経済に直面して職業教育発展の加速を」（前掲『常州市職業技術教育学会首届年会資料彙編及優秀論文選編』 1994年、pp.48-52）。

30　入手した教育財政データでは、郷鎮政府の教育支出の具体的な割合は不明であ

る。前述のL郷の郷政府による教育投資(表6-12)も参考されたい。
31　1994年の武進県教育委員会関係者、1999年の武進市教育委員会関係者に対するインタビューによる。トータルで見れば8割であるが、年によって変動がある。また、専門学校卒業生等に対する労働市場における評価との差異については、繰り返し触れてきた。
32　L郷には正規の職業高校がない。
33　L郷政府文書　1993年。
34　武進県教育委員会編『武進県教育総合改革資料選編』　1993年、pp.191-197。
35　水産の技能を活かすための水産業が減少する一方、機械専門の教育も企業が求める技能水準に追いつかなくなったという。
36　表6-15には常州市の専門学校について示されていないが、武進市出身の者が基準に達した場合そこに入学できる。次の注釈も参照。
37　表6-15にはない、非教育部門による附設専門学校コースも多数存在している。それらを含めて計算すると、武進市出身の専門学校生の約3割は、附設専門学校コースと武進市の専門学校に通い、残りは都市部の常州市の諸学校に通っていると考えられる。
38　1999年の武進市教育委員会関係者に対するインタビューでは、しかし、高等教育卒業生への需要が高まってきており、こうした附設コースの将来的行方は明確ではないとの指摘を得ている。
39　2年一般教育の後、1年の専門教育を施すのが「2+1」型コースである。「2+1」型コースに関する資料や先行研究としては、武進県教育委員会教育研究室「実施科学分流、形成合理的教育結構」前掲武進県教育委員会編　1993年、pp.210-217、宋文江他「総合制高校モデル(2+1)の構想とその実践」福岡大学現代中国社会・文化調査団『現代中国における社会的・文化的変動に関する実証的調査研究』　1996年、pp.107-111、「第2部　訪問記録」同、pp.55-56、江蘇課題グループ「建設有中国特色的弁学模式和課程体系─〈普通高校弁学模式和課程設置研究与試験〉階段報告」『江蘇教育学院学報』社会科学版　1996年1月等がある。このモデルを創り上げたのは江蘇省無錫県であったといわれるが、まもなく普通高校の総合性への改革の試みのモデルとして認められ、全国多くの地域と学校の手本とされるようになった。
40　阿部洋「"蘇南モデル"下中国農村における教育の普及と向上」『現在中国における教育の普及と向上に関する実証的研究』平成7～9年度科学研究費補助金研究成果報告書　1998年、p.21。また、前掲福岡大学調査レポート(1996)によれば、江蘇省無錫県(武進市の隣)の華庄中学校(高校併設)では、3種類の総合制コースを持っていた。
41　1990年代の中頃になると、音楽、美術の専門教育を行う「芸術コース」も誕生す

第6章　江蘇省と広東省における教育財政と後期中等教育政策　185

るようになった。「芸術コース」については、「教育の多様化、個性化の要求に対応するものであり、その根底には、経済発展に支えられた地元住民の文化教養に対する需要の高まりがある」(前掲『江蘇教育学院学報』)と賞賛する声がほとんどである。

42　経済的困難のため通常の進学できない学生から見れば、「企業の求人が学生募集となった」(前掲何志清(1994))ということができよう。農村では、こうした個人に対する経済的支援は重要である。「それがなければ、田舎に存続する職業教育は一過性で終わってしまう」(常州市職業教育師範学院馬研究員からの聞き取り)。

43　以下、1994年と1999年企業関係者および成人教育センター関係者へのインタビューや2003年6月に補足的に行った電話インタビューによる。

44　L郷政府文書(1993)、前掲武進県教育委員会編(1993)を参照。表6-15に示したのは、正規教育(後期中等教育レベルの卒業証書を出す)に当たる部分のみである。L郷成人職業教育センターでは、非正規の職業教育として、1985～1992年の間に、各種短期訓練コースを160期も行い、職業訓練を受けた農民は約1万人にのぼったという。S公司でも、新入社員の教育訓練、社員の再訓練などで毎年数十人ないし百数十人の従業員を送り込んできている。

45　ただし、常州市以外の都市の大学や短大との連携のケースは統計がなく、図にもそれらが含まれていない。

46　企業にとって、この方式は、時には給料を支払いつつ、さらに企業が教育費用を負担するのであるから、そうした人材の養成の中期的・長期的重要性が強く認識されてきたことを意味しよう。

47　1999年10月のSH鎮政府関係者へのインタビュー。

48　江蘇省の成人教育センターに当たる。

49　夜間8時から10時、週3～4回のコースでは月約300元。

50　そうした政府や企業の努力に関する情報が少ないこと自体が、そうした試みに関心が薄いこと、そうした試みがあまりなされていないこと、あるいは、そうした試みが過去の失敗として忘れ去られていることなどを反映している可能性もある。もちろん、そうした事情は、さらなる実証研究を要請するものであり、それを怠る口実にしてはならないが。

51　例えば、1990年代以降、大手の外資企業では単純労働力のための必要最低限の労働訓練を企業内の短期的なOJTで行うことがある。ただし、そこでは、とくに地元政府との連携などは見られず、皆企業独自で実施している。SH鎮では、徳昌電機工場(従業員2万人余り。本社は香港)や王氏電機工場(従業員約1万人。本社は台湾)の新規採用の単純労働者に20日間のOJT訓練を与えている。また、将来性があるとして認められたごく少数のエリート社員(出身地問わず)には再教育の機会を与えることもあるといわれている。

52 広東省では、総合制高校は基本的に実施されていないという (1999年10月広東省教育庁副庁長へのインタビュー)。これは、その有効性を検討した上での政策的選択ではなく、職業教育や高校教育全体をどのように構想するかといった問題への関心への希薄さの結果と思われる。
53 県 (市) 政府所在地では、県 (市) の重点普通高校1校と一般普通高校1校以上が設置される。
54 「省・市・県政府はマクロ的な指導、校長は学校の実際の管理・運営、社会の各部門・機関・団体・個人は広く参与」といったスローガンが掲げられた。社会からの広範な参与は、普通高校建設への全社会からの積極的な参与 (とくに経済的な支援) を得ることが目的である。
55 1994年の江蘇省教育委員会関係者および武進県教育委員会関係者に対するインタビューによる。
56 もちろん、郷の経済発展は省の基本指針でもある。政府文書でも、普通高校は、「地域郷鎮企業の人材養成基地」であるとされている (江蘇省教育委員会編『江蘇教育年鑑1996』江蘇教育出版社、p.36)。
57 前掲『江蘇教育年鑑1996』、p.36。これは、江蘇省建湖県鐘庄郷の学校運営の経験に発するといわれる。
58 1999年11月の武進市教育委員会関係者およびL郷小中一貫校関係者へのインタビューによる。
59 この年、江蘇省教育委員会によって、『普通高校教育の改革と強化に関する意見』と『普通高校教育合格ライン』が発表され (前掲『江蘇教育年鑑1996』、p.36)、これにしたがって、普通高校の評価・改廃・統合が進められた。
60 80％以上の普通高校が教育を行うための基本環境を備えるようになり、学校運営の法制や規範がかなりの程度において現実化したという (前掲『江蘇教育年鑑1996』、p.36)。
61 前掲『江蘇教育年鑑1996』、p.16。この目標は、第4章で見たように、予定よりおよそ3年早く実現された。
62 前掲『江蘇教育年鑑1996』、p.17。民間の財力を活用するには、普通高校の設立・運営の方式の多様化を図るべきとし、具体的には、これまでの普通の公立に加え、「公立民助」(政府所有および政府設置で、主に公的教育支出だが、民間財力の援助を受けるタイプ)、「公有民立」(政府所有および民間設置で、民間が経費支出を負担するタイプ)、「民立公助」(民間所有および民間設置で、主に民間が経費支出を負担するが、政府援助を受けるタイプ) といった多様な形を奨めた。
63 本来の入学条件を満たさないが、高額な学校発展協賛費や高額な授業料を支払うことを条件に入学する者を指す。
64 前掲『江蘇教育年鑑1996』、p.18と p.35。

65　一般に、同様の普通高校の拡大が、武進市の他の郷鎮でも見られるという（1999年の武進市教育委員会でのインタビューによる）。
66　1999年11月の当校副校長と教務主任への聞き取りによる。
67　職業関係学校への進学も含まれており、その割合は約3割という（1994年9月の当校教務主任および1999年11月の当校副校長と教務主任への聞き取りによる）。
68　広東高等教育出版社　1992年。
69　許任之（当時の広東省教育庁庁長）「広東普通教育改革と発展軌跡」許任之主編『広東特色のある教育体系の建設』広東人民出版社　1994年。
70　1993年より、貧困地域を除き、第2次産業および第3次産業による国民所得の1％を教育事業専用資金とし、高等教育と義務教育に集中的に投入することが決定された（前掲『広東特色のある教育体系の建設』、p.21）。
71　1996年と2000年の学生数はそれぞれ約1,500人と1,200人。
72　おおよそ3億円相当。一方、前述の江蘇省武進市L郷のL中高一貫校の新校舎の建設に郷が投入したのは、計約800万元であった。
73　もう一つの調査地、佛山市南海地域のN中学校では、70％を占めている。
74　同じく、佛山市南海地域の高校教師のそれは、約4万元と推定される。
75　同年、広東省就業者の平均年収は12,799元、江蘇省のそれは10,229元。
76　1999年「SH鎮教育管理部門文書」による。
77　村・鎮の土地や建物の外資企業への貸し出し賃貸料や村民株主企業による分配金などがある。普通、これらの収入だけでも、「十分に暮らせる」という。
78　村長、会計、婦連、村の党の幹部などがある。
79　企業の名目上の管理スタッフなどのポストも建て前としての高卒の要求がいわれるようになった。ただし、それが一応市場メカニズムによるものであるのに対し、ここでの決定は政策的なものである。
80　1999年10月のSH鎮政府関係者へのインタビューによる。
81　これは聞き取りによる数字である。教務担当の先生によれば、中学卒業者が普通高校や職業高校・専門学校へ進学するのが主流だったが、90年代後半以降は私立学校や成績のほとんど問わない、私費による専門学校・職業高校への進学も可能になったので、卒業者の行方を正確には把握できていないのが現状であるという。また、受かっても実際に入学したかどうかがさらに分からない。したがって、これは推測の数字である。
82　1999年10月にSH中高一貫校で開かれた中学校3年生生徒の「親座談会」による。
83　L郷では、「2+1」型の総合制コースと入れ替わって、普通高校に芸術コースが現れた。SH鎮では、正規の職業高校が1つあり、1995年に4クラス、98年に3クラス、2000年に2クラスと減少し、2001年には消えてしまったが、その一方で、こうした美術クラスなどが現れている。収入水準の増加とともに、いわゆる実業

的な専攻が急速に第3次産業の文化活動に関連する専攻へと移行していっているかの感がある。

84　2001年の県教育局長へのインタビューによる。
85　馬戎主編『中国農村教育発展的地区差異―24県調査』福建教育出版社　1999年、pp.12-119を参照。「専門学校や技工学校が職業教育の"正規軍"であり、待遇もいいという従来の観念が、都市から遠く離れた農村の人々の意識にあるから」と県教育局局長は説明している。
86　1980年代後半から1990年代初頭の間に、職業高校が8校作られ、在学者数の最も多い1990年度は2,500人にも達した。前掲書では、「卒業生が農業以外の仕事につくことが難しかった。結局同じく「修地球」(農業をすること)なら、そんな学校に行く必要がないと人々が認識し始めた。学生数が急速に減少していった」と説明されている(p.63)。
87　統一試験において、これらの学校への入学を認める最低点が大幅に下がった。
88　厳密に言えば、職業関係校間での選好決定を行う際、こ家族が合理的な選択行動をしているということである。すべての住民ということではないが、これは、経済的先進地域でも程度の差があれ、同様のことがいえよう。
89　中学卒業後に、または高校を中退して出稼ぎに行く者は、同世代の者の1割強という。このことは、後期中等教育に進学しない者や進学後中退した者の大部分が、出稼ぎにいくことなく地元に残っていることを意味する。農村において、学校にも行かず、仕事もしない若者達の発生が問題となっている(第5章3節注57を参照)。
90　中国においては、就職という観点から言えば、普通高校に行くことは、高等教育に進んで始めて意味があると観念されてきた。この観念は大きく変りつつあるが、それは地域差がある。現在でも高卒のための労働市場は、地域によってはきわめて狭いものとなっていることがその基本的要因であろう。
91　このような政府主導の教育発展が持つ問題点を、広東省の教育関係者は、「一流の設備、二流の教師、三流の学生」と批判的かつ戯画的にコメントしている。しかし、このような問題点の自覚は、その問題の克服の第一歩となるものともいえよう。

終章　後期中等教育の拡大と経済発展パターンとの関連——総括と今後の課題——

　本書は、1980年代以降の中国の後期中等教育を、その経済発展のとの関わりの中で具体的に描き出そうとする試みであった。中国における経済発展の新たな牽引力として成長しつつある集団所有セクターを中心とする内発的経済発展パターンを示す江蘇省と、同様に成長しつつある外資セクターを主動因とする外発的経済発展パターンを示す広東省が取り上げられ、それらにおける教育発展が、本書の中心的な事例、比較分析の対象とされた。

　分析枠組みとして、「企業」「政府」および「個人・家族」という教育発展に関わる3つの主体の行動や意識に注目することを提起し、これにもとづき、二つの省における後期中等教育発展のあり方、経済発展と教育の関係を規定するメカニズムについて異なったものを仮説的に想定した。すなわち、内発的経済発展パターンを示す江蘇省では、後期中等教育の発展が、郷鎮企業の発展がもたらす労働需要を動因とする形で進められ、企業と地方政府の密接な連携の下で学校や学科の設置が進められるなど、職業教育システムを中心として、後期中等教育が多様性かつ柔軟性を持ったものとして展開する。この結果、早くからの教育発展が見られる。これに対し、外発的経済発展パターンを示す広東省では、高学歴労働力の需要は省外からの調達によって満たされる形が続き、江蘇省の場合のようなメカニズムは形成されない一方で、外資企業の活動はその地域住民に対して、地代収入や商業など、教育投資以外の投資や収入機会をもたらす。こうして、後期中等教育の発展が遅れるのである。本書では、「企業」と「政府」という2主体の行動や意識に関する実証を中心として分析を展開されてきた。ここではまず、改めてこの仮説の検証という角度から、これまでの各章の分析結果を概括し、本書で取り上げること

のできなかった「家族」(生徒)の主体に関する実証分析の方法と結果も説明しておき、仮説の可否について総括する。さらに、今後の研究課題を展望して結論としたい。

第1節　分析結果の要約と総括

　第Ⅰ部は、本書の中心である江蘇省と広東省の事例研究を中国全体の中に位置づける意味を持つ2つの章から構成されていた。

　第1章では、各省における後期中等教育の発展の背景、中央政府の政策がもたらした制約と可能性が明らかにされた。

　1970年代末から始まる経済改革や開放を背景として、1980年代以降の中国の後期中等教育は発展を見せてきた。中央政府は、職業教育拡大、中でも職業高校拡大を通じて、経済発展がもたらした労働力需要に答えようとすると同時に、そのための財源獲得の責任と管理、また、運営の権限と責任を地方政府(省、市、県、郷鎮、村)や学校に委譲する分権化(体制改革)政策を進めた。職業教育拡大政策は、地方政府における後期中等教育の大枠を与えるものとなる一方、分権化政策は、地方による教育努力の可能性をもたらした。

　こうして、中国の後期中等教育の発展は、実態としても、職業教育の成長によって支えられると同時に、地域(省)によって多様なものとなった。この各省の後期中等教育の多様な水準に影響を持つことになったのは、各省の経済水準であり、また、その経済発展パターン等、経済発展のあり方であった。

　第2章では、省別マクロデータにもとづいて、この教育水準と経済的要因の関係についての統計的分析が行われた。経済発展のあり方をさまざまな経済指標(産業別生産力や所有セクター別生産力等)を用いて表現することによって、経済発展水準ばかりでなく、経済発展のあり方が後期中等教育の発展に影響を及ぼすかどうかを、統計的手法によって探る試みがなされた。

　その結果、中国における1980年代の後半以降の後期中等教育の発展は、経済発展のあり方を示す諸要因の影響を受けていることが明らかにされた。所

有セクター別生産力の成長の教育発展への影響力を分析すると、国有セクターおよび集団セクターの成長は教育発展の推進力となっており、とくに集団セクターは1990年代の後半になって、国有セクターに並ぶ重要性を持つようになった。これに対し、外資セクターの成長は教育発展との関連を示さなかった。

　第2章の結果は、集団工業セクターを牽引力とし経済発展が進んだ地域（内発的経済発展パターンを示す地域）では、外資工業セクターを牽引力とし経済発展が進んだ地域（外発的経済発展パターンを示す地域）に比べ、後期中等教育の発展が相対的に進むという本書の仮説を統計的な手法によりながらも、まずは支持するものであり、第Ⅱ部で行われる経済発展パターンの教育発展への影響に関する事例分析に見通しを与えたものであった。

　第Ⅱ部は、江蘇省と広東省の事例を扱う各章より構成されていた。初めの2つの章は、事例比較分析のための準備的な性格を持つのに対し、後の2つの章は、企業と政府の側面からのアプローチに対応しており、本書の実証分析の核をなすものであった。

　第3章では、両省の経済発展がそれぞれ内発的・外発的経済発展パターンを有するものとして位置づけられることが確認された。

　第4章では、両省における後期中等教育の発展が異なった様相を示すことが量的側面から分析された。1980年代に、江蘇省は広東省を凌駕し始め、1990年代にはその差は顕著なものとなったこと、1990年代に、両省とも職業関係学校の中心的な位置を専門学校が占めるようになったが、江蘇省では、そうした動向がよりダイナミックであったこと等が指摘された。

　第5章では、企業活動がもたらす労働力需要や企業によるその調達方法についての分析が行われた。江蘇省と広東省のいずれにおいても、経済発展は急速に技術労働者や管理者の需要を拡大し、その不足をもたらした。その需要量には大きな差はなかったと推定されたが、企業レベルの調査結果より、それら労働力の調達方法に違いがあることが明らかにされた。江蘇省では、短期的には、大企業の技術者や退職した技術者を招聘するなどしてその需要を満たしていたが、長期的な方針として、地元の政府と協力して後期中等教

育を振興し、その卒業生を採用した後に、さらに教育機会や訓練機会を与えることを行っていた。これに対し、広東省では、高給を提供することによって高学歴労働者を省外から調達することが続いていた。

また、江蘇省の郷鎮企業の事例では、地元出身者を、低学歴である単純労働者として採用することは避けることが見られた。このため、工業化が進む郷の住民は、後期中等教育を終えた者のみが採用されるというように、労働機会が限られたものになる事態に直面していた。これに対し、広東省の外資企業の事例では、単純労働者としても地元出身者が優先されるばかりでなく、名目的な管理職や雑務労働者として有利な条件で採用されたり、企業からの地代収入が得られたりしていた。また、広東省では、レストランなどの商業活動も地元の人々に収入機会をもたらすものとなっていた。

第6章では、1980年代の経済改革および教育改革以来、後期中等教育発展において果たしてきた省・市・県・郷鎮の各政府の役割に焦点が当てられた。

江蘇省では、郷鎮企業誕生以来の郷政府との密接な関係を基礎とした職業教育関係学校や普通高校の拡大が進められた。政府は、地元の企業の財政的協力を得ながら、その労働需要や人材養成要求に積極的に対応し、それに沿った、学校や学校コースの設置・運営に努めてきた。このような郷政府と企業の連携による職業教育の特異な例として、企業の労働力訓練や人材養成において重要な役割を果たしている成人教育センターを挙げることができる。そこでは、その創設において郷政府はイニシアチブをとったが、その後、財政・運営面ともに企業が主役となっていた。

他方、広東省では、経済発展のあった地域でも、江蘇省のような企業と政府間の密接な協力関係は形成されなかった。このため、地方政府が実施した積極的な後期中等教育の拡大策は、しばしば労働力需要への適切な考慮を欠き、企業や家族による支えを得られないものとなった。しかし、1990年代後半に入って、政府によって後期中等教育拡大策が家族に対して直接、改めて強力な形で推進されており、それはようやく成果を収めつつある。

では、本書で分析過程を示せなかった「家族」の主体は、その教育アスピレーションや家計行動において、各自の経済発展パターンの中でそれぞれど

終章　後期中等教育の拡大と経済発展パターンとの関連　193

のような特徴と相異を示したのか、そして、それらは2つの発展パターンからそれぞれどのような影響を受けたのか。ここで、その分析方法と分析結果について、簡単にまとめておこう。

　筆者は個人の教育アスピレーションや家計行動から生徒や家族の教育意識に対して、アンケート調査分析および家庭訪問分析によるアプローチを行った。そこでまず、一つの分析モデルを設定した。すなわち、モデルにおける最終的な従属的変数は、「本人の教育アスピレーション」であり、これを、地域経済要因と家族要因、そして本人要因が規定する。地域経済要因の最も基底的な要因は、その地域の経済発展パターンと経済水準であり、これらがその地域の労働(収入)機会を決定する。地域経済要因は家族要因への影響と本人要因への影響を介して、「本人の教育アスピレーション」に及ぶものと想定された。このモデルでは、地域経済がいかに「本人の教育アスピレーション」を規定するかを把握することが焦点であり目的である。地域経済要因が家族要因に及ぼす影響は次のようなものとした。「親の世代の労働(収入)機会」は、「親の職業」「親の学歴」「家計収入」に影響を及ぼし、「親の世代の労働(収入)機会」と「若年層の労働(収入)機会」は「親の教育アスピレーション」に影響を及ぼす。地域経済要因が本人要因に及ぼす影響は次のようなものとした。「若年層の労働(収入)機会」は本人の「学歴の効用の認識度」に影響を与え、また、「若年層の労働(収入)機会」および地域の「経済水準」は「本人の職業アスピレーション」に影響を与える。本人要因の「性別」も加えて、以上の10個の要因が絞り出され、各要因について詳しい説明および仮説と実証が行われた。
　かくして、検証や分析の結果を総合して以下の結論になる。10の要因のうち、江蘇省と広東省の両調査地(非都市地域)間の差異をもたらす要因としては、主に次の3つである。すなわち、「親の教育アスピレーション」や生徒の「学歴の効用についての認識」は、広東省より江蘇省のほうが高い効果を持ち、「家計収入」は、江蘇省より広東省のほうがより効果的であった。一方、しかし、実際の家計水準としては、江蘇省の調査地より広東省のそれのほうが高いであったのに対し、生徒の「教育アスピレーション」の高さはその逆で、広東省より江蘇省のほうが高かった。つまり、「教育アスピレーション」を規定する

支配的要因は、家計水準ではなく、「親の教育アスピレーション」と「学歴の効用についての認識」であったのである。この2つの要因は、地域単位で見れば、経済水準とともに経済発展パターンによってもたらされる労働（収入）機会（とくに若年層のそれ）のあり方に規定されるものであった。

内発的経済発展パターンを示す江蘇省の非都市地域では、外発的発展パターンの広東省の非都市地域に比して、低い収入水準でありながら、高い教育アスピレーションを持っていた。そして、そうした差異は、親の教育アスピレーションや生徒本人の学歴の効用についての認識の違いにもたらされており、さらにこの二つの要因は、経済発展パターンに対応する住民の人々に開かれた地域の労働（収入）機会の差異によって決められている。「家族」との主体の教育意識や行動から、教育アスピレーション決定においても、経済発展パターンが同様に重要であることが示されたのである。

こうした結果を、本書において「企業」と「政府」の角度から実証した結果と総括して理解すれば、次のように図式化した解釈もできよう。すなわち、江蘇省の内発的発展においては、教育投資が積極的に評価される労働市場が生み出された同時に、それ以外の選択肢は見出しがたい状況となった。実際、江蘇省の非都市地域の教育アスピレーションの昂進や大多数の子弟の高校進学という現実は、親達の高校までを必要最低限の学歴とする意識、限られた家計所得の中で予定していた住宅のための貯蓄分を減少させる等[1]、他の消費を犠牲にしてでもそれを選択しようとする決断によって支えられていた。これに対し、広東省の外発的発展の中心であるデルタ地帯では、まず教育投資以外の投資機会や収入機会を享受する可能性が発生し、そうして得た収入による教育投資が始まった後も、そうした教育投資以外の投資機会や収入機会が存続してきた。したがって、それぞれの地域における人々や生徒達の意識の違いは、こうした経済発展パターンの相違を反映しているものと理解することができる。

このように、以上の分析結果が序章に提出した仮説を支持するものであったことは、ほぼ自明のことと思われる。すなわち、経済発展パターンの差異は、企業の労働力調達や労働力育成の方法の差異をもたらし、地域の労働市

終章　後期中等教育の拡大と経済発展パターンとの関連　195

場や収入機会のあり方の差異をもたらし、地方政府による教育施策や学校・学科の設置およびその運営の差異をもたらし、家族による教育選択や教育意識の差異をもたらした。このような二つの省における異なった各主体の行動や意識の相互作用の結果として、二つの省における学校種類別の発展の差異や全体としての後期中等教育における量的発展の差異がもたらされた。

　また、上記した「家族」に関する分析結果から、調査を行った両省の発展地域に限っていえば、それぞれの労働(収入)機会のあり方は、家計にもたらす収入水準の増加、それを通じた教育アスピレーションの昂進という意味では、広東省デルタ地域の方がより強い効果を持ったのに対し、教育の価値の認識を通じた教育アスピレーションの昂進という意味では、江蘇武進地域の方がより強い効果を持った、という結果も得られた。このことは、少なくとも1999年の時点(両省の発展地域でアンケート調査を行った時点)では、2つのパターンの経済発展が持つ教育への影響は、ただ量的な側面ばかりでなく、なお質的な側面にも及んでいることが示された。アンケート結果より、両省の生徒達は、大学進学を望む者が多数であったが、江蘇省の非都市地域の生徒は、広東省デルタ地帯の非都市地域の生徒達と比べ、受ける教育が高校までとどまった場合でも、高校教育の意義をより認める傾向があり、彼らのアスピレーションがより現実的な認識と判断にもとづくものであることを示唆していた。また、彼らは、卒業証書を獲得することのみに意義を見出す学歴主義的な傾向は相対的に弱く、教育の過程に意義を認める傾向が相対的に強かった。内発的経済発展パターンにもとづく後期中等の発展は、経済が必要とした後期中等教育を受けた労働力への需要を動因としており、それは人々の認識をより労働市場の現実に即したものとし、人々の姿勢をより実質的な知識獲得や職業能力に向わせるものであったといえよう。急激な教育発展にしばしばともなう労働市場の現実を無視した学歴信仰、教育の実質よりもただ学歴証明を求める学歴主義的傾向は、江蘇省の生徒達の間では、広東省のデルタ地帯の生徒達より弱いものであったのである。

　1990年代の後半に入ると、広東省においても強制的ともいえる後期中等教

育普及策が実施され、「政府の政策を主動因とする急速な教育発展」が見られることも指摘した。こうして主動因やメカニズムの違いはあれ、教育発展における両者の差異が次第に消えていく可能性も否定できない。

第2節　経済発展戦略と教育政策——今後の研究課題——

　本書では、教育発展に関わる3主体という角度から、主に「企業」と「政府」の2主体をめぐって、2つの経済発展パターンが異なった後期中等教育の発展をもたらすことを大筋において描き出す作業が中心とされた。「家族」の教育意識や行動に関する分析は学位論文を参照されたいが、しかし、本書では、個々の行動主体のロジックを追うこと、あるいはそれらをとりまく歴史的条件の検討にまで立ち入ることができなかった。本書をそうした方向に深めていくことは、ただ研究を精緻化するだけでなく、企業行動の経済的合理性と住民の福祉、また、政府の役割といったより政策的な論点に関わる考察を助けるものとなり、本書の持つ政策的インプリケーションを、より実証的基礎を持つ、より現実的なものとすることにつながるであろう。
　以下において、こうした観点から残された論点について簡単に触れ、本書の今後の発展方向を明かにしておきたい。

1　江蘇省の内発的経済発展パターンと教育発展研究の課題

　本書において、とくに内発的経済発展パターンについては、それがあたかも矛盾を含まない効率的な教育発展をもたらしたような印象を与えたかもしれない。それは、外部からの人材調達が不可能という条件の下にあるとき、政府が、企業と協調しながら、経済発展過程で生ずる技能を有する人材需要に迅速かつ柔軟に対応するための職業教育システムを構築していくことの重要性を示すモデル、そうしたシステムを構築するためのモデルとして受け止められたかもしれない。しかし、モデルとして機械的に中国の他の省や発展途上国に適用することは慎重でなければならない。以下のような研究がなお

終章　後期中等教育の拡大と経済発展パターンとの関連　197

必要とされている。

　第1は、歴史的条件の研究である。確かに、江蘇省の内発的経済発展パターンにおける教育発展のメカニズムの特色は、企業が財政的な支持も含め、政府の教育施策に直接的かつ積極的な形で関わってきたことにある。一般に、企業の教育発展に及ぼす影響として、まず考えられるのは労働市場を通じてのものである。企業は自らの経営方針や生産による労働需要に対応して、学歴を基準とした労働者の採否、賃金の設定、採用後の教育、訓練機会、昇進機会を決定する。これは主に家族の意識や行動に影響を及ぼす。この労働市場を通じての影響力は、労働市場が機能している社会ではどこでも存在すると考えられる普遍的なものといえる。他方、企業は、企業団体などを通じて、政府へ公式または非公式に教育政策についての意見を表明し、政策に影響を及ぼす。江蘇省の事例は、基本的には、前者のメカニズムと同時に、後者のそれがきわめて強いものであった。

　しかし、この特徴的メカニズムの形成は、郷鎮企業が地元の郷鎮政府によって組織され、いわば一心同体のものとして始まり、市や省政府に支援されて成長してきたという内発的発展パターン独特の歴史的な経緯と切り離して考えることはできないであろう。発展の萌芽期の人民公社は政府であると同時に企業であり、それは、発展の初期に必要とされた起業の決断と資本の徴収を可能とする強い権力であった。それは、日本等の後発資本主義国の発展が、民間主導の近代産業が成立・発展する段階以前において、国家による企業設立や企業活動条件の整備という形をとってきたことに類似する中国的バリエーションと捉えることも可能であろう。これは、後に述べる第4の研究ともつながる。

　第2に、職業教育についての評価を深めていくことが必要である。江蘇省の例においても、どこまで柔軟で効率的な職業教育システムが構築されていたかについては、広東省との比較においてはそれがいえるとしても、まだ実証の余地がかなり残されている。企業の影響力が直結した後期中等教育の発展は、まずは職業教育を中心とするものであった。また、地方政府は住民に起業（副業など）を奨励したが、これも職業教育を重視することにつながった。

その意味で中央政府の職業教育拡大方針は、基本的に地方政府の教育政策にとって制約であったというよりは、一般的には積極的な意味を持つものであったと理解してよいだろう。
　しかし、その中でも職業高校中心の拡大策についての評価は、より研究を要するものである。1990年代には、経済発展によって急速に必要な職業教育のレベルが高くなったり、産業の盛衰にともなって既存の職業教育への需要がなくなったりしており、職業高校が不振となった。これは、職業教育が要求する生徒1人当たりの財政水準を考えれば、すべての種類の学校に十分な財源が与えられれば職業高校の不振も避け得たことと考えるのは非現実的であろう。中央政府の職業高校拡大策がどの程度の強制性を持っていたのか、あるいは省側の意向が政策決定の中心であったとしても、職業高校への投資は効率的であったと結論できるかといったことは必ずしも明確な答えが得られている訳ではない。仮に、10年ほどの間に少なくない部分の労働需要がなくなってしまうことがあるとすれば、それは改めて、職業高校レベルの教育をどのように展開すべきかという問題が提起されていると考えたほうがよいだろう。効率的な経済発展という観点に限れば、むしろ、当初より職業教育の中でも長期的需要が見込まれるレベルの高い職業教育に集中的な投資を行うことの必要性や妥当性を示唆しているかもしれない。
　第3に、経済発展が進んだ段階で、どのような教育政策や職業政策をとるかといった問題を意識的に分析・考察する必要がある。
　江蘇省における政府や企業による「永久ブランド」の人材養成の方針は、企業の発展のためにはすぐれて経済合理的な、そして同時に、当初は他に選択の余地のないものであったと考えられる。企業が払うことのできる賃金水準ばかりでなく、その職のステータス、地域の与える戸籍条件、環境などを合わせた総合的な魅力という点で、江蘇省の1農村の郷鎮企業にとって、外部からの安定的な人材調達は不可能だったのである。
　しかし、経済発展が軌道に乗って、賃金も高い水準を保証できるようになり、職や地域の魅力も高まりつつあり、他省からも人材を引きつける可能性が生まれつつある現在、「永久ブランド」方式は合理的なものといえるのだろ

うか。そして、現実に続いていくのだろうか。また、それは、上級技術者や上級管理者の養成・調達にも有効なのであろうか。あるいは、企業の直接的な支えなくして、教育の発展は勢いを失ってしまうのだろうか。こうした点の分析が残されている。

第4に、企業にとっての経済合理性ばかりでなく、住民の福祉との関連において、内発的発展、その教育発展の意味を問い直すことが必要である。L郷S公司では、郷における教育活動全般への幅広い財政支援が職業教育に限らずなされていた。これは、人材を長期的に安定的かつ効率的に調達するために職業教育において影響力を行使することを、地方政府や人々に認めさせる手段としての意味を持つということができるかもしれない。しかし、企業利益に結びつくことを前提としながらも、そこにはただ狭い意味の企業にとっての経済的合理性だけでなく、「返哺」(報恩)という言葉に示されるような、住民への福祉の提供という側面があるように思われる。こうした現象を正しく理解するには、人民公社の時代に遡るような歴史的視点に立ちつつ、今日までの公的セクターと企業の関係の形成を捉え、その中での住民の福祉に焦点を当てた研究が必要となろう。

そうした研究は、とくに後期中等教育発展における企業の強い影響力のプラス面ばかりでなくマイナス面をも含めたものでなければならない。それは、職業教育の位置づけや政府の役割についての重要な示唆をもたらすものとなろう。

2 広東省の外発的経済発展パターンと教育発展研究の課題

広東省の事例は、外発的経済発展パターンが企業の立地する地域の住民に、高い収入を得る機会の提供という形で地元住民へ福祉をもたらしたことを示していた。教育発展のあり方という点において、内発的発展パターンのもたらすそれのほうが優れているものであるとしても、現実には多くの中国の地方政府や途上国政府が、外資企業誘致による外発的発展戦略をとっており、今後もそうした方向は有力なものとして目指されるであろう。

しかし、このような外資企業誘致による発展を、長期にわたって続けるこ

とは困難である。一般的に、経済発展が進むと単純労働者の賃金も上昇し、進出企業にとっての重要な要件であった低廉な労働力が失われることになり、企業はより魅力的な地域を求めて移動していく。また、一方で急速な技術進歩のある今日の産業において、労働力の質を重視する傾向を見せる企業も増加していく。これらの傾向は、1990年代半ば以降、広東省でも現実のものとなりつつある。外発的発展の経済戦略は、それが発展を続けようとすれば、低廉かつ大量の労働力の賦存をセールスポイントとする段階から次の段階へと進む見通しが必要となる。1998年のアジア経済危機を契機に、政府レベルでの強い反省がなされたこともこれに対応するものといえよう。

　このような視点からは、広東省の経験は重要な意味を持とう。本書では、どちらかと言えば、江蘇省の内発的経済発展パターンにおける後期中等教育の発展に多くの光が当てられ、広東省の外発的発展パターンにおけるそれを、資料の不足もあり十分な分析の対象とはできなかった。1990年代半ばまでの教育発展の「失敗例」の実態とそのインプリケーションや1990年代末以降の後期中等教育発展と新しい経済発展段階、また、戦略との関係の実証的研究は、まだ多くの課題として残されている。

　いずれの省の発展も、しかしながら、現在なお自省のあるいは他省からの大量の低賃金労働力を利用することによって成立していることも本書は明らかにしてきた。そして、その一方で、経済的福祉や後期中等教育機会を享受するのは、省内の住民や省内の発展地域の住民が中心となっていたのである。広大な国土と大きな人口を抱える中国の経済発展の現段階は、この冷徹な現実から逃れる術を容易に与えていないように思われる。本書は、現代中国における後期中等教育の発展のダイナミズムが、このような現実の中で展開していることを明らかにするものでもあった。

注
1　家計調査の事例による。

付論　中国の学制

　1951年に中央政務院¹による「学制改革に関する決定」で「新中国」の学制を満7才入学18才までの5・3・3制と定めてから、1980年代までの30年間に、実際には「各地域の経済、文化の発展状況により」²、また、各時期の政治路線により、さまざまな学制の変更が行われ、または複数の学制の並存もあった。よく知られているのは、6・3・3制、5・4・3制、5・3・3制、5・3・2制である。広大な農村地域では、主に5・3・2制が施行されていた。また、進級と進学は、1970年代半ば頃(文化大革命中)の大学進学を除き³、基本的に試験による成績で決められていた。不合格者には留年制度も設けられていた。

　1976年に「文革」が終焉し、社会生活が徐々に正常な軌道に戻ると、学校教育の復興と改革がいわれるようになった。まず大学入試が再開された。同時に、都市部や重点学校では学制が6・3・3制へ改編され、他の各地方や学校においては学習年限の延長が始められた⁴。また、1986年に国務院により公布された『中華人民共和国義務教育法』では、満6才からの9年義務教育が定められ、入学年齢に関しては、各地の状況により、7才から6才へ早めていく方針が取られた。後期中等教育段階の学年は、1980年代初期までは2年制が多かったが、3年制への切り換えが、都市部から農村部へ、重点学校から一般学校へと実施されていった。1990年の『中国教育統計年鑑』によれば、2年制の普通高校と職業高校の在学者は全国でそれぞれおよそ14,500人と247,000人であった。したがって、80年代以降の中国の学制は、実際においては、地域によって異なる部分を持ちながらも、義務教育の実施の過程で6・3・3制に近づき、モデルとしては**付論図-1**のようになってきているといえよう。同図に示す満15～17才を対象とする学校システムは、後期中等教育に当

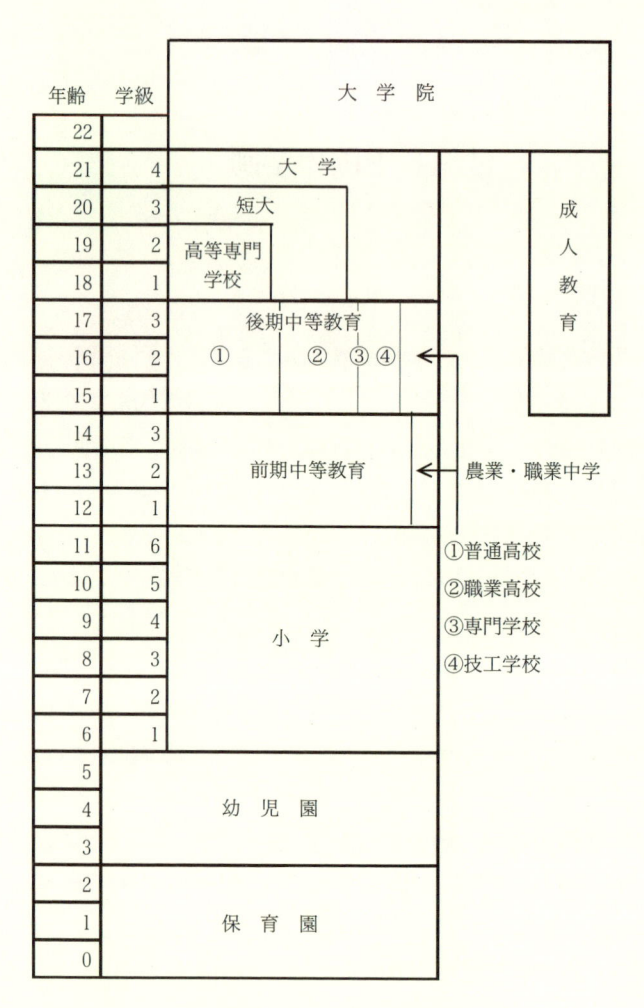

年齢	学級					
22		大 学 院				
21	4	大　学				成人教育
20	3	短大				
19	2	高等専門学校				
18	1					
17	3	後期中等教育				
16	2	①	②	③	④	←
15	1					
14	3	前期中等教育			← 農業・職業中学	
13	2					
12	1					
11	6	小　学			①普通高校	
10	5				②職業高校	
9	4				③専門学校	
8	3				④技工学校	
7	2					
6	1					
5		幼　児　園				
4						
3						
2		保　育　園				
1						
0						

図付-1　中国の学制（現行）

出所：筆者作成。
注：『中国教育統計年鑑』1987年版から各年版（1987年版は北京工業大学出版社、その他の年版は中国統計出版社）、『中国年鑑』中国研究所各年版を参照。

たり、中国では序章で触れたように、「高中階段学校教育」と呼ばれている。

　上記の**付論図-1**から分かるように、中国の後期中等教育は、普通高校、職業高校、専門学校、技工学校によって構成されている。それぞれの養成目的や教育内容を説明しておこう。

付論表-1　後期中等教育における各種学校の概容

学校種類	普通高校	職業高校	専門学校	技工学校
養成目的	中等レベルの労働力、高等教育に合格する学生	中等レベルの技術労働力	中等レベルの管理者及び技術労働力	技術労働者
政策指導部門	教育部（地方では教育局）	教育部（地方では教育局）	教育部（地方では教育局）	労働部（地方では労働局）
主な設置・管理部門	市（県）教育部門、ごく一部他部門、企業	市（県）教育部門、ごく一部他部門、企業	市（県）教育部門、各他部門、市（県）政府、企業	市（県）労働部門、一部は他部門、企業
主な財源	市（県）教育部門、ごく一部他部門、企業	市（県）教育部門、ごく一部他部門、企業	市（県）教育部門、各他部門、市（県）政府、企業	市（県）労働部門、一部は他部門、企業
選抜方法	主に市（県）を単位に高校進学（中学卒業）試験	主に地域の高校進学試験、時にはプラス技能試験	主に地域の高校進学試験	主に地域の高校進学試験
就職ルート	制度的なルートなし	制度的なルートなし	政府による「統一分配」*	政府による「統一分配」*
進学ルート	高等教育にアクセス	少数の職業大学にアクセス	少数の職業大学にアクセス	少数の職業大学にアクセス

注：「部」は日本の「省」の行政単位に当たる。
＊：1990年代以降、これらの学校で委託養成生徒が増え、また、各部門、企業が設置する学校が増えてきた。それらの生徒には卒業後の就職保証が一般的にない。さらに労働市場においては個人と直接に対面する求人が多くなってきた。そうした中で、それまでの政府「統一配分」制度が色褪せてきた。とくに1990年代後半以降は、一部の専門を除き、この機能が形骸化した。
出所：教育部「中等教育暫時規程（草案）」 1952年、教育部「中等職業技術学校暫時実施方法」 1952年、政務院「中等専門学校規程」 1954年、国務院「中等教育の構造改革に関する報告書」 1980年、教育部「中等教育構造改革に関する状況と今後の意見」 1981年、教育委員会「普通中等専門学校の設置に関する暫定方法」 1986年、労働人事部、教育委員会「技工学校工作条例」 1986年、中国人民代表大会『中華人民共和国職業教育法』 1996年。

　普通高校は一般教養教育を行う高等学校で、教育内容は一般高等教育への受験項目と一致している。「中等教育暫時規程」（草案）[5]によれば、普通高校は国の社会建設のために即戦力として役立つ人材を育てると同時に、高等教育機関に合格する学生を育てるという二重の役目を担う。職業高校は主に職業・技術関係の教育を行う高校で、教育内容は普通大学の受験項目と一致しない。「中等職業技術学校暫時実施方法」[6]、『中華人民共和国職業教育法』（1996年）によれば、職業高校は一定の職業知識や専門的な技術を身につけた初等・中等技術労働力の養成を目的とする中等職業教育機関である。専門学校は専門性のある理論・知識および技術を教育内容とする。「中等専門学校規程」[7]、「中等教育の構造改革に関する報告書」[8]、「普通中等専門学校の設置に関する暫定方法」[9]によれば、専門学校は国の社会建設のための、中等レベルの管

理・技術労働力の養成を目的とする中等職業教育機関である。中には小学校や幼稚園の教員を養成する師範学校も含まれている。「技工学校工作条例」[10]によれば、技工学校は特定の技術を身につけるための教育を行う。すなわち、それは技術労働者の養成を目的とする中等職業教育機関である。

これらの学校の政策指導部門は、普通高校と職業高校・専門学校では、中央教育部(教育委員会)[11]と各省の省教育庁(省教育委員会)およびその下位の教育部門で、技工学校では、中央労働部と各省の省労働庁およびその下位の労働部門である。

現在の後期中等教育の各種学校の設置・運営等の概要は**付論表-1**にまとめた。

注

1 現在の国務院。日本の内閣に当たる。
2 『中華人民共和国義務教育法』(1986年)第2条。
3 「文革」中、某大学受験生が現行教育制度に対する抗議として、試験答案を白紙状態で提出した。この行動を労働階級の革命行動の典型とされ、本受験生も革命キャラクターとして、全国で大いに宣伝されていた。大学入学試験も1978年までなくされていた。
4 「文革」中に失脚した鄧小平は、復帰すると同時に、教育と科学の事業の方面に自ら進み、1977年8月に発表した「科学と教育の仕事に関する若干意見」という題の教育工作会議上の談話で、学制の改革問題を最も早く提示した。1980年12月の共産党中央と国務院の共同発表による「小学校教育の普及に関する若干問題の決定」で、それまで主に実施されてきた初等・中等教育の10年制を順次に12年制に改める改革の開始を宣言した。
5 1952年3月、教育部に公布される。それ以降、個別問題に関する条例などはあるものの、この規程を刷新するものはなかった。
6 1952年8月、教育部に公布される。「方法」と記されるが、延べ43条にのぼる政府法令の様式となっている。また、その趣旨は今なお受け継がれている。
7 1954年7月、政務院(現在、国務院)に決められる。
8 1980年10月、国務院に発表される。その後の職業教育の指針的な政府文書となった。
9 1986年、国家教育委員会
10 1986年、国家労働人事部、国家教育委員会。

11　教育行政部門の名前は、時期によって違っている。大枠に言えば、1985年までは、中央では「教育部」、地方各行政レベルでは「教育庁」「教育局」とし、1985年から1996年の間はすべて「教育委員会」、そして1996年以降はまた「教育部」と「教育庁」「教育局」に戻った。ただし、名前の変更時期においては、地域によって多少のずれがある。

付　表

付表1　主なマクロ統計データ・政策資料①（公刊）

資料カテゴリー	資料内容の時期	地域	主要な資料源
教育関係			
在学者数①中学	1980-98	全国計、各省	『中国教育統計年鑑』各年版
在学者数②高校段階	1987、90、92、94、96		『中国教育年鑑1949-1981』
在学者数③大学段階	1980-98		『中国教育年鑑1949-84（地方教育）』
学校類別在学者数	1987、90、92、94、96	全国計	『中国教育成就1949-83』
入学者数	1949、52、60、65、75、80、85		『中国教育成就1980-85』
入学者数	1987、90、92、94、96	全国計、各省	『中国教育成就1985-90』
中学卒業者数	1987、90、92、94、96、98		
学校総数	1980-98	全国計	
各種学校数			
専任教師数			
女子生徒数			
専任教師学歴			
教育データ、状況（広東省宝安県）	1980-87	宝安県、SH鎮	『宝安県誌』
教育財政	1988-98	全国、江蘇省、広東省	『中国教育統計年鑑』各年版
	1989-94		『中国教育経費発展報告』
	2000-01		『中国教育経費統計年鑑』
労働力の学歴構造	1990、96、97、98	江蘇省、広東省	『中国統計年鑑』各年版 『江蘇統計年鑑』各年版 『広東統計年鑑』各年版
教育政策、方針	1949-88	全国	『中国教育改革』
	1988-99	全国、江蘇省、広東省	『中国教育年鑑』各年版
	1949-84		『中国教育年鑑（地方教育）』
	1996	江蘇省	『江蘇省教育年鑑』、『武進年鑑』
経済、人口関係			
人口	1987、90、92、94、96、98	全国計、各省	『中国統計年鑑』各年版
年齢段階人口	1993		『人口統計年鑑1993』
15才人口	1949、52、60、65、75、80、85	全国計	『中国人口普査資料』1952、64、82、90各年版
	1987、90、92、94、96、98	全国計、各省	『人口統計年鑑1993』
	1980-2000	江蘇省武進市（県）	『武進県1990年人口普査資料』
戸籍人口、労働力人口、移動人口	1980、85、90、95、2000	江蘇省	『江蘇省統計年鑑』各年版
		広東省	『広東省統計年鑑』各年版
	2000	全国、江蘇省、広東省	『中国労働統計年鑑』
GDP	1991、92、94、96	全国計、各省	『中国統計年鑑』各年版
GNP	1987、90		
第1次産業総生産	1987、90、92、94、96		
第2次産業総生産			
第3次産業総生産	1991、92、94、96		
工業農業総産値	1987、90、92、94、96		
工業総産値			
国営工業総産値			
集団工業総産値			
外資工業総産値	1994、96		『中国統計年鑑』1995、97年版
港奥台工業総産値	1994、96		
重工業総産値	1987、90、92、94、96		『中国統計年鑑』各年版
軽工業総産値			
独立決算工業企業総資産	1994、96		『中国統計年鑑』1995、97年版
外資独立決算工業企業資産			
港奥台独立決算工業企業資産			
農村労働力総数	1987、90、92、94、96		『中国統計年鑑』各年版
農村工業労働力総数			
労働力の産業間構造	1980-98	江蘇省、広東省	『統計年鑑』各省各年版

注：この一覧には本書に用いられる主な公刊したマクロデータや資料をまとめた。教育関係データの場合、とくに学校段階を明記しないのは、すべて後期中等教育段階を指す。その他は学校段階を明記している。また、より詳細な出所と年代は本文の注記や参考文献を参照。

付表2　主なマクロ統計データ・政策資料②（非公刊）

資料カテゴリー	資料内容の時期	地域	主要な資料源
教育関係			
職業教育政策・方針	1977-95	全国、江蘇省	『職業技術教育文件選編』
江蘇省教育データ	1980-93	江蘇省	江蘇省教育情報センター
	1988-99	江蘇省	『江蘇省教育事業統計資料彙編』
江蘇省教育データ分析	1991	江蘇省	『'91江蘇教育統計分析』
江蘇省武進市教育データ	1980-99	江蘇省常州市、武進(県)市	『常州市教育事業基数統計資料』、常州市、武進(県)市教育部門
武進市L郷教育データ、状況	1980-92	武進県L郷	『L郷誌』
経済関係			
武進(県)市人口、経済データ	1980-98	江蘇省武進(県)市	『武進五十年』武進市統計局
SH鎮人口、経済データ	1998	宝安区SH鎮	『SH鎮』パンフレット、『宝安統計年鑑』1993、97年版、鎮政府関係部門

注：この一覧には本書に用いられる主な公刊したマクロデータ・資料をまとめた。教育関係データの場合、とくに学校段階を明記しないのは、すべて後期中等教育段階を指す。その他は学校段階を明記している。また、より詳細な出所と年代は本文の注釈や参考文献を参照。

付表3　筆者による調査データ

資料カテゴリー	時期	地域	主要な資料源
教育関係			
武進市L郷中学校教育データ、状況		L郷中学校	L郷中学校
武進(県)市教育財政	1994-98	江蘇省武進(県)市	武進(県)市教育部門
L校進学率	1990-98	武進市L(郷)鎮	L校
SH校とN校進学率	1992-99	広東省深圳市SH鎮、南海市N鎮	SH鎮中学校、N鎮中学校
宝安区、SH鎮生徒戸籍構成	1995-99	広東省深圳市宝安区、SH鎮	宝安区教育局
L郷教育財政	1993-98	武進市L(郷)鎮	L(郷)鎮政府関係部門
SH鎮教育財政	1998	広東省SH鎮	SH鎮政府関係部門
各レベル政府部門へのインタビュー	1994	江蘇省	江蘇省各レベル政府部門
	1999	江蘇省	江蘇省各レベル政府部門
	1999	広東省	広東省各レベル政府部門
	2001	広東省曲江県	広東省曲江県教育局
学校教師へのインタビュー	1994	江蘇省L郷	L郷中学校教師
	1999		
	1999	広東省SH鎮、N鎮	SH鎮中学校、N鎮中学校
	2001	広東省M鎮	SHA中学校
生徒親へのインタビュー	1999	江蘇省L郷	L郷村民
	1999	広東省SH鎮	SH鎮村民
アンケート調査データ	1994、99	江蘇省L郷	L郷中学校3年生
	1999	宝安区SH鎮、南海県N鎮、LU郷	SH鎮中学校、N鎮中学校、LU郷中学校3年生
	2001	曲江県M鎮、SHA郷	M中学校、SHA中学校3年生
経済関係			
L郷企業データ	1994、99	武進市L(郷)鎮	S公司、W公司、L(郷)鎮関係部門
SH鎮企業データ	1999	宝安区SH鎮	鎮政府関係部門、SH鎮ゴム工場、徳昌電機工場、王氏電機工場

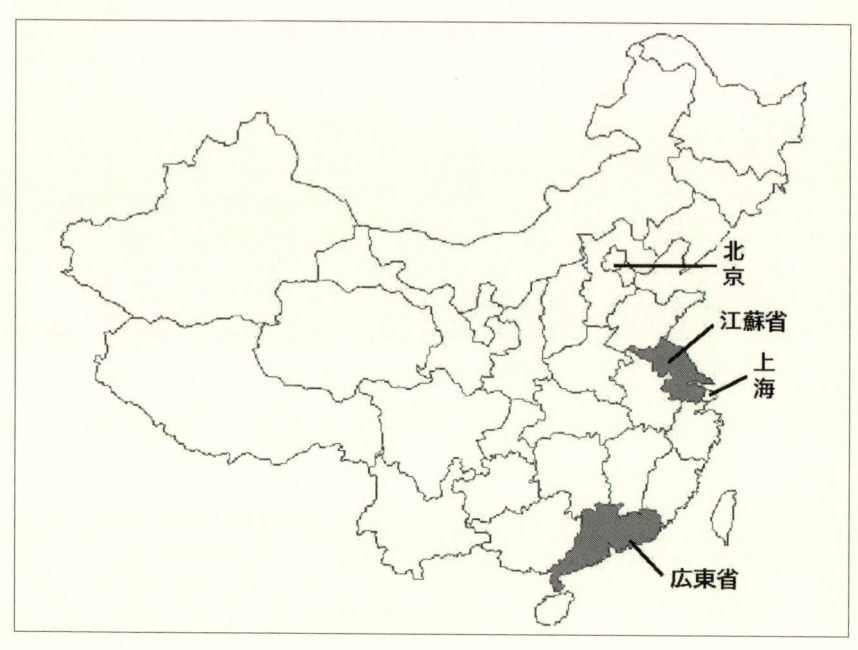

付表4　中国の行政図

出所：筆者作成。

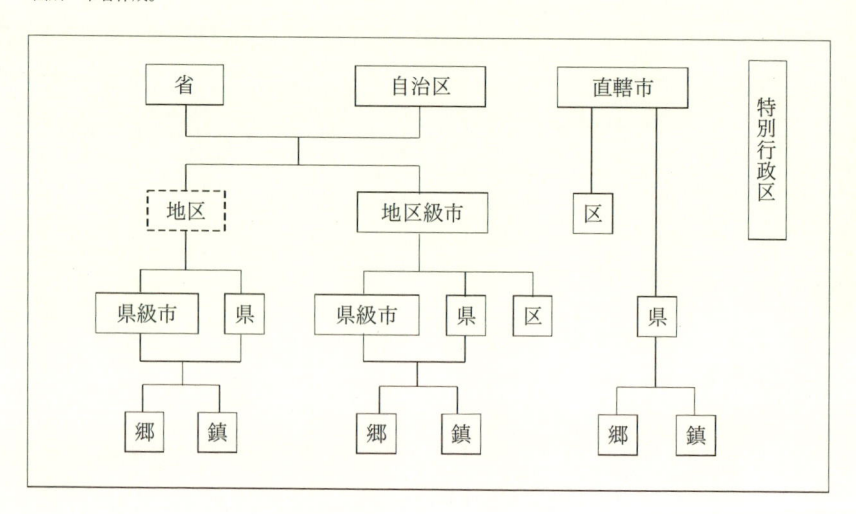

付表5　中国の地方行政仕組み

出所：『中国年鑑2001』創土社、p.361。

付表　211

江蘇省武進市の位置

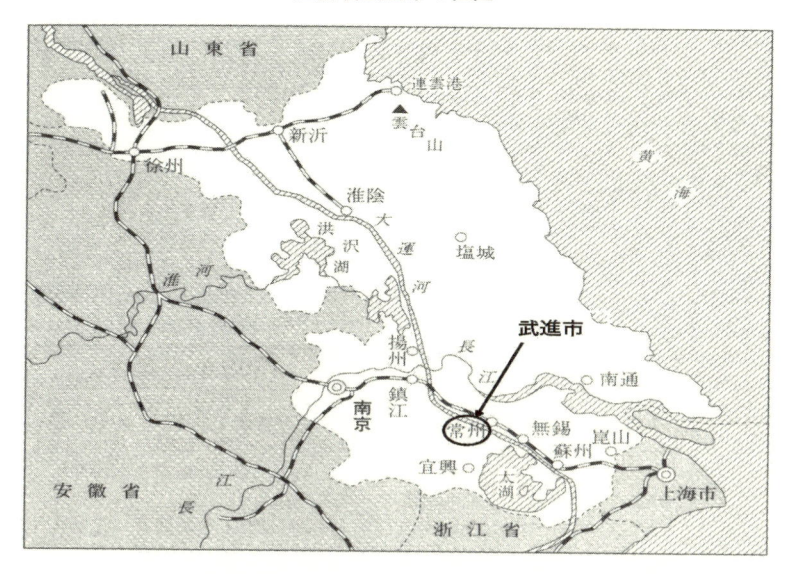

広東省宝安区、南海市、曲江県の位置

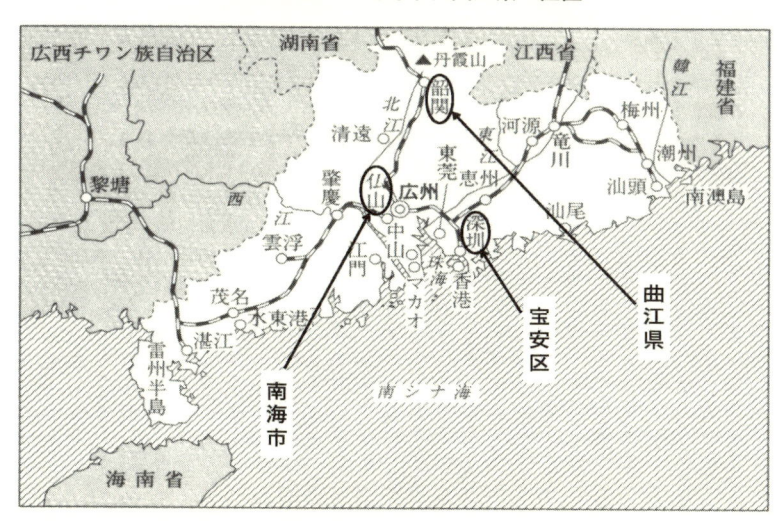

付表6　本研究の調査地の各省における位置

注：図中○で囲まれた所や矢印などの記しは筆者によるもの。
出所：『中国年鑑2001』創土社、p.384（上図）、p.406（下図）。

付表7　中国各省における後期中等教育の就学率

(%)

	1987年			1990年			1992年			1994年			1996年	
順位	地域	就学率	順位	地域	就学率	順位	地域	就学率	順位	地域	就学率	順位	地域	就学率
1	北京	42.03	1	上海	74.20	1	上海	80.39	1	上海	87.19	1	上海	91.33
2	上海	41.23	2	北京	69.58	2	北京	77.09	2	北京	81.15	2	北京	88.40
3	新疆	30.21	3	天津	46.71	3	天津	52.31	3	天津	52.25	3	天津	72.86
4	吉林	27.96	4	新疆	38.51	4	遼寧	40.86	4	江蘇	38.23	4	江蘇	53.79
5	天津	25.84	5	吉林	34.58	5	吉林	38.48	5	山東	37.45	5	浙江	49.59
6	海南	24.92	6	遼寧	33.24	6	新疆	37.00	6	陝西	36.49	6	吉林	49.16
7	寧夏	24.53	7	陝西	28.98	7	黒龍江	34.88	7	浙江	34.54	7	陝西	46.63
8	青海	23.53	8	黒龍江	27.68	8	陝西	33.26	8	新疆	34.47	8	山東	44.18
9	黒龍江	22.51	9	青海	27.15	9	内蒙古	32.91	9	吉林	34.42	9	遼寧	44.00
10	遼寧	22.26	10	寧夏	27.06	10	山西	32.35	10	遼寧	34.23	10	湖北	43.08
11	内蒙古	21.65	11	内蒙古	25.85	11	山東	30.73	11	湖北	33.95	11	新疆	40.02
12	陝西	20.60	12	江蘇	25.75	12	寧夏	30.02	12	湖南	33.41	12	湖南	38.16
13	山西	20.42	13	甘粛	25.45	13	江蘇	29.64	13	内蒙古	31.65	平均		35.92
14	広東	19.30	14	山西	24.99	14	甘粛	29.34	14	山西	30.75	13	福建	35.69
15	江蘇	19.11	15	湖北	24.25	15	湖北	27.70	15	寧夏	29.41	14	江西	35.52
16	浙江	18.65	16	海南	24.16	16	湖南	26.39	平均		29.35	15	山西	33.49
17	湖南	17.78	17	広東	23.90	17	広東	26.16	16	四川	29.22	16	内蒙古	33.16
18	湖北	17.47	18	河北	23.37	平均		25.52	17	黒龍江	28.66	17	河北	32.62
19	江西	17.46	19	山東	23.27	18	青海	24.78	18	福建	28.60	18	広東	32.04
20	甘粛	16.97	20	浙江	22.57	19	河北	24.74	19	河北	27.81	19	四川	32.00
21	福建	16.55	平均		21.20	20	浙江	23.15	20	甘粛	27.04	20	黒龍江	31.72
平均		16.47	21	湖南	20.41	21	福建	22.85	21	青海	26.89	21	河南	31.01
22	山東	15.75	22	福建	18.99	22	海南	22.28	22	広東	26.41	22	甘粛	30.40
23	河北	15.08	23	河南	17.19	23	河南	21.28	23	河南	25.05	23	寧夏	30.06
24	河南	13.03	24	江西	16.67	24	四川	21.13	24	江西	23.68	24	青海	29.97
25	広西	10.95	25	安徽	15.19	25	江西	18.97	25	安徽	19.81	25	安徽	26.51
26	雲南	10.89	26	広西	13.94	26	安徽	17.27	26	海南	18.65	26	雲南	22.48
27	四川	10.22	27	雲南	13.32	27	広西	15.65	27	広西	17.90	27	広西	20.77
28	安徽	10.13	28	四川	13.13	28	雲南	14.38	28	雲南	17.50	28	海南	18.54
29	貴州	8.93	29	貴州	9.64	29	貴州	11.46	29	貴州	13.64	29	貴州	16.13
30	西蔵	6.60	30	西蔵	7.25	30	西蔵	6.44	30	西蔵	7.04	30	西蔵	8.15

注：統計データの制約上、1987年には技工学校の学生数が入っていない。ただし、その数は比較的に少ない。
出所：各省『統計年鑑』中国統計出版社各年版、『中国1990年人口普査』同　1991年、『人口統計年鑑1993』同　1994年、『中国教育事業統計年鑑』人民教育出版社各年版、『中国教育成就1980～85』同　1986年、『中国教育成就1985～90』同　1991年。

付表8 「文革」後中国における教育発展・改革に関する政策動向

年月	方針・政策・措置・法令・動向	政策発令機関・発表者	主な内容・重要な論点	考察
1977年10月	「1977年高等教育機関の学生募集・選抜に関する意見」	教育部	「文革」中、中止された高等教育進学試験制度の復活	「文革」教育への否定を象徴
1978年3月	「全国科学大会開会式での講話」	鄧小平（副総理、党副主席）	科学技術は生産力との認識を強調し、科学技術研究と教育事業の大いなる発展を力説	建国以来初の全国科学会議、「4つの現代化」の基調形成
1978年4月	「全国教育工作会議での講話」	鄧小平（同）	①教育は国民経済発展に対応すべき、教育計画を国民経済計画の重要な一部分とするとの提案と要求 ②職業教育技術学校の割合の拡大	教育改革の第1声
1980年10月	「中等教育の構造改革に関する報告書」	国務院	①78年に鄧小平「講話」指針を受け継ぎ、後期中等教育段階の職業教育を大きく発展させる国策を打ち出す ②職業教育の拡大のための具体的措置など	職業教育発展の国策が始動
1980年12月	「小学校教育の普及の若干問題に関する決定」	共産党中央と国務院の共同発表	①80年代に小学校教育普及の基本的な実現を歴史的使命に ②初等・中等教育の10年制を順次に12年制に改める改革の開始を宣言	6・3・3制への改め、教育事業が正常な軌道に
1981年	「中等教育構造改革に関する状況と今後の意見」	教育部	職業教育機関の入口・出口における改革と教育資金に関する指針を提起	
1983年5月	「農村学校教育の強化と改革に関する若干問題の通知」	共産党中央委員会と国務院の共同発表	①農村の学校は農村建設のための人材養成を ②農村における技術教育を発展させ、農村の中等教育構造改革の実施を ③1990年に農村の各種職業技術学校在学者数を普通高校のそれに追いつかせ、追い越させ ④農村職業教育拡大のための具体的な方式・方法まで提示	農村教育への注目 職業教育発展の具体化
1983年5月	「都市中等教育の構造改革、職業技術教育の発展に関する意見」	教育部、労働人事部、財政部、国家計画委員会	①職業教育拡大政策の確認と強調 ②都市中等職業教育発展の目標と方法	

年月	方針・政策・措置・法令・動向	政策発令機関・発表者	主な内容・重要な論点	考　察
1985年	教育部を教育委員会に改める		社会各界からの協力を得やすくするため	
1985年5月	「教育体制改革に関する決定」	共産党中央委員会	①中央の教育管理権限を大幅に地方と学校自身への委任 ②9年義務教育の責任を「分級管理」原則に沿って地方委任を漸進的に実現 ③中等職業教育を大きく発展させ、「訓練を受けてから就職」との労働人事原則の打ち出し ④高等教育機関の自主権の拡大	全般的な教育改革の本格化
1986年4月	「中華人民共和国義務教育法」の公布	第6届4回人民大会	6才からの9年の義務教育の実施	教育法制化への始動
1986年7月	全国職業教育工作会議（第1回）	国家教育委員会など		初の全国職業教育会議
1987年4月	「初等・中等学校教師招聘制における若干問題の意見」	国家教育委員会会議	中小学校教師の招聘制を全国で実施する方向へ	
1987年12月	「農村教育は主に地域の経済建設のために努めるべし」	何東昌 （国家教育委員会副主任）	県以下の教育は地元の経済建設のための初等・中等人材養成を重点に	農村初・中等人材の需要への注目
1988年2月	「文盲一掃工作条例」	国務院	15〜40才の文盲または半文盲である公民の文盲一掃教育を受ける権利と義務を定める	
1988年2月	「目前の教育発展と改革に関する幾つかの問題」	何東昌 （同）	①初等・中等人材の養成と労働者の素養の向上が第一 ②政府・社会各界・個人に教育発展の潜在力を求めるべし ③中等とその下の教育には市と県が管理機能を発揮 ④中等専門学校の出入り口を農村に向けるように改革	教育改革の深まり
1988年	「"燎原計画"を実施せよ」	王明達 （国家教育委員会副主任）	農村の義務教育達成、労働需要への対応、さらに文盲一掃を総合的に考え、各地に合った教育発展様式で教育目標を達成するとともに、農村実用技術を押し広める	農村教育改革の深まり

付表 215

年月	方針・政策・措置・法令・動向	政策発令機関・発表者	主な内容・重要な論点	考察
1988年7月	「中小学生のドロップアウトを厳しく規制するための通達」	国家教育委員会	宣伝、法制、管理、教育の改善といった角度から、中小学生のドロップアウトをせき止める	経済発展と教育発展の矛盾点の露出
1988年12月	中等学校管理体制改革工作雑談会	国家教育委員会	中小学校における校長責任制を漸進的に実施	
1991年1月	全国職業教育工作会議（第2回）「職業技術教育の発展に関する決定」	国家教育委員会など国務院	過去10年職業教育改革の総括、次10年戦略目標の策定（会議内容にふまえて国務院より公布）	これまでの改革の肯定、これからの一層強化
1992年3月	「義務教育方実施細則」公布	国家教育委員会		
1992年11月	「高等教育改革の加速と積極的な発展」（全国普通高等教育会議開会式での報告）	朱開軒（国家教育委員会副主任）	高等教育は90年代に大きな発展を遂げ「211工程」実施の宣言	
1992年	「全国教育事業十年企画と第8回五ヵ年計画要点」	国家教育委員会	1990年代全国教育発展目標と方針の原則：①大都市普通高校普及への試行許可、②コア職業高校を県に1校	
1993年1月	『普通専門学校専門目録』	国家教育委員会	専門学校やその管理部門に専門設置とその調整の根拠を提供	
1993年2月	「中国教育の改革と発展に関する要綱」	共産党中央委員会、国務院	①85年の「決定」趣旨の徹底と推進 ②私立学校の積極的な容認 ③教育投資の増加措置、財政教育支出はGDPの4％が目標など	教育改革の強化と加速
1993年3月	「専門学校の専門設置・管理の意見」	国家教育委員会	専門設置が市場の需要に対応できるように学校を手助け 上記『目録』外の専門設置は管理部門と省教育部門の許可を要求	
1993年10月	「中華人民共和国教師法」の公布	中国人民代表大会決定、中華人民共和国主席令15号	教員待遇の改善と地位の向上に力点	

年月	方針・政策・措置・法令・動向	政策発令機関・発表者	主な内容・重要な論点	考察
1994年6月	全国教育会議の開催	共産党中央委員会、国務院	①9年義務教育の強化、文盲解消は教育の「重点中の重点」 ②職業教育と成人教育の大いなる発展 ③教育費の増加措置の強化と具体化、教育銀行の設立	教育重視姿勢の強調
1994年8月	「『要綱』の実施意見」	国務院	①義務教育実施の段取りを定め ②職業技術教育の拡大の推し進め ③教員の質の向上と処遇改善など	
1994年9月	全国農村総合教育改革工作会議	国家教育委員会	①先進地域は9年義務教育から12年の教育普及へ ②後期中等教育段階での職業教育の比率を60％以上に ③貧困地域はまず小学校教育の普及と実用性ある成人職業教育機会の提供	後期中等教育の量的拡大への言及
1995年3月	「中華人民共和国教育法」成立	中国人民代表大会決定	10章84条	中国初の教育基本法
1995年5月	『専門学校改革、発展に関する意見』	国家教育委員会	専門学校の管理体制改革を速め教育外の部門や企業が参加した多種多様な管理体制に	
1995年5月	全国普通高校教育工作会議	国家教育委員会	①普通高校の性質や任務、地位と役割を確認 ②9年義務教育の普及と中等教育の構造改革の継続を前提に普通高校の適度な拡大を認可 ③「普通高校を良好に運営するための若干意見」との普通高校改善のための政府文書を発表	普通高校への初の注目と量的拡大の考慮
1995年10月	『職業大学の改革と建設に関する意見』	国家教育委員会	高等職業教育の概念や位置づけ、役割、目的、方法と改革措置などに関する初の政府文書	高等職業教育への注目
1995年12月	『"燎原計画百千万工程"実施の意見』	国家教育委員会	全国の千の郷や万の村で百の農村実用技術を押し広める	

付表　217

年月	方針・政策・措置・法令・動向	政策発令機関・発表者	主な内容・重要な論点	考　察
1996年	「全国教育事業第9回五ヵ年計画と2010年発展企画」	国家教育委員会	①2000年まで、9年義務教育の基本的普及と青中年文盲の基本的な解消、職業教育の積極的発展と普通高校の適度な拡大、高等教育規模の適度な拡大、その内部構造の優良化と教育質、効率の高め ②2010年まで、9年義務教育の全面的な普及と青中年文盲全面的な解消、職業教育と成人教育のさらなる発展、後期中等教育の就学率は50％以上に、普通高校と各種職業学校の在学者数は凡そ34：66、高等教育の粗就学率は凡そ11％に。	これまでの改革を円満に、さらなる発展への展望
1996年5月	「中華人民共和国職業教育法」公布	中国人民代表大会常務会最終決定	5章40条、職業教育の目標、任務と役割、位置づけ等を明確化	各地の職業教育規定を統一し体系化する
1996年6月	全国職業教育工作会議(第3回)	国家教育委員会	中等職業教育を重点的に、高等職業教育を積極的に、職業教育のさらなる発展を	
1996年	高等教育の生徒募集に関する動向	国家教育委員会	①教育委員会所定募集定員以上の募集を厳しく制限 ②高等教育の個人負担制度への切り替えを着実に実行(60％)	高等教育募集人数への厳しい制限の最終回 高等教育の個人負担の始まり
1997年1月	全国教育工作会議	国家教育委員会	①教育立法の強度を高め、体系的な教育の法律を形成 ②文盲解消、義務教育の基本的実現の重点は中部と西部に	
1997年3月	『農村教育のための資金調達方法』	教育委員会、計画委員会等	18条	
1997年5月	『中等職業学校新卒が高等職業教育への進学の試行の通知』	国家教育委員会	97年より、北京等10の省と市で試行	中・高等職業教育のリンケージを促す

年月	方針・政策・措置・法令・動向	政策発令機関・発表者	主な内容・重要な論点	考　察
1997年7月	『社会の力による学校教育条例』	国務院	8章60条	
1998年8月	『中華人民共和国高等教育法』	全国人民代表大会	8章69条、高等教育の原則と制度、権利義務、改革過程における重要問題の規範化	
1998年	専門学校の生徒募集と卒業生就職動向	国家教育部	政府計画内募集と教育費の政府負担の部分を制度的に取りやめ、すべて生徒個人負担の方向へ	専門学校への優秀な生徒源が懸念される
1999年1月	『21世紀に向けての教育振興行動計画』	教育部制定、国務院公布	①高等教育規模拡大、2010年に就学率15％に接近 ②2010年の中等職業教育の割合について提起せず、職業教育訓練・継続教育を制度化することに変更。その他、96年の「2010年発展企画」と基本的に変わらず	高等教育を拡大方向へ、中等職業教育割合を見直し

出所：瞿葆奎主編『教育学文集　中国教育改革』人民教育出版社　1991年、中国教育年鑑編集部編『中国教育年鑑』同　1990年版から各年版。

参考文献

日本語文献

阿部洋　1998　「"蘇南モデル"下中国農村における教育の普及と向上」『現在中国における教育の普及と向上に関する実証的研究』平成7～9年度科学研究費補助金研究成果報告書

宇野重昭・鶴見和子編　1994　『内発的発展と外向型発展』東京大学出版会

大島一二　1993　『現代中国における農村工業化の展開』筑波書房

大島一二　1994　「中国農村工業地域における出稼ぎ労働者」『アジア経済』35巻1号

菊地道樹　1992　「中国における改革、調整政策のもとでの労働移動」(『アジア経済』33巻4号

木山徹也　1990　「現代中国における教育普及政策の問題点—"流生"の問題及び"読書無用論"を生起させたもの—」『岡崎女子短期大学研究紀要』第23号

厳善平　1988　「中国「蘇南地区」における農村労働力の就業構造」『アジア経済』29巻11号

——　1990　「中国における農村労働市場の研究」『アジア経済』31巻3号

——　1991　「体制改革以後の中国農村のミクロ経済システム」『アジア研究』37巻2号

——　1992　『中国経済の成長と構造』勁草書房

——　1992　「郷鎮企業内の労働市場の研究」『アジア経済』33巻5、6号

——　1993　「華南経済における労働市場の形成」『アジア経済』34巻6号

——　1997　「中国の地域間労働移動」『アジア経済』38巻7号

金子元久編　1983　『アジアマンパワーと経済成長』アジア経済研究所

金子元久　2001　「発展と職業教育—問題点の整理—」米村明夫編『教育開発：政策と現実』アジア経済研究所、p.48

呉軍華　1993　「中国の経済発展と地域開発戦略」*Japan Research Review 1993.3*

呉琦来　1996　「蘇南農村地域の後期中等教育の発展—洛陽郷の事例—」『東京大学大学院教育学研究科紀要第36巻』、p.195

——　2001a　「中国の後期中等教育に関するマクロ的分析」日本教育社会学会編『教育社会学研究第68集』東洋出版社、pp.207-208

——　2001b　「中国の後期中等教育における職業教育の発展」米村明夫編『教育開発：

政策と現実』アジア経済研究所、pp.87-101
―― 2003 「中国における後期中等教育の発展と経済発展パターン―江蘇省と広東省の比較―」米村明夫編『教育開発の現在』アジア経済研究所、pp.33-67
佐藤宏他　1993　「華南地域における出稼ぎ労働者の実態」『アジア研究』40巻1号
鶴見和子・川田侃編　1989　『内発的発展論』東京大学出版社
F. ハービソン・C.A. マイヤーズ　1964　川田寿・桑田宗彦訳　『経済成長と人間能力の開発』ダイヤモンド社
R.P. ドーア　1978　松居弘道訳『学歴社会　新しい文明病』岩波現代新書第1部
孟建軍　1995　「中国の改革・開放と人口流動」『アジア経済』36巻1号
米村明夫　1986　「教育発展の社会学と教育の社会的機能」『メキシコの教育発展―近代化への挑戦と苦悩―』第1章　アジア経済研究所
米村明夫編　2001　『教育開発：政策と現実』アジア経済研究所
―― 2003　『教育開発の現在』アジア経済研究所
若林敬子　1991　「中国における近年の人口流動をめぐる一考察」『アジア経済』32巻4号

外国語文献

International Bank for Reconstruction and Development. 1993. The East Asian Miracle. New York: Oxford University Press.
王栄生他　1994　「改革専業結構、建立適応機制」常州市職業技術教育学会『常州市職業技術教育学会首届年会資料彙編及優秀論文』、p.23
王振　1998　「中国郷鎮企業企業の労働力需給と賃金変動」『東瀛求索』第9号
何保山(Samuel P.S. Ho)他　1989　『江蘇省非農業化発展過程』上海人民出版社
何志清　1994　「直面市場経済、加快職教発展」常州市職業技術教育学会『常州市職業技術教育学会首届年会資料彙編及優秀論文』、pp.48-52
Kuznets, Simon. 1966. Modern Economic Growth. New Haven: Yale University press.
広東省人口普査弁公室編　1985　『広東人口状況分析与予測』中山大学出版社、p.122
瞿葆奎他編　1991　『中国教育改革』(教育文集　第17巻)人民教育出版社
胡平　1994　「中国の対外開放の趨勢について論述」『北京周報』1994年1月11日
候風雲　1999　『中国人力形成及現状』経済科学出版社
江通　1994　「長江流域の対外開放をリードする江蘇」『北京周報』1994年2月8日
江蘇省教育管理信息センター　1992　『'91江蘇教育統計分析』(非公刊)、p.154
江蘇課題グループ　1996　「建設有中国特色的弁学模式和課程体系―〈普通高校弁学模式和課程設置研究与試験〉階段報告」『江蘇教育学院学報』社会科学版　1996年1月
国家教育委員会財務司　1988～93　『中国教育経費発展報告』高等教育出版社

呉椿編　1994　『蘇南地区教育発展戦略研究』江蘇教育出版社、p.403

Fei, John and Ranis, Gustav eds. 1988. Growth with Equity. New York: Oxford University Press.

常州紡績工業学校　1991　「主動適応社会需要、為企業培養合格人材」李歩闘編『経済発達地区職業教育研究』江蘇教育出版社、pp.275-286

徐名滴・周国賢主編　1993　『珠江三角洲教育戦略論』高等教育出版社、p.64

邹俊福　1994　「対当前職業高校発展的幾点思考」常州市職業教育学会『常州市職業技術教育学会首届年会資料彙編及優秀論文選編』1994年3月、p.97、p.100

宋文江他　1996　「総合制高校モデル（2＋1）の構想とその実践」福岡大学現代中国社会・文化調査団『現代中国における社会的・文化的変動に関する実証的調査研究』、pp.107-111

孫琳　1997　「我国職業教育的成就、問題及発展趨勢」『教育研究』1997年（7）

Chenery, Hollis and Syrquin, Moises. 1975. Patterns of Development 1950-70. New York: Oxford University Press.

中国社会科学院農村発展研究所・中国農村剰余労働力利用与転移課題組（中国の農業剰余労働力の利用と移転研究プロジェクト）　1990　「中国農村剰余労働力転移的道路選択」『中国農村経済』1990年第10期）

程介明　1991　『中国教育改革　進展・局限・趨勢』香港商務印書館、pp.20-29

費孝通他著　1991　『城郷協調発展研究』江蘇人民出版社

馬戎主編　1999　『中国農村教育発展的地区差異―24県調査』福建教育出版社、pp.12-119

福岡大学現代中国社会・文化調査団　1996　「第2部　訪問記録」『現代中国における社会的・文化的変動に関する実証的調査研究』、pp.55-56

武進県教育委員会編　1993　『武進県教育総合改革資料選編』、pp.191-197

武進県教育委員会教育研究室　1993　「実施科学分流、形成合理的教育結構」武進県教育委員会編『武進県教育総合改革資料選編』、pp.210-217

睦平　1991　「職業技術教育課程設置研究」李歩闘編『経済発達地区職業教育研究』江蘇教育出版社、pp.110-117

無錫県教育局編　1992　『無錫県教育誌』、p.134

L郷政府　1993　「L郷政府文書」

Lewis, W.Arthur, "Economic Development with Unmilited Supplies of Labour", Menchester School of Economic and Social Studies, Vol.XXII, May 1954

李錦明・左人瑞　1991　「職業技術教育培養目標研究」李歩闘編『経済発達地区職業教育研究』江蘇省教育出版社、pp.104-109

年鑑、政府文書類

SH 鎮政府　1999　「SH 鎮教育管理部門文書」
広東省統計局編　各年版　『広東統計年鑑』中国統計出版社
広東省統計局編　1992　『深圳市第四次人口人口普査資料』
許任之　1994　「広東普通教育改革と発展軌跡」許任之主編『広東特色のある教育体系の建設』広東人民出版社、p.21
江蘇省統計局編　各年版　『江蘇統計年鑑』中国統計出版社
江蘇省統計局編　1992　『江蘇省武進県1990年人口普査資料』中国統計出版社、p.46-47
江蘇省教育委員会編　1988〜1999　『江蘇省教育事業統計資料彙編』(非公刊)
江蘇省教育委員会　1992　「職業高校の主要な専門に関する教育計画」
江蘇省教育委員会編　1995　『職業技術教育文件選編』(非公刊)
江蘇省教育委員会編　1998　『江蘇教育年鑑1996』江蘇教育出版社、pp.16-18、pp.35-36
江蘇省教育管理信息センター編　1993　『教育管理信息』第9期、p.3
江蘇省教育管理信息センター編　1994　『江蘇省教育管理信息17期』
国家教育委員会計画建設司編　1986　『中国教育成就1980-85』人民教育出版社
──　1991　『中国教育成就1986-90』人民教育出版社
国家教育委員会計画財務局編　1988　『中国教育統計年鑑1987』北京工業大学出版社
国家教育委員会計画建設司編　1990-99　『中国教育統計年鑑』(1989-98) 人民教育出版社
常州市教育委員会編　1992-1998　『常州市教育事業基数統計資料』(非公刊)
中国教育部発展規劃司編　1999-2000　『中国教育統計年鑑』(1989-99) 人民教育出版社
中国教育部計画財務司　1985　『中国教育成就1949-83』人民教育出版社
中国教育年鑑編集部編　1983　『中国教育年鑑1949〜1981』中国大百科全書出版社
──　1986　『中国教育年鑑1949〜1984(地方教育)』湖南教育出版社
──　1988-99　『中国教育年鑑』(1988-99)人民教育出版社
中国政務院　1951　「学制改革に関する決定」
中国教育部　1952　「中等教育暫時規程(草案)」
──　1952　「中等職業技術学校暫時実施方法」
中国政務院　1954　「中等専門学校規程」
中国国務院　1980　「中等教育の構造改革に関する報告書」
中国共産党中央委員会・中国国務院　1980　「小学校教育の普及に関する若干問題の決定」
中国教育部　1980　「全日制中等専門学校の管理体制に関する暫定規定」

中国国務院・中国教育委員会　1985年の「教育体制改革に関する決定」
中国第6届4回人民大会　1986　『中華人民共和国義務教育法』第2条
中国教育委員会　1986　「普通中等専門学校の設置に関する暫定方法」
中国労働人事部　1979、1986　「技工学校工作条例」
中国共産党中央委員会・国務院　1993　「中国教育の改革と発展に関する要綱」
中国人口統計年鑑編集部編　1993　『中国人口統計年鑑1993』中国統計出版社
中国人民代表大会常務会　1996　『中華人民共和国職業教育法』
中国統計年鑑編集部編　1986-2001　『中国統計年鑑』(1985-2000)中国統計出版社
鄧小平　1977年　「科学と教育の仕事に関する若干意見」(教育工作会議上の談話)
武進年鑑編集委員会　『武進年鑑1997』中国書籍出版社　1997
宝安区教育局　1995-99　「宝安区中・小学校班数人数彙集」〈内部参考資料〉

あとがき

　本書は私の博士学位論文『中国の後期中等教育の拡大と経済発展パターン―江蘇省と広東省の比較分析』(東京大学)を加筆修正したものである。また、本書の刊行は東京大学学術研究成果刊行助成を受けている。

　私の上記の研究は、まず指導教官の金子元久先生とアジア経済研究所の米村明夫先生のご指導に負うものである。金子先生の下では、研究方向を定め、研究手段・方法を長い時間をかけて探ってきた。その過程において、先生の多くのゼミや授業、また、個人指導を通して、実証研究の視点や方法を学ばせていただいただけでなく、つねに知的な刺激が与えられ、学問研究への執着心が育てられた。研究の後期段階に当たっては、米村先生が、研究の問題点について貴重なご指摘をくださり、また、論文の構成から、データの扱い方、そして日本語文章まで丁寧なご指導および修正をなさってくださった。お二人の先生のご指導とご協力により私が本研究を完成させることができたことに心より感謝を申し上げます。

　論文作成の過程で、他にも、多くの先生方からアドバイスやご指導をいただいた。矢野真和先生、小林雅之先生の高等教育ゼミも長く受講させていただき、本研究に関する多くの有益なコメントをいただいた。直接のご指導をいただいていなかった先生の方々、東京大学の苅谷剛彦先生、広田照幸先生、国立大学財務センターの天野郁夫先生、また、中国研究に詳しい国立教育研究所の阿部洋先生、一見真理子先生、大東文化大学の小島麗逸先生、内田知行先生、名古屋大学の三好章先生、宮崎大学の王智新先生、メディア研究センターの苑復傑先生、早稲田大学の鈴木慎一先生、新保敦子先生などからも、授業やゼミあるいは自主研究会や学会で貴重なご指摘をいただき、多くの知

識や考え方を学ばせていただいた。

　また、研究室の先輩や後輩の院生の人たちにも大変お世話になった。とくに、コンピューターの使い方や、データの分析、または日本語に関する質問について詳しく教えてくださった李洵さん、間淵泰尚さん、大多和直樹さん、濱中隆さん、堀健志さん、両角亜希子さん、濱中淳子さんらに感謝したい。

　そして、中国での現地調査にご協力くださった方々、教育開発についての研究プロジェクトの参加を許可していただいたアジア経済研究所、その他に留学生活を支援してくださった団体や人々、そして私を暖かく見守って応援してくださった日本の友人たちにも、同じく深謝を申し上げます。

　さらに、本書の出版に当たって、刊行助成をいただいた東京大学、ご推薦くださった金子元久先生、佐藤学先生に感謝の意を表したい。加えて、本書の出版を快くお引き受けいただき、私が中国にいながらでも作業ができるよう工夫をしてくださり、また、文章の隅々まで目を通して訂正してくださった東信堂の下田勝司社長および編集に携わった他の方々に御礼を申し上げます。

　最後に、長い年月の間、通常の人生レールから外れた私の歩みをじっと見守ってくれた母馬静華、亡き父呉有慶に感謝する。なお、いつも励ましてくれ、学業を成し遂げて帰国するのを期待していた祖父馬正は、2002年に亡くなった。早く帰れなかったことが、今でも心残りである。

　研究に打ち込む長い時間は、身を引き締めさせる時間でもあった。また、研究の中では孤独との付き合いだけではなく、さまざまな物事、多くの人々との関わりもあった。そうした中で学んだことは、単に学問上の知識や方法だけではなく、一人の人間としても、多くの勉強ができたということである。それらすべては、今の私にとって人生の糧となりつつある。

　まもなくこの研究成果が刊行される。お世話になった大勢の方々に報いるためにも、今後とも、研究および日中間の交流を通して社会貢献していきたいと思う。また、これまで果たせなかった親孝行もしていきたい。今、私はすでに帰国し、大学の教壇に立つようになっているが、そこで「学生たちに

最も伝えたいこと」と聞かれたことがある。そのとき私はこのように答えた。それは、第1は、ご指導いただいた先生方から身にしみて感じ取った学問研究に対する真摯な態度、力を惜しまぬ努力、それに人間としての誠実さである。これらは何よりも大切なもので、あらゆることをこなすための源である。そして、第2は、上に立って伝えるというよりも、むしろ学生たちと一緒に実践していきたいことがあるということであり、それはすなわち人文社会科学における実証研究である。

 2005年3月

呉　琦来

事項索引

〔あ行〕

アンケート調査	193
委託加工	83, 84
入れ替え制	122, 131
「永久ブランド人材」	124
SH(郷)鎮	21, 133, 134, 157, 175
S 公司	119, 120, 130
L(郷)鎮	20, 134, 157, 174
OJT	122, 185
大島一二	88

〔か行〕

外資	83
外資セクター	12, 13, 30, 65, 69, 70, 73, 189
「外発的」(経済)発展	3, 12, 13, 16, 73, 74, 81, 133, 138, 189
「外地人」	113, 128, 131, 144
外地人労働力	129, 141
海南市	154
外部調達	137
開放路線	89
学制	201
学費・雑費	152, 155
学歴	9, 125
学歴の効用	193, 194
学歴構成	146
学歴主義	10, 195
学歴別労働力(構成)	112, 117
家計	7, 8
家計収入	193
学校規模	37, 97, 98
学校教育管理体制	6
仮説	13, 194
家族	8, 9, 14, 15, 192
家族要因	193
金子元久	7, 24, 183
広東省	4, 5, 18, 20, 73, 80, 81, 84, 86, 91, 97, 102, 105, 109, 133, 149, 175, 191
管理科	99, 106
管理者	124
企業	8, 9, 14, 15, 163, 168, 169, 180, 183, 185, 189, 197
企業専属コース	169
技工学校	5, 39, 40, 44, 53, 166, 168, 178, 203
技術管理職	127
技術集約	128
技術労働者	126, 127, 146
寄付金・募金	152
義務教育	201
教育アスピレーション	193
教育委員会	163–166
教育機会	7, 8, 179, 192
教育経費の負担者	154
教育財政	47, 49, 50, 149, 151, 153
教育財政格差	156
教育事業費	151
教育事業専用資金	187

事項索引 229

教育支出	50, 154, 157, 161, 178	呉軍華	24, 88
教育収入	152	国内資本	89
教育政策	40, 46, 196, 198	国有工業	66, 68, 77, 81
教育投資	153, 161, 194	国有セクター	69, 75
教育の質	161, 179	戸籍	31, 32, 113
教育発展	14, 85, 87, 91, 189, 196	構造改革	41, 43
教育附加(税)	151, 152, 155, 182	高等教育	94
教育部	41	後発効果	9
曲江県	177	公有民立	186
近代化理論	30	公立民助	186
訓練	126, 185		
訓練コース	127		

(さ行)

軽工業	69, 84	在学者数	42, 94, 96, 100
経済特区	89	再教育	126
経済(発展)水準	59, 74, 87, 111, 194	再訓練	126
経済発展	4, 10, 29, 59, 111, 176, 189	財政規模	150, 151
経済発展パターン	13, 73, 189, 194	財政経済科	99
芸術科コース	174	財政支出	151, 178
契約制	122	財政収入	150
「決定」	46	山岳地帯	177
厳善平	24, 87, 88	産業間移動	31
県レベル市政府	154	産業別労働力構成	110
県政府	154	3主体	3, 9, 11, 14, 15
高学歴労働力	31, 115, 136	「三制」	171, 172
後期中等教育	3, 5, 6, 29, 32, 51, 54, 59, 60, 74, 85, 86, 91, 93, 96, 102, 174, 177, 180, 189	「三来一補」	133
		事業収入	152
工業科	99, 101, 102, 106	市場経済	183
工業総産値	63, 65	「自然増」	114
江蘇省	4, 5, 18, 19, 51, 73, 76, 80, 86, 91, 97, 102, 105, 109, 149, 171, 191	実験校	171
		師範学校	183
		私費学生	173
郷(鎮)政府	154, 163, 164, 168, 172, 174	「社会増」	114
郷鎮企業	79, 87, 89, 116, 129, 131, 138, 163, 168, 192	重回帰	66
		就学率	17, 32, 34, 56, 59, 63, 67, 87, 91, 93
郷鎮企業セクター	12, 13, 30		

就学者数	32, 33, 96	人材需要	159, 167, 170
重工業	69, 84	人材調達	127
就職	116, 117	人材不足	124
終身雇用制	122	人材プロジェクト企画	158
集団工業	66, 70, 77	人材養成	168, 180, 186, 192
集団制	138, 147	深圳市	21, 80, 120, 133
集団(工業・所有)セクター	65, 69, 70, 75, 189	「星火計画」	182
		生産構造	62
収入機会	180, 192, 195	生産責任制	32
収入水準	136, 188	成人教育センター	167, 168
熟練労働者	127	政府	8, 9, 12–15, 18, 163, 172, 175, 180, 183, 189, 197
主動(因)	15, 16, 179, 188		
奨学政策	176	政府財源	157, 181
昭関市	21	政府財源教育支出対財政支出比	149, 154
常州市	20, 101, 106, 118, 120	政府財源教育支出対GDP比	149, 154
常住人口	32, 113	政府主導	176
省政府	172	政府予算外財源	47, 48
招聘技術者	124	政府予算内財源	47, 48
職業関係学校	33, 34, 37, 45, 60, 63, 96, 178	設置・管理(主体)	5, 44, 46, 47, 51–53, 163, 172
職業教育	41, 42, 54, 98, 160, 163, 169, 197, 204	専属コース	168, 169
		専任教師	37, 38, 103, 104, 173
職業教育拡大(策)	40, 41, 158	専門科	100, 160
職業教育法	42	専門学校	5, 39, 40, 44, 53, 99, 162, 166, 168, 178, 203
職業高校	5, 40, 43–45, 47, 52, 57, 98, 101, 117, 158, 165, 182, 203		
		専門(科目)設置	102, 106, 160
職業コース	167	暫住証	32
女性労働者	131	相関	60, 63, 67
職階	122–124, 130	相関係数	59, 60, 63
初等教育	92, 95	相関分析	59, 66
所有制	62	総教育支出	154, 155
所有制セクター	147	相互作用	9, 14, 15
進学コース	167	「総産値」	62, 74
進学率	174, 177	粗就学率	34, 92, 95
人口移動	31, 114	総人口	113

卒業証書	195
卒業生	6, 116, 117, 123, 126, 162, 165
蘇南(モデル)	20, 25, 87

〔た行〕

体制改革	40, 46
第1労働市場	139
第3労働市場	136
第3次産業	136
第2次産業	110, 111
「代培」	126, 143
単純労働力	122-124, 126, 127, 129, 131, 135, 137, 140, 146
地域格差	153, 156
地域経済	79
地域経済要因	193
地方行政	19
地方政府	197, 198
地方分権	6
地理的移動	31
中退	103, 161, 188
中央政府	49, 54
中級技術・管理職	116-118, 124, 129, 139
中高一貫校	165, 175
中等教育	93
鶴見和子	11, 24, 87
低学歴者	146
低所得地域	130
低発展地域	177
出稼ぎ(労働者)	128-131, 179, 188
デルタ地帯(地域)	135, 161, 175, 177
統一分配	44
投資機会	194
鄧小平	41, 89
都市戸籍	31, 32

ドロップアウト	103, 161

〔な行〕

「内発的」経済発展	3, 12, 13, 16, 74, 75, 87, 189
「2+1」型コース	167, 184
年間報酬	153
農業学校	101
農村教育附加	155
農村工業	79, 121, 129
農村工業労働力	65, 67
農村戸籍	31, 32, 115, 137
農村剰余労働力	4, 30, 78, 88, 140
農村労働力	117, 141
農村労働力市場	140

〔は行〕

配分金	176, 187
発展地域	195
発展途上国	10
発展パターン	3, 4, 10-12
比較可能性	85
非教育部門	184
非国営セクター	29
非常住人口	113
非政府財源	47, 48, 152
非都市地域	18, 25, 30, 139
1人当たりGDP	29, 60
1人当たり政府財源教育支出	154
一人っ子政策	93
佛山市	21
武進(県)市	20, 78, 80, 95, 115, 154, 158, 164
附設コース	164, 184
附設専門学校コース	184

普通科	160, 174
普通高校	5, 33, 34, 46, 47, 52, 54, 96, 167, 171, 173, 175, 203
普通高校拡大	173
普通高校抑制策	38, 40, 45
分析枠組み	7, 14
宝安(県)区	21, 133
香港	83, 84, 89
「本地人」	113

〔ま行〕

マンパワー理論	7
民間主導	197
民立公助	186

〔や行〕

輸出代替型	10
輸出依存	83
輸入代替型	10
「要綱」	46
予算外教育費	154
予算内教育費	154, 181
米村明夫	8, 9, 14, 24, 183

〔ら行〕

流入人口	112
流入労働力	112, 115, 139
労働機会	194, 195
労働局	164
労働市場	7, 132, 133
労働集約	83, 138
労働者	124
労働力	7, 110, 111
労働力規模	110
労働力供給	135
労働力需要	7, 15, 109, 125, 169, 180, 191
労働力調達	112, 119, 139, 169
労働力の移動	30, 31

著者紹介

呉　琦来（う　ちぃらい）

1965年　江蘇省に生まれる
1987年　杭州大学外国語学部卒業
2003年　東京大学大学院教育学研究科より博士号(教育学)取得
2004年　中国科学技術大学人文と社会科学学院講師
現　在　中国科学技術大学人文と社会科学学院助教授

主要論文

「中国の後期中等教育発展に関するマクロ的分析―経済発展との関連において―」『教育社会学研究』(第68集)　2001年、「中国における後期中等教育の発展と経済発展パターン」米村明夫編著『世界の教育開発』(第2章)明石書店　2003年

中国の後期中等教育の拡大と経済発展パターン──江蘇省と広東省の比較分析──

2005年5月10日　初 版第1刷発行　　　〔検印省略〕
＊定価はカバーに表示してあります

著者 ⓒ呉琦来／発行者 下田勝司　　　印刷／製本 中央精版印刷

東京都文京区向丘1-20-6　郵便振替00110-6-37828
〒113-0023　TEL (03)3818-5521　FAX (03)3818-5514
発行所　株式会社 東信堂
Published by TOSHINDO PUBLISHING CO., LTD.
1-20-6, Mukougaoka, Bunkyo-ku, Tokyo, 113-0023, Japan
E-mail : tk203444@fsinet.or.jp　http://www.toshindo-pub.com

ISBN4-88713-611-0　C3037　　ⓒ呉琦来

━━━━━━━━━━━━━東信堂━━━━━━━━━━━━━

比較・国際教育学〔補正版〕	石附 実編	三五〇〇円
比較教育学の理論と方法	J・シュリーバー編著 馬越徹・今井重孝監訳	二八〇〇円
教育改革への提言集1〜3	日本教育制度学会編	各二八〇〇円
世界の公教育と宗教	江原武一編著	五四二九円
世界の外国語教育政策——日本の外国語教育の再構築にむけて	大谷泰照他編著	六五七一円
アメリカ教育史の中の女性たち〔現代アメリカ高等教育1巻〕——ジェンダー・高等教育・フェミニズム	林 桂子他編著	
アメリカ大学史とジェンダー	坂本辰朗	三八〇〇円
アメリカの女性大学:危機の構造	坂本辰朗	五四〇〇円
アメリカの才能教育——多様な学習ニーズに応える特別支援	坂本辰朗	二四〇〇円
教育は「国家」を救えるか——質・均等・選択の自由	松村暢隆	二五〇〇円
永遠の「双子の目標」——多文化共生の社会と教育	今村令子	三五〇〇円
アメリカのバイリンガル教育〔現代アメリカの教育2巻〕——新しい社会の構築をめざして	今村令子	二八〇〇円
ボストン公共放送局と市民教育——マサチューセッツ州産業エリートと大学の連携	末藤美津子	三二〇〇円
ドイツの教育	赤堀正宜	四七〇〇円
現代英国の宗教教育と人格教育(PSE)	小林順子編	四六〇〇円
21世紀にはばたくカナダの教育〔カナダの教育2〕	小林・関口・浪田他編著	二八〇〇円
21世紀を展望するフランス教育改革	柴沼晶子・新井浅浩編著	五二〇〇円
フィリピンの公教育と宗教——成立と展開過程	天野正治・結城忠・別府昭郎編著	四六〇〇円
社会主義中国における少数民族教育——「民族平等」理念の展開	市川 誠	五六〇〇円
中国の職業教育拡大政策——背景・過程・実現・帰結	小川佳万	四六〇〇円
東南アジア諸国の国民統合と教育——多民族社会における葛藤	劉 文君	五〇四八円
オーストラリア・ニュージーランドの教育	村田翼夫編著	四四〇〇円
	石附・笹森 健編	二八〇〇円

〒113-0023 東京都文京区向丘1-20-6　☎03(3818)5521　FAX 03(3818)5514　振替 00110-6-37828
E-mail:tk203444@fsinet.or.jp

※定価:表示価格(本体)+税

━━━ 東信堂 ━━━

大学の自己変革とオートノミー ―点検から創造へ	寺﨑昌男	二五〇〇円
大学教育の創造 ―歴史・システム・カリキュラム	寺﨑昌男	二五〇〇円
大学教育の可能性 ―教養教育・評価・実践・	寺﨑昌男	二五〇〇円
大学の授業	宇佐美寛	二五〇〇円
大学授業の病理 ―FD批判	宇佐美寛	二五〇〇円
作文の論理 ―〈わかる文章〉の仕組み	宇佐美寛編	一九〇〇円
大学の指導法 ―学生の自己発見のために	児玉・別府・川島編	二八〇〇円
大学授業研究の構想 ―過去から未来へ	京都大学高等教育教授システム開発センター編	二四〇〇円
戦後オーストラリアの高等教育改革研究	杉本和弘	五八〇〇円
学生の学びを支援する大学教育	溝上慎一編	二四〇〇円
私立大学の財務と進学者	丸山文裕	三五〇〇円
私立大学の経営と教育	丸山文裕	三六〇〇円
公設民営大学設立事情	高橋寛人編著	二八〇〇円
校長の資格・養成と大学院の役割	小島弘道編著	六八〇〇円
短大ファーストステージ論	高鳥正夫編著	二〇〇〇円
短大からコミュニティ・カレッジへ	舘昭編著	二五〇〇円
〔シリーズ 大学改革ドキュメント・監修 寺崎昌男・絹川正吉〕飛躍する世界の短期高等教育と日本の課題		
立教大学へ〈全カリ〉のすべて ―リベラル・アーツの再構築	全カリの記録編集委員会編	二一〇〇円
ICUへリベラル・アーツ〉のすべて	絹川正吉編著	二三八一円
〔講座「21世紀の大学・高等教育を考える」〕		
大学改革の現在〔第1巻〕	有本眞一章編著	三三〇〇円
大学評価の展開〔第2巻〕	山野井敦徳編著	三三〇〇円
学士課程教育の改革〔第3巻〕	清水一彦編著	三三〇〇円
大学院の改革〔第4巻〕	舘昭編著	三三〇〇円
	絹川正吉編著	
	江原武一編	
	馬越徹編著	

〒113-0023 東京都文京区向丘1-20-6 ☎03(3818)5521 FAX 03(3818)5514 振替 00110-6-37828
E-mail:tk203444@fsinet.or.jp

※定価：表示価格(本体)+税

― 東信堂 ―

グローバル化と知的様式 ―社会科学方法論についての七つのエッセイ	J・ガルトゥング　矢澤修次郎・大重光太郎訳	二八〇〇円
現代資本制社会はマルクスを超えたか ―マルクスと現代の社会理論	A・スウィンジウッド　矢澤修次郎・井上孝夫訳	四〇七八円
現代日本の階級構造 ―現代資本主義社会の存続メカニズム	橋本健二	三三〇〇円
階級・ジェンダー・再生産 ―理論・方法・計量分析	橋本健二	四五〇〇円
「伝統的ジェンダー観」の神話を超えて ―アメリカ駐在員夫人の意識変容	山田礼子	三八〇〇円
現代社会と権威主義 ―フランクフルト学派権威論の再構成	保坂稔	三六〇〇円
共生社会とマイノリティへの支援 ―日本人ムスリマの社会的対応から	寺田貴美代	三六〇〇円
社会福祉とコミュニティ ―共生・共同・ネットワーク	園田恭一編	三八〇〇円
現代環境問題論 ―理論と方法の再定置のために	井上孝夫	三三〇〇円
日本の環境保護運動	長谷敏夫	二五〇〇円
環境と国土の価値構造	桑子敏雄編	三五〇〇円
環境のための教育 ―批判的カリキュラム理論と環境教育	J・フィエン　石川聡子他訳	三三〇〇円
イギリスにおける住居管理 ―オクタヴィア・ヒルからサッチャーへ	中島明子	七四五三円
情報・メディア・教育の社会学 ―カルチュラル・スタディーズしてみませんか	井口博充	二三〇〇円
BBCイギリス放送協会（第二版） ―パブリック・サービス放送の伝統	簑葉信弘	二五〇〇円
サウンド・バイト：思考と感性が止まるとき ―メディアの病理に教育は何ができるか	小田玲子	二五〇〇円
ホームレス ウーマン ―知ってますか、わたしたちのこと	E・リーボウ　吉川徹・轟里香訳	三二〇〇円
タリーズ コーナー ―黒人下層階級のエスノグラフィー	リーボウ　吉川徹監訳　松川・河美樹訳	二三〇〇円

〒113-0023　東京都文京区向丘1-20-6
☎03(3818)5521　FAX 03(3818)5514　振替 00110-6-37828
E-mail: tk203444@fsinet.or.jp

※定価：表示価格(本体)＋税

― 東信堂 ―

責任という原理―科学技術文明のための倫理学の試み	H・ヨナス　加藤尚武監訳	四八〇〇円
主観性の復権―「心身問題」から「責任という原理」へ	H・ヨナス　宇佐美・滝口訳	二〇〇〇円
テクノシステム時代の人間の責任と良心	H・レンク　山本・盛永訳	三五〇〇円
空間と身体―新しい哲学への出発	桑子敏雄	三五〇〇円
環境と国土の価値構造	桑子敏雄編	三五〇〇円
森と建築の空間史（たびだち）―南方熊楠と近代日本	千田智子	四三八一円
感性哲学1〜4	日本感性工学会感性哲学部会編	一六〇〇〜二〇〇〇円
メルロ＝ポンティとレヴィナス―他者への覚醒	屋良朝彦	三八〇〇円
思想史のなかのエルンスト・マッハ―科学と哲学のあいだ	今井道夫	三八〇〇円
堕天使の倫理―スピノザとサド	佐藤拓司	二八〇〇円
バイオエシックス入門〔第三版〕	今井道夫・香川知晶編	二三八一円
今問い直す脳死と臓器移植〔第二版〕	澤田愛子	二五〇〇円
三島由紀夫の沈黙―その死と江藤淳・石原慎太郎	伊藤勝彦	三八〇〇円
洞察＝想像力 Vita Nuova	市村尚久監訳	三八〇〇円
ダンテ研究Ⅰ―知の解放とポストモダンの教育 構造と引用	D・スローン　市村尚久監訳	三八〇〇円
ルネサンスの知の饗宴〔ルネサンス叢書1〕	浦一章	七五七三円
ヒューマニスト・ペトラルカ〔ルネサンス叢書2〕―ヒューマニズムとプラトン主義	佐藤三夫編	四四六六円
東西ルネサンスの邂逅〔ルネサンス叢書3〕―南蛮と欄豊氏の歴史的世界を求めて	佐藤三夫	四八〇〇円
カンデライオ〔ジョルダーノ・ブルーノ著作集1巻〕	根占献一	三六〇〇円
原因・原理・一者について〔ジョルダーノ・ブルーノ著作集3巻〕	加藤守通訳	三三〇〇円
ロバのカバラ―ジョルダーノ・ブルーノにおける文学と哲学	加藤守通訳	三六〇〇円
食を料理する―哲学的考察	N・オルディネ　加藤守通訳	三六〇〇円
イタリア・ルネサンス事典	松永澄夫	二〇〇〇円
	J・R・ヘイル編　中森義宗監訳	七八〇〇円

〒113-0023　東京都文京区向丘1-20-6　☎03(3818)5521　FAX 03(3818)5514　振替 00110-6-37828
E-mail:tk203444@fsinet.or.jp

※定価：表示価格（本体）＋税

― 東信堂 ―

東京裁判から戦後責任の思想へ（第四版）	大沼保昭	三三〇〇円
〔新版〕単一民族社会の神話を超えて	大沼保昭	三六八九〇円
なぐられる女たち――世界女性人権白書	米国国務省鈴木研二・米田真訳	二八〇〇円
国際人権法入門	Ｔ・バーゲンタル／中川淳司訳	二八〇〇円
摩擦から協調へ――ウルグアイラウンド後の日米関係	小寺初世子編	三八〇〇円
不完全性の政治学――イギリス保守主義思想の二つの伝統	Ｔ・ホーンズビィ／岩重政敏訳	二〇〇〇円
入門 比較政治学――民主化の世界的潮流を解読する	Ｈ・Ｊ・ウィーアルダ／大木啓介訳	二九〇〇円
国家・コーポラティズム・社会運動――制度と集合行動の比較政治学	桐谷仁	五四〇〇円
ポスト社会主義の中国政治――構造と変容	小林弘二	三八〇〇円
クリティーク国際関係学	関下稔司編	二二〇〇円
軍縮問題入門〔第二版〕	黒沢満編著	二三〇〇円
時代を動かす政治のことば――尾崎行雄から小泉純一郎まで	読売新聞政治部編	一八〇〇円
明日の天気は変えられないが明日の政治は変えられる	岡野加穂留	二〇〇〇円
ハロー！衆議院	衆議院システム研究会編	一〇〇〇円
〔現代臨床政治学シリーズ〕リーダーシップの政治学	石井貫太郎	一六〇〇円
アジアと日本の未来秩序	伊藤重行	一八〇〇円
〔現代臨床政治学叢書・岡野加穂留監修〕村山政権とデモクラシーの危機	岡野加穂留・藤本一美編著	四二〇〇円
比較政治学とデモクラシーの限界	大六野耕作編著	四三〇〇円
政治思想とデモクラシーの検証	岡野加穂留・伊藤重行編著	三八〇〇円
〔シリーズ〈制度のメカニズム〉〕アメリカ連邦最高裁判所	大越康夫	一八〇〇円
衆議院――そのシステムとメカニズム	向大野新治	一八〇〇円
ＷＴＯとＦＴＡ――日本の制度上の問題点	高瀬保	一八〇〇円

〒113-0023　東京都文京区向丘1-20-6
☎03(3818)5521　FAX 03(3818)5514　振替 00110-6-37828
E-mail:tk203444@fsinet.or.jp
※定価：表示価格（本体）＋税

― 東信堂 ―

【世界美術双書】

バルビゾン派	井出洋一郎	二〇〇〇円
キリスト教シンボル図典	中森義宗	二三〇〇円
パルテノンとギリシア陶器	関 隆志	二三〇〇円
中国の版画―唐代から清代まで	小林宏光	二三〇〇円
象徴主義―モダニズムへの警鐘	中村隆夫	二三〇〇円
中国の仏教美術―後漢代から元代まで	久野美樹	二三〇〇円
セザンヌとその時代	浅野春男	二三〇〇円
日本の南画	武田光一	二三〇〇円
画家とふるさと	小林 忠	二三〇〇円
ドイツの国民記念碑――八一三年-一九一三年	大原まゆみ	二三〇〇円

【芸術学叢書】

芸術理論の現在―モダニズムから	藤枝晃雄編著	三八〇〇円
絵画論を超えて	谷川渥著	三八〇〇円
幻影としての空間―図学からみた東西の絵画	尾崎信一郎	四六〇〇円
	小山清男	三七〇〇円

イタリア・ルネサンス事典	J・R・ヘイル編/中森義宗監訳	七八〇〇円
美術史の辞典	P・デューロ他/中森義宗・清水忠志訳	三六〇〇円
都市と文化財―アテネと大阪	関 隆志編	三八〇〇円
図像の世界―時・空を超えて	中森義宗	二五〇〇円
美学と現代美術の距離―アメリカにおけるその乖離と接近をめぐって	金 悠美	三八〇〇円
アメリカ映画における子どものイメージ―社会文化的分析	K・M・ジャクソン/牛渡淳訳	二六〇〇円
キリスト教美術・建築事典	P・マレー/L・マレー/中森義宗監訳	続刊
芸術/批評 0号・1号	責任編集 藤枝晃雄	各一九〇〇円

〒113-0023 東京都文京区向丘1-20-6
☎03(3818)5521 FAX 03(3818)5514 振替 00110-6-37828
E-mail:tk203444@fsinet.or.jp
※定価：表示価格(本体)＋税

東信堂

【横浜市立大学叢書(シーガル・ブックス)】 ことばから観た文化の歴史	――アングロ・サクソン到来からノルマンの征服まで	宮崎忠克	一五〇〇円
独仏対立の歴史的起源	――スダンへの道	松井道昭	一五〇〇円
ハイテク覇権の攻防	――日米技術紛争	黒川修司	一五〇〇円
ポーツマスから消された男	――朝河貫一の日露戦争論	矢吹晋著・編訳	一五〇〇円
グローバル・ガバナンスの世紀	――国際政治経済学からの接近	毛利勝彦	一五〇〇円
青の系譜	――古事記から宮澤賢治まで	今西浩子	一五〇〇円
アングロ・サクソン文学史：韻文編		唐澤一友	一五〇〇円
フランスから見た幕末維新	――「イリュストラシオン日本関係記事集」から	朝比奈美知子編訳 増子博調解説	四八〇〇円
森と建築の空間史	――南方熊楠と近代日本	千田智子	四三八一円
アメリカ映画における子どものイメージ	――社会文化的分析	K・M・ジャクソン 牛渡淳訳	二六〇〇円
アーロン・コープランドのアメリカ		G・レヴィン/J・ティック 奥田恵二訳	三三二〇円
【ルネサンス叢書】 ルネサンスの知の饗宴		佐藤三夫編	四四六六円
ヒューマニスト・ペトラルカ	――ヒューマニズムとプラトン主義	佐藤三夫	四八〇〇円
東西ルネサンスの邂逅	――南蛮と稀寰氏の歴史的世界を求めて	根占献一	三六〇〇円
イタリア・ルネサンス事典		J・R・ヘイル編 中森義宗監訳	七八〇〇円

〒113-0023 東京都文京区向丘1-20-6
☎03(3818)5521　FAX 03(3818)5514　振替 00110-6-37828
E-mail:tk203444@fsinet.or.jp

※定価：表示価格(本体)＋税